『双百工程』优秀著作

让青春遇见大师

我说民国大师

杨智慧/著

湖南师范大学出版社

图书在版编目（CIP）数据

让青春遇见大师——我说民国大师 / 杨智慧著. --长沙：湖南师范大学
出版社，2018.3
ISBN 978 – 7 – 5648 – 3090 – 8

I. ①让… II. ①杨… III. ①历史人物 – 人物研究 – 中国 – 民国 – 中学 –
教材　IV. ①G634. 301

中国版本图书馆 CIP 数据核字（2017）第 328152 号

# 让青春遇见大师——我说民国大师

Rang Qingchun Yujian Dashi——Wo Shuo Mingguo Dashi

杨智慧　著

◇责任编辑：谭南冬
◇责任校对：张晓芳
◇出版发行：湖南师范大学出版社
　　　　　地址：长沙岳麓山　邮编：410081
　　　　　电话：0731 – 88873070　88873071　传真：0731 – 88872636
　　　　　网址：http：//press. hunnu. edu. cn
◇经销：湖南省新华书店
◇印刷：永清县晔盛亚胶印有限公司
◇开本：710 mm×1000 mm　1/16
◇印张：15. 5
◇字数：270 千字
◇版次：2018 年 3 月第 1 版　2024 年 8 月第 2 次印刷
◇书号：ISBN 978 – 7 – 5648 – 3090 – 8
◇定价：58. 00 元

如有印装质量问题，请与承印厂调换。

# 课程飞扬在智慧（序）

## 黄耀红

每逢世纪之交，百年与百年就像两个巨大的时间冰川轰然相撞。社会沉重转型，原野划过闪电，山河风云激荡。新旧交织的时代充满了息息相通的疼痛，焦灼与向往，也孕育出光风霁月的人格、精神与思想。

历史总在目送，岁月总在回响。

一个人，就是一个时代。

今天，21 世纪悄然走过 17 年路程。全球化的科技伟力与开放性的世界视野，正不断提升公民的观念水位，驱散了贫弱与疾病的阴云。然而，当世的丰腴和便捷，似乎又并未带来足够的精神饱满与生命丰盈。高楼四处林立，大师罕见其踪。

那些于浮华与寂寞中寻找精神亮光的人们，转身回到另一个百年星空。他们像擦亮星星一样，轻轻拂拭、抖落民国大师身上的历史烟尘，为他们拂去沧桑过后的隔膜、疏远和误解，将他们还原为一个个亲切对话的生命，包括那些尘封的往事、情境与细节。

孤帆远影碧空尽，唯见长江天际流。大师的背影，总会牵动时代的眼睛。"民国热"的背后，吐纳着百年后的呼吸和命运。与其说这是怀旧的感喟，莫如说是理想的重温；与其说这是道德与学问的心心相映，莫如说是启蒙和良知的隔空相遇。

太多的民国记忆，辉映着时代的天光云影，亦赓续着生生不息的文化基因。旧学与新知，启蒙与救亡，家国与人生。围绕民国主题，从历史打捞、典籍整理、学术阐释到重磅策划、深度聚焦、自媒体传播，大批学界精英与知识分子参与其中，成就着蔚然深秀的一道思想风景。

然而，对于那些十七八岁、正处于应试夹缝中的青年学子来说，这一切，似乎又显得遥远而陌生。不是他们有意闭目塞听，而是强大的试卷与考题早已裹挟了一代人无法飞翔的青春。他们没有悠闲的可能，亦无福消受太多的"无用之用"。对于"题海"此岸的青年来说，那些大师的名字更多的只是一枚被教科书压平的标签，或者是一张概念化的脸谱，甚至只是一句名言，一个填空。他们被粗暴地阻隔在伟大的心门之外，亦远离了"独怆然而涕下"的伟大和孤独。

这是一个时代的教育之困，亦是一个时代的青春之痛。

环视当下，耳边并不缺乏沉闷与僵持中的尖锐呐喊，相反，激愤与抱怨屡见不鲜。在资料高过人头的高中教室里，我们看到太多的同求，而恰恰缺乏哪怕是日拱一卒的勇气与行动。

几年前，当我得知杨智慧老师一直在坚持给高中学生讲民国大师的时候，内心充满了深深的感佩。这个真纯的"读书种子"，多年来自觉地以阅读铺开精神版图，以精神立人谋求教育救赎，自觉将民国大师的历史"背影"还原为时代"正面"。如果说教育的过程就是智慧的点亮，那么杨智慧老师名如其人。

在他这里，我们看到"课程即人"的本质，也看到课程与人的彼此成全。先在中师学校自由挥洒、后在高中讲台奋然前行的智慧老师，始终信奉人格、思想与学问。无论世界改变了什么，他初心未改，始终做了一个青春的燃灯者。

不做，有一万个理由；而做，只需一个理由。在教材统一、考试统一、标准统一、考评统一的诸多限制下，杨智慧以一种特立独行的姿态，坚守常识，最大限度地渡学生于苍茫题海，成就着课程的文化深度与精神高度。

呈现在我们面前的这本书，是民国大师课的精华结集，更是一本沉甸甸的思想沉淀。较之某些教材解读、课堂案例或教育随笔，这样的成果显然更具文化品质和力量，也更能见出一个教师的底蕴与气象。

在一方青春讲台上，在那偷来的偶尔闲暇里，蔡元培、弘一法师、鲁迅、周作人、陈寅恪、胡适、梁思成、林徽因、钱钟书、杨绛等十多位民国大师从这里缓慢而优雅地出场，他们的飘零身世与不羁命运，他们的人格与学养、婚恋与家庭、掌故与逸事，此刻全都化作了自然晓畅的文字、出神入化的讲述、深入浅出的启迪。

如果我们将课程定义为知识，那么，这些大师的生平与故事，百度上不难搜索，传记里也是白纸黑字，学术里可以探幽发微。然而，这样的知识，都替代不了杨智慧的青春大师课。为什么？因为这里所凝聚的不只是他作为阅读者的旁收和博取，而且是他作为青春燃灯者的融汇与贯通，这里有他基于青春与对话的课程选择与重构。换言之，他的课程不复是知识的铺陈，而是一种智慧的开启。

青年是这门课程的现场受众。因此，杨智慧的文字所秉持的是生动言说的特征，这种言说的背后是个人体验与历史文本间的自由往返。走近一个大师，就像打开一个世界。你看到，那些整饬的标题，已然抽绎着丰富的际遇。字迹与心迹，互为表里。然而，作为一门课程，智慧老师的意义在于，他既能"入乎其里"，又能"出乎其外"，既"沉潜下去"，又"荡漾开来"。他以一种大开大合的课堂格局，涵养着教育的视界与文化的情怀。

在这里，一切都是源于历史"本事"，一切又都是基于"同情之理解与理解之同情"的切己体察。智慧老师每言及民国大师，往往少不了引申、点评、感发与叩问。这种颇具"带入感"的言说里融汇着他作为教师的教育反思、文化情怀、人生识见与成长反思。由是，大师不只是作为精神的高标而存在，而且是一粒粒思想的火种。由知识形态走向教育智慧，这正是一个中学教师言说民国大师的课程价值。

对于聆听到青春大师课的青年来说，这样的影响或许并不在眼前，而是在若干年后的岁月发酵中。何其有幸，他们在自己最应当走近大师的年龄，大师的名字不再只是一个令人仰止的符号，更不只是某一篇经典的署名，他们是一段流光溢彩的生命。

多年以后，他会从蔡元培那里明白，什么才是一所大学的精神自由与文化包容；他会从弘一法师这里看到，绘画、音乐、话剧的艺术融通，懂得美与宗教对生命的超越；他会从鲁迅兄弟这里，读到传统伦常与五四一代的文化担当；他会从陈寅恪先生那里，致敬中国士子的风骨，懂得"自由之思想，独立之精神"的价值；他会从胡适先生那里看到中国现代新文化与新文学开山启林时的大智与大勇；他能从梁思成夫妇走进建筑的历史记忆，从钱钟书夫妇那里看到学术才华如何成就一个人的生命……

而所有所有的这一切，又都是教科书那种整齐划一的世界所无法提供的。青春大师课，成全了意想不到的生命可能。

对于智慧来说，每讲一个人物，都意味着打开一张阅读地图，面对一次专题探究。这样的阅读，正如好奇心驱使下的探幽觅险。就这样，以大师为圆心，阅读的疆域始终处于扩张之中。

政治、经济、历史、文学、哲学、宗教、建筑、诗歌、音乐、绘画……它们像一张一张神秘的门，在学生面前敞开，也在教师面前敞开。我想，当课程成为智慧的播种之时，师生便找到了相互成长的密码。许他们以时间，他们都将长成自己喜欢的模样。

因为，这是大师的滋养，也是青春的力量。

（作者系湖南教育报刊集团编审，教育学博士）

# 目录

关于蔡元培，世间的赞誉太多太多，我想，最精准莫过于罗家伦的话："先生太崇高了！……千百年后，先生的人格修养，还是人类向往的境界。……先生的躯壳死了；先生的精神，无穷的广则弥漫在文化的宇宙间，深则憩息在人们的内心深处！"

"一代宗师"这四个字，远远不能表达弘一大师的佛教境界。像弘一大师这样曾经大富大贵之人，能够放弃盛极一时的物质和精神享受，用常人难以忍受的痛苦来磨炼自己，一味苦行，其意志力之惊人，让红尘中人仰之弥高！我们做任何事，如果有了弘一大师的苦行僧精神，则何事而不成呢？

## 鲁迅兄弟：南参北商的耀眼双星 ························ （60）

在中国现代文化史上，周氏三兄弟——周树人（鲁迅）、周作人、周建人，不得不让人敬仰，他们是历史天空中永远闪烁的三颗星星，照耀着踽踽前行者的道路。尤其是周树人和周作人，一个以其新文化运动伟大旗手的地位，活在一代又一代中国人的心里，妇孺皆知；一个由北大著名教授沦为汉奸而失去公民权利，被扔进历史的尘埃里，悄无声息。其实，不管他们兄弟的人生道路如何迥异，他们投射出来的文化光辉都同样地绚丽灿烂，他们永远不愧为中国文化星空中的耀眼双星。

## 陈寅恪：卓尔不群的名士风骨 ····················· （103）

"自由之思想，独立之精神"是陈寅恪为沉湖的王国维题写纪念碑而发出来的振聋发聩之声，更是陈寅恪一辈子用生命来捍卫的学者尊严。"自由之思想，独立之精神"，说起来容易，做起来难！要饱受种种凄风苦雨的打击，特别是要经历时代的更替而不变色，古今学者文人有几人欤？陈寅恪就是这样难得的铮铮傲骨！

## 胡　适：民主自由的文化领袖

多年来，在中国大陆思想和文化的天空中，几代人只仰望着一面永远不倒的旗帜——鲁迅，却有意忽视着另一个永远无法击垮的文化领袖——胡适。学者熊培云说："错过胡适，中国错过了 100 年。"这话真值得深思，任何政治、任何时代的风云，都不能埋没其光华，其民主自由之声犹如天籁，至今依然在飘渺无际的天空中悄悄回响，需静心仰望才能听见。

## 梁思成夫妇：夫唱妇随的大家风范

时代需要精神的养料，人们追慕大师的风范，梁思成、林徽因，这两个闪光的名字，以其浪漫真诚、天作之合的美丽，永远放射着夺目的光芒。

## 钱锺书夫妇：百年风华的文化昆仑

一个静心营造巴比塔的巨人，在人生的暮年才被大众知晓，一个历经风雨笔耕不辍的学者，历过百岁才被媒体热炒。只因他们是一对不求功名只求相依的平常夫妇，也是一对清淡处世潜心学问的学者文人。这是两座跨越百年依然美丽的文化高山，一代大师——钱锺书、杨绛。

# 蔡元培：学术救国的人世楷模

　　蔡元培，这名字，如天上的阵阵巨雷，声声震动着我们的耳膜，促人惊醒。蔡元培，这三个字，可谓魔力无边，让无数自诩为高端的教育专家，读之冒汗，望之生畏，两股颤颤，不敢妄语。我非常欣赏北大哲学系教授韩水法的一句话："时至今天，就中国大学的改革和发展来说，蔡元培依然是一座可望而不可即的高峰。世上已无蔡元培！"

　　我想，作为教育家，蔡元培的意义，又何止于大学呢？中国教育的现代化进程，如果没有蔡元培，不知要慢多少年。我甚至有一个更大胆的设想，如果蔡元培的教育思想一直引领我们大踏步地前进，当今的教育现状是否更令人惊喜呢？可持续发展的空间是否更加宽广呢？

　　中国知识分子的祖师爷是谁呢？赵普"半部《论语》治天下"，孔子当之无愧！而我想要说的是，蔡元培是近代中国百年知识分子的一个标杆。

　　蔡元培有个弟子叫蒋梦麟，是活跃在中国政界和文化界上的历史巨人，国民政府第一任教育部长、行政院秘书长、北京大学历史上任职时间最长的校长。1940 年 3 月 5 日蔡元培长眠于香港时，蒋梦麟给老师送上了一面旗帜，上书十个大字："大德垂后世，中国一完人。"表达了一代学子们对蔡老师的敬仰之情。毛泽东远在延安，惊闻蔡元培的病逝，悲痛之余，亦拍来唁电："学界泰斗，人世楷模。"高规格的八个字，是对蔡元培的崇高评价。

　　我们敬爱的周恩来同志，则从政治家的角度，如此评价蔡元培："从排满到抗日战争，先生之志在民族革命；从五四到人权同盟，先生之行在民主自由。"着意肯定了其民主革命的意义。

　　而我这个普通的中学语文老师想说，蔡元培不愧为中国近现代第一先生，是我们仰望已久而永不可及的校长，兼之以革命家、学问家、思想家。

# 从清末翰林到留洋学子

蔡元培如此受人敬重，惊人地众望所归，能够跨越任何党派和个人的门户之见，又是为什么呢？人品百分百，学品千分千，自然之理也。

在常人眼里，蔡元培或许只是一位了不起的教育家，却忽视了他作为学者的价值。毛泽东所送的"学界泰斗"四字，绝不是一顶随便给人戴的高帽子，倒是一个恰如其分的"平顶帽"，不大不小，戴在蔡元培头上，再合适不过了。试想，百年前，在群英荟萃的北大，蔡元培如果没有高深的学问，仅凭出众的人品，又何以让一个个自恋成癖的大学问家臣服呢？

蔡元培集旧学新学、中学西学于一身，从旧知识分子走过来，一路风尘，一路奔波，终成学贯中西的大学者。他不断开拓的学习精神，永远是万千学子仰望的高山。

1868 年 1 月 11 日，蔡元培出生在浙江绍兴山阴县城笔飞弄的一个商人家庭。

乍听"笔飞弄"这名字，就觉得有一股浓浓的文化气息。据说，魏晋名士王羲之曾在这里生活过，住地离笔飞弄咫尺之遥。王羲之练书法，兴之所至，天马行空，龙飞凤舞，笔墨乱抛。岂料，这笔墨经了王羲之的手，有了灵性，有了仙气，飘啊飘，飘过隋唐明月，飘过元明清风，终于飘到蔡元培身上，砸中了他的头。

蔡元培父辈兄弟七人，人丁兴旺。父亲宝煜，是蔡家第一掌门人，为钱庄经理，蔡家银行老总，玩钱生钱的人。父辈中，三叔好武术，云游四方，不知所终；六叔铭恩为读书人，以廪膳生中了举人，给蔡家沾了书香气；其余叔叔们都是商人。

蔡元培这辈兄弟四人，姊妹三人，两个姐姐未出嫁即病逝，四弟及幼妹早殇，竟只留下三个"活口"。这兄弟仨中，蔡元培排行老二，不上不下，在小康家庭里，以读书为乐，过得逍遥。

蔡家读书的希望寄托在蔡元培身上。发蒙之初，蔡元培便锁定了六叔，屁颠屁颠地跟着他读《百家姓》《千字文》《神童诗》，但并不见有什么特殊的禀赋。

　　蔡元培 11 岁时，父亲去世，家道中落。作为顶梁脊柱的父亲倒下了，坚强的母亲又站起来，这就是蔡家父母给蔡元培的榜样作用。母亲坚决不接受亲友的接济和帮助，克勤克俭，抚育孩子，教育孩子们要"自立""不依赖"。这就是蔡母给孩子们上的人生"第一课"，孩子们看在眼里，记在心上：有一种品格叫坚忍。

　　蔡元培做学问的潜质，就靠这"坚忍"二字。六叔把藏书提供给他读，要他研究经史之学，他非常高兴，国学底子开始打牢。后来，蔡元培求知若渴，拜经学名宿王懋修为师。蔡元培佩服王老师，深受王老师推崇宋明理学、钦佩反清志士的影响，王老师的影子从此挥之不去，革命思想的种子由此播下。

　　17 岁时，蔡元培中了秀才。年少得志，一入秀才门，他就获得了教师资格证。于是，蔡老师戴着知识分子的帽子，成了一名年轻的语文老师，执教于私塾。

　　从此后，蔡元培向巍巍书山发起了猛攻。他竟如托福天命，想读书，书源就滚滚而来。在叔父的介绍下，他有幸来到绍兴首富徐树兰家，一来给徐家公子徐维则当伴读，二来给徐家"古越藏书楼"校勘。畅游书海，海量阅读，正是蔡元培的所爱，不亦快哉？

　　1889 年，蔡元培 22 岁，与徐维则同中举人，光宗耀祖，衣锦还乡。第二年即 1890 年春，两人同赴京城参加会试，蔡元培中了第 80 名贡生，蔡家祖坟又冒出了一股青烟。清朝科举，亦是层层选拔，从秀才到举人，从举人到贡生，到了贡生，离殿试一步之遥，只有经过殿试，才有状元、榜眼、探花等进士出身，才够资格说"金榜题名"。

　　这个蔡元培，年纪轻轻，眼看就要殿试博得最高学位了，却太低调了：他怕愧对这"笔飞弄"的青睐，觉得自己的小楷写得不好，枉费了王羲之的期待，决定卷起铺盖回家"复读"，先把字练好。

　　与其说是低调，不如说是严格要求自己。蔡元培说："因殿试朝考的名次均以字为标准，我自量写得不好，留俟下科殿试，仍携徐君出京。"

　　两年后，蔡元培颤悠悠赴京赶考，深得汪柳门先生赏识。当有阅卷大臣质疑，说蔡元培的字不是馆阁体时，汪替他说项，说他是学黄山谷的，于是署了个二甲第 34 名进士，即全国第 37 名（包括一甲状元、榜眼、探花等三人排名）。这一年，蔡元培 25 岁，学位却是最高的，蔡家祖坟的青烟是冲天而上了！

大家不要以为这"进士"帽来得容易，自隋唐有科举以来，一千四百多年，皓首穷经，连半个秀才都捞不到的大有人在，范进老来因中举喜极而疯的故事，我们不会忘记，但又何止于此？

你到过获得世界吉尼斯纪录的常德诗墙吗？诗墙中间有座笔架城，笔架城是常德文运昌盛的证明，旁边就是著名的"常德籍状元进士暨院士榜"。这"常德"概念，是包括城区以外管辖范围的 6 县 2 区 1 市，你说，进士有多少呢？在这 1400 多年，这 18190 平方公里的常德大地上，包括武进士在内，仅仅 250 余人，算起来，大约平均 5.6 年才出 1 个进士，实在可敬可叹！而状元呢？又仅澧州郝希贤（元朝）1 人，因而澧县文庙才有资格拥有状元桥。看来，常德诗墙将现当代院士与古代状元进士并列登榜，按人数的成功比率来看，是有一定道理的。

蔡元培的国学底子若何？单从这顶进士帽来看，就让人难以望其项背。

蔡元培旧学功底深厚，响当当的饱览诗书之士，就是躺在这顶进士帽上睡大觉，一辈子都是个大文人，此生足矣！

蔡元培偏不这样，他读书绝不为文凭为爵位而来，好学是他一辈子永不变色的优秀品质，不为名，不为利。我觉得，这才是我们这个时代真正需要的学习者。

好学的人，喜欢挑战自己，改变自己，蔡元培就是这样的人。1894 年，甲午战争爆发，蔡元培正任翰林院编修，专心埋头于浩繁的古书中，日本佬的一声炮响，带来了民族危机，随之的数千举子公车上书，送来了维新思潮。蔡元培震惊了，他迅速地从故纸堆里弹起来，拍了拍满手的灰尘，开始涉足西学领域，眼睛直盯着新学的方向。从此，蔡元培从清王朝鸿儒大踏步地迈进了新知识分子的行列。

33 岁的蔡元培，决心"师夷长技以制夷"，从学日语开始，哪怕没有人教，哑巴日语他也要学好，他坚信"世上没有攻不下的阵地"，不会读，但他会研究。不多久，蔡元培靠着他聪慧的大脑能看懂和翻译日文了，竟然还积累了一身丰富的日语学习经验，并告知于他南洋公学的学生。一时间，学生中出现了日文译书者，好学老师带出来了好学弟子。

闭门造车的学习对蔡元培来说总是遗憾的。"上海有名师，绝世而独立。

一顾倾人城，再顾倾人国。"历史是偶然的，又是必然的，当蔡元培遇到了这位名师，一切都改变了。

这位名师，名气的确不小，并且还是个有名的百岁老人。1939 年是他的百岁诞辰，全国各地为他祝寿，各照相馆挂满他的照片，都想沾点他的福气；国民政府给他颁发褒奖令，任命他为国民党政府委员；中共中央致贺电，称他为"国家之光，人类之瑞"。

蔡元培慧眼识英雄，在南洋公学任教时，他的世界里就只有这位名师了，立志要向他学拉丁语。拉丁语，世界最古老的语言之一，只怕当时这世界上认识它的人就已经不多了，而偏偏这老师懂，蔡元培又想学。管他是无偿还是有偿家教，蔡元培跟定了他。来回二十里，蔡元培每天步行，栉风沐雨，披星戴月，丝毫不觉得苦，甚至有时候，凌晨五点，蔡元培便来到老师家敲门，惹得老师只好无奈地说："太早了，太早了，八九点钟再来吧。"马老师怎么知道来者正是个"三更灯火五更鸡"的学习狂呢！

遇到这老师，我又忍不住想多说几句，他是中国文化史上一个传奇——他就是马相伯。

马相伯出生于一个天主教家庭，从小天资聪颖，好学成癖。12 岁时，他瞒着家里，揣着悄悄积攒下来的铜钱，离开家乡江苏丹徒（今镇江），一个人走了 11 天，走进了大上海，进了法国天主教会开办的徐汇公学读书。

在徐汇公学，少年马相伯在语言、数学、天文等学科上，展现了惊人的天赋。他精通 8 国文字，尤其擅长演讲。1870 年，31 岁的马相伯以特优的成绩，通过耶稣会的考试，获得神学博士学位，成为一名神甫。

后来，因为与外国神甫发生冲突，马相伯和弟弟马建忠愤然离开教会，登上了大清帝国内政外交的舞台，成了洋务派领袖李鸿章的重要幕僚。1896 年，马建忠参与《马关条约》谈判，立时，马氏兄弟成了全国人民心中的卖国贼，甚至被人谣传为李鸿章的私生子，或者根本就是外国人。

政治留给马氏兄弟的，是荣耀，更是伤痛。历史留给马氏兄弟的，却是铭记，更是仰望。一部《马氏文通》，以西方语文的语法为本，研究古汉语的语法规律，创建了一套汉语的语法体系，开了中国语法研究之先河，对后世汉语语法研究产生了无与伦比的影响。这部巨著的主要作者就是曾留学海外、获法学博士学位的马建忠，另一个作者便是马相伯。

1897 年，58 岁的马相伯突然醒悟，一转身，来了个大举措，决定重返教会，将自己的 3000 亩田产捐献给耶稣会，作为创办"中西大学堂"的基金。他可能看破了自己的天命，以为人到暮年，到了该为中国教育出手的时候。但他万万没有想到，自己还有 40 年的时间为中国教育做出伟大的贡献。

作为重返教会的条件，耶稣会得到了马相伯的田产，更得到了"自献之后，永无反悔"的立字誓言，可是他们对办学的事儿兴趣不大，马相伯哑巴吃黄连——有苦说不出，打掉牙往肚里吞。但是，马相伯毕竟不是凡人，吃一堑，长一智，坚忍就在这里，垂垂老矣，也要实现理想。

机遇永远只会青睐有准备的头脑。1902 年，南洋公学发生"墨水瓶事件"，学生集体退学。南洋公学特班总教习蔡元培深知马相伯的分量，不仅自己甘愿做他的学生，还介绍自己的学生向马相伯求学。从此，马相伯的教育精神被激活，马家客厅成了学术之地，教了拉丁文教数学，教了数学教哲学，马相伯成了名副其实的两代师表，把蔡元培的得意门生黄炎培、李叔同、邵力子、胡敦复……尽收门内。

蔡元培自己是教师，"尊师重教"从我做起，给学生们做表率。他怕马老师年事已高，上下楼梯不方便，特意请人给马老师安装了一个小电梯，电梯门正对着马家客厅。2015 年 8 月，上海《文汇报》刊登文章《马相伯在沪寓所电梯照片首度公开》，再现了一代师表蔡元培对马相伯老师尊重的物证照片。

仅仅靠几个家教家养的学生，是难成大器的，与马相伯的教育理想也相差甚远。1903 年，马相伯借教会基金之力，以"中西大学堂"的理念，创办震旦大学院，自任院长，中国近代第一所私立大学就此横空出世。"震旦"为梵文，"中国"古称谓，有"日出东方"之意，借此图个生机勃勃的好兆头。

或许，老天爷觉得中国要走向世界，与国际接轨了，教育国际化才是正道，特意将马相伯的寿命延长，60 岁投身教育也不迟。年过花甲的马相伯雄心勃勃，精心筑梦，构筑学生自治、学术独立、思想自由的书院式大学。他明确三条原则：崇尚科学，注重文艺，不谈教理。马相伯的这些办学主张，对学生蔡元培产生了深远的影响，却与教会产生了冲突，教会让马相伯"无病而入病院"以夺回对震旦的控制权。但神甫们仿佛忘记了，这批学生大多是南洋公学闹学潮过来的，岂能安分？

果然，全校 132 名学生，130 名签名退学，并推举邵力子、于右任等 7

名代表找到他们尊敬的马院长，要求有书可读。

于是，又一所中国名校在上海诞生了——复旦公学，光复震旦，"日月光华，旦复旦兮"，明天太阳会照常升起，谁怕？

在接下来的 33 年里，马相伯参与了另一所著名学府——辅仁大学的筹建，并曾应蔡元培之邀，临时担任过北大校长，还通过一系列的公众演讲和文章担当起了中国社会的良心。

临终之时，马相伯的忧国忧时之情更深，他曾说过一句话："我只是一只狗，只会叫，叫了一百年，还没有把中国叫醒！"

马相伯没有叫醒中国，却把蔡元培叫醒了……

中国近代百年，最著名的高等教育开拓者，不外乎马相伯、蔡元培、张伯苓、梅贻琦几位大亨，其中，蔡元培影响最大。而蔡元培受教于马相伯，尊马为师。马相伯对蔡元培的影响究竟有多大，谁也闹不清。

有时候，我总在想：世上若没有马相伯，蔡元培会走得那么远吗？马相伯留给蔡元培的精神财富，除了爱国、好学外，更多的应该是投身教育的执着精神和现代教育理念吧？

蔡元培的好学，是骨子里面的需求，不为"作秀"，不为"贴金"，与一般流俗不同，不拘年龄大小，真正活到老学到老，坚守"终身学习"的典范，和马相伯老师的执着精神有得一拼。

随着西学东渐之风劲吹，蔡元培的求知欲更加旺盛。他知道，唯有走出国门，才是求学正道。1907 年 6 月，蔡元培时年 41 岁，不怕人说老，取道俄国，留学德国去也。这一去，直到武昌起义胜利，民国政府招请他回国主持教育止，历时四年半，清国的大进士正儿八经在德国当上了老留学生。

蔡元培读书，来势凶猛。一年的时间，先在柏林攻下了德语，随即去世界名校——莱比锡大学注了册，入了学。三年间，蔡元培一共选修了 37 门课程，学问不求文凭，但求广度和深度，侧重哲学、哲学史、心理学、文化史、美学和美术史等方面，这就是博学而务实的蔡元培。

蔡元培是性情中人，每当理想的头碰到了冰冷的现实，他即选择辞职，退出江湖，游学四方。求学读书，是他解脱理想和现实纠结的良好办法。1912 年 9 月，蔡元培辞去教育总长职务，又进莱比锡大学，研究文明史、世界史和美学。1924 年 11 月，蔡元培辞去北大校长职务，与夫人一道，注册于德国汉堡大学，从事民族学研究，这时候，蔡元培已是一位 58 岁的老人了！

蔡元培到德国留学三次，时间花费 7 年多，1913 年 9 月到 1916 年 10 月，蔡元培携家留学法国，又是三年有余，再加上 1920 年 11 月到 1921 年 9 月的欧洲考察，还有短期的日本游历，合计起来，蔡元培游学海外长达 11 年多，海外留学经历相当丰富，我们不惊叹也难！

大师们的求学，与我们普通学子有些不同，不走寻常路，追求的是一个字：真。他们要的是真学问，不要文凭这遮羞布。11 年，蔡元培凭他的才智，捞个博士学位，岂不易如反掌？但他没有，他有的只是满腹的学问。

蔡元培真诚的好学精神，完全可以跨越任何时代作为求学者的模范。随着对西学的深入研究和频繁出国游学的需要，中年以后，蔡元培先后学习了日语、英语、拉丁语、德语、法语、意大利语等 6 门外语，比精通 8 门外语的马相伯老师也差不了多远！

但是，蔡元培非常谦逊，自觉英语和意大利语学得不精，在将近 70 岁的时候，他在一篇《假如我的年纪回到二十岁》的文章中诚恳地表示：假如能够回到 20 岁，"我一定要多学几种外国语，自英语、意大利语之外，希腊文与梵文，也要学的"。一个年近古稀的老人，总觉得自己"所习的外国语太少太浅"，希望能够"多学几种外国语"，好学如此，几人能比得？

蔡元培留学德法期间，生活难以为继的时候，便和商务印书馆签订协约，以编著和译著换取每月 200 元的稿费。他白天听课记笔记，晚上阅读并翻译，做研究，重点在哲学、伦理学、红学等方面著述。既做学生，又做学者，这便是学习积极分子的蔡元培。

大家有目共睹的是，蔡元培在学术上的成就主要体现在教育和美学上，至于像他在民族学等方面的贡献就鲜为人知了。从 1919 年以来，蔡元培的著作就一直没有停止被编辑和出版过，前几年，我还买过一本岳麓书社新出版的蔡元培《中国伦理学史》。世上很多事情不是不存在，而是我们不了解其存在性，这就是我们的悲哀。

蔡元培是一名书生，书生的事业，除了自己读书，更希望把自己的书生事业发扬光大，这才是书生的伟业。还在留法期间的 1915 年，蔡元培几近半百老人，仍是读书的激情飞扬，积极充当天下书生的引路人，与吴稚晖等朋友在法国成立世界社，向中国广大有志学子介绍和传播西方学术文化，出版书报，推广专门研究，鼓励勤工俭学，支持留学法国，提倡社会改良。

蔡元培读书的风采，丝毫不减当年。他勤学苦读，耳边常响起的是孟子的声音："独乐乐，与人乐乐，孰乐？"作为一介书生，把读书的快乐分享给天下每一个爱读书的人，就是最大的快乐，你说，这样的读书还苦吗？

闲暇的时候，独坐书城，一本书，一杯茶，一杆笔，一支烟，一把藤椅，不亦快哉？

## 从革命志士到教育大家

作为清朝帝国的大进士，蔡元培读遍了古书，又涉猎了新学，再放眼我们的大清帝国，外敌内患，满目疮痍，焉能熟视无睹？

甲午海战后签约卖国了，戊戌变法失败杀头了，天下有志的读书人都在寻找强国之梦，蔡元培当仁不让。

蔡元培在离开南洋公学之前一直抱着"教育救国"的理想，没有真正投身政治运动。待到南洋公学退学事件发生后，蔡元培站出来了，决定与腐朽保守的清廷作斗争，在上海创办中国教育会并任会长，创立爱国学社、爱国女学，均曾被推为总理（相当于现在的校长），坚定地向着清王朝"逆子贰臣"的道路上走。

1904 年，慈禧生日，蔡元培胆大妄为，发表时评《万寿无疆》，说："每逢万寿，必定丧失土地。"这公开的言论，就不是一般"愤青"所能及的，有满门抄斩之险！

据蔡元培的学生蒋梦麟回忆，蔡元培的革命主张非常明确。他曾在朋友聚会的场合，趁着酒劲，"大放厥词"，反对康梁维新运动的不彻底，说到激动时，高举右臂大喊："我蔡元培可不这样。除非你推翻清朝，否则任何改革都不可能！"他不怕当朝廷的叛徒，不怕被诛灭九族！

干革命提着脑袋走路，无所畏惧，才是革命者的风范。蔡元培办爱国学社，把爱国和爱朝廷截然分开，鼓励男生暴动、女生搞暗杀，玩的就是心跳。你可能想象不到，书生闹革命也这么暴力！

蔡元培留日期间，就秘密组织暗杀团，准备利用暗杀推进反清革命。为此，蔡元培醉心于研究炸弹和毒药，以至于他任北大校长时，候客室里还陈列着当年闹革命时候的炸弹和手榴弹。

1904 年冬，蔡元培组织成立光复会，自任会长。徐锡麟、秋瑾先后归于蔡元培旗下，加入光复会，干着暗杀等革命活动，虽然惨遭失败，抛了头颅，洒了热血，但豪气干云的革命精神着实鼓舞了天下革命者，也震慑了清廷的统治者。

1905 年 8 月，孙中山在日本成立中国同盟会，形成统一的革命联盟，蔡元培为了革命的利益，逐步将自己的光复会纳入同盟会的领导，任了同盟会上海分会会长，成为孙中山革命阵营里的中层骨干。

显然，蔡元培在民国受重用，永盛不衰，是与他的革命资历分不开的。不是闹革命，进士翻不了身，大约只会成个典型学者，躲进书斋研究学问，不会龙门一跃成党国要人。

1911 年 11 月，辛亥革命成功，蔡元培正在德国求学，被电催回国，担任中华民国临时政府教育总长。1912 年元月，蔡元培到南京任职。同年 7 月，因不满袁世凯专权，蔡元培愤而辞职。

蔡元培在教育总长的位置，从临时到正式，从南京转到北京，短短 6 个多月，做的事情，是我们 6 年甚至 60 年也难以办到的，而形成的时代影响，更是几世几代教育家无人能比拟的。这种实干家处事的风格，让人佩服！

你可能永远无法想象，蔡元培担任教育总长时，那个教育部包括他自己在内只有三个人：总长、次长和一个秘书。更令人难以置信的是，蔡元培领了总长之令，却没有办公之地。蔡元培找到临时大总统，孙中山一句："此须汝自行寻觅，我不能管也。"来得何其潇洒，又何其无奈啊！

幸亏又是马相伯老师挺身而出，借给他三间房子，蔡元培才能安营扎寨，兢兢业业地投身于中国现代教育的改革中。

虽有绍兴中西大学堂校长和南洋公学总教习的教育经验，虽有学习、研究和考察海内外教育理论和实践的支撑，在天下纷纷、百废俱兴的日子里，蔡总长心忧天下，一万年太久，只争朝夕，不能懈怠，不敢独断，立马召集教育人士，广泛听取他们的意见和建议。在任职仅仅十多天后的 1 月 19 日，即启用中华民国教育部印信的当天，蔡元培以教育部的名义，颁布了《普通教育暂行办法》和《普通教育暂行课程标准》两个重要法令。

这两个文件一出世，便揭开了中国现代教育的序幕。一百年来，我们依旧传承了许多：学堂改学校，监督改校长，一年两个学期，分寒暑假，初小可以男女同校，中学和初级师范四年制，教科书符合共和国宗旨，小学重手工，高小重兵式体操，正式废止读经，严格初小、高小、中学和师范课程设置以及各科每周教学时数……就连"课程标准"一词，都被百年后的"新课改"重新启用了，我们怎能不忆蔡元培？

随后，蔡元培快马加鞭，发表《对于新教育之意见》一文，明确提出军国民教育、实利主义教育、公民道德教育、世界观教育、美感教育五育并举的民国教育方针，并对这五种教育的内涵，以及它们之间的相互联系作了具体阐述。

百年后，捧读着这些文字，我依然如获至宝，热血沸腾，不得不拜服这位大教育家高屋建瓴的远见卓识。

所谓军国民教育，是清末由国外传入的一种教育思想，倡导举国皆兵，一来可以提高国民的身体素质，二来对外实行自卫，对内反对军人强权统治。这在当时无疑是进步的，到现在也有许多积极的借鉴作用。蔡元培创办爱国学社之时，就早已付诸实践，他重视军事教育，自己还有一张身着军训装的照片留世。

实利主义教育与我们目前所说的劳动技术教育差不多。它提倡科学文化知识要寓于树艺、烹饪、裁缝及金、木、土、工之中，培养全民的基本生活和生存技能。我总觉得，这主张与毛主席"教育必须与生产劳动相结合"的教导异曲同工，百年后仍然可以骄傲地站在国际化教育的舞台上。

公民道德教育尤为蔡元培所重视。蔡元培以学贯中西、博古通今的学者眼光，试图将西方"自由、平等、博爱"道德观念和中国优秀传统道德思想和谐统一，构建中小学公民道德教育内容。在当时实在弥足珍贵了！

世界观教育是蔡元培在中国近代教育史上的独创。他把世界分为现象世界和实体世界两部分，这是蔡元培的西方哲学思想在教育理念上的体现，虽然有失偏颇之处，但解放了思想，在鼓呼人们遵循思想自由、言论自由的原则，勇敢打破几千年思想专制统治等方面起到跨时代的作用。这种教育的胆识足以令后世仰首相望。

美感教育即美育，这也是与蔡元培西方留学所得分不开的。

蔡元培的五育并举，是相互联系、相互交融的，也是与学科知识相融合的，与我们现在倡导的德、智、体、美、劳有许多相近之处。我想，把蔡元培说成是中国现代教育宗旨的理论奠基者，应该也不为过。

除了基础教育的规整，蔡元培在教育总长位置上还直接参与起草了《大学令》，特别是精心筹划并主持了中华民国成立后第一次中央教育会议，即全国临时教育会议。

1912 年 7 月 10 日，会议在北京召开，蔡元培致开幕词。尽管三天以后，蔡元培即挂冠离会而去，但会议决议的 23 项议案，项项都有蔡元培付出的心血，从而建立了中华民国教育体制的最初样式。说了这么多，来得更直白点，蔡元培可以说是中国新教育体制的重要奠基人。微斯人，吾谁与归？

蔡元培辞去教育总长后，发誓不再做官。自古至今，大师们把独立精神视同自己的生命，不做官是其最明智的选择、最清醒的标志。但是，仅从蔡元培创建民国教育部来看，蔡元培的行政能力也是非凡的。

教育部由三人集团，逐渐充实、完备，设立学校教育司、社会教育司和历象司。其中学校教育司分为普通教育、专门教育、实业教育三科，社会教育司分宗教、美术、编辑三科，历象司分天文、测候两科。蔡元培创建的教育部，体现着蔡元培的教育思想，在中国教育行政制度上具有开创意义，在当今精简机构的大潮中应该也有很重要的借鉴意义。

蔡元培在教育部用人有两条重要原则：第一是"为事择人，不设冗员"，不因人设岗，要因事设岗。不养懒汉，触动某些人的利益，是要有魄力和勇气的。蔡元培的教育部扩充后，包括缮写者在内，仅仅 30 余人，比其他任何部门人员都少。蔡元培的行政诀窍，就是"不扰民"，"不折腾"，部员各负其责，各司其事，不搞形式化的东西，"绝无官署意味"，工作效率高得让你惊叹。

蔡元培用人的另一条原则是唯才是举。这又包含两层含义：第一，不管资历和学历。如果说没有文凭的鲁迅被蔡元培所用，是出于老乡的道义，那王云五的入阁教育部，靠的就是他的教育思想了。王云五当年 23 岁，没有受过高等教育，在上海从事教育工作，对中国的教育有许多想法，听闻蔡部长广纳意见，便修书一封，给蔡部长提了许多建议。蔡部长一看，迅速调王入教育部，终于成就了王云五，更成就了两人近三十年的友谊，王云五是朋友中在香港唯一伺候于蔡元培病榻前的送终人。第二层含义更可贵，用人不分党派。北京政府时，蔡元培任总长，力邀范源濂（共和党人）任次长，蔡元培深知自己偏于理想，范源濂注重实践，两人合作，取长补短，有利国民教育。他劝说政府与共和党促成了此事。

蔡元培的这两条用人原则移到北大，北大的面貌为之一新，中国现代教育的春天随之来临。

1916 年 9 月，时任教育总长的范源濂发出一份急电，邀请留学法国的蔡元培回国任北大校长。范总长心情之急切，国人之仰望，溢于言表，让蔡元培的报国之心又疯涨起来。这时，国内革命形势已经好转，袁世凯病逝，黎元洪任大总统，蔡元培的革命战友孙中山、黄兴也在归国途中。蔡元培尽管心存犹豫，使命的召唤却在耳边萦纡：归来吧，浪迹天涯的游子！

蔡元培抵达北京，《中华新报》发出北京专电：大风雪中来此学界泰斗，如晦雾之时，忽睹一颗明星也。

1916 年 12 月 26 日，蔡元培被正式任命为北京大学校长。

1917 年 1 月 4 日，蔡元培到北大上任报到。校役们分列校门两旁，夹道欢迎新校长，纷纷向校长鞠躬行礼，想不到这位来自法国的大绅士、前清的大进士，竟脱下礼帽，认真地向校役们一一鞠躬还礼，这可让校役们大吃一惊——这样的校长，从来没有见过。从此，平等、民主之风吹进了北大校园。

1 月 9 日，北大举行开学典礼，蔡元培发表就职演讲，给学子们约法三章：一是抱定宗旨，"大学者，研究高深学问者也"；二是砥砺德行，"苟德之不修，学之不讲，同乎流俗，合乎污世，己且为人轻侮，更何足以感人"；三是敬爱师友。这篇演讲，遂列入中国演讲名篇，百年后，选入高中语文教材。

对于蔡元培对北大的改造所形成的中国影响，杜威有一句话："拿世界各国的大学校长来比较，牛津、剑桥、巴黎、柏林、哈佛、哥伦比亚等，这些校长中，在某些学科上有卓越贡献的不乏其人。但是，以一个校长身份而能领导那所大学，对一个民族，对一个时代，起到转折作用的，除蔡元培外，恐怕找不出第二个。"我信奉这句话。

校长能走多远，学校就能走多远；有什么样的校长，就有什么样的学校。中国不是缺乏有品位的学校，而是缺乏有思想、有个性、有品位、敢担当的校长。北大是民国最高学府，蔡元培能来掌舵，实乃北大之幸，更为中国教育之幸！

蔡元培到北大，摆在他面前的第一个问题，便是人员的改组和聘用，所谓人力资源是第一生产力，就在此理。著名教育家、被誉为清华"终身校长"的梅贻琦有句名言："大学者，非大楼之谓也，大师之谓也。"显然，北大要腾飞，关键在人。蔡元培深谙此道，他在教育总长位置上的用人原则再次发挥了巨大的威力，为北大激活了青春的活力。

蔡元培整顿北大从文科开始。从接到任命书的第一天起，他便对新派人物陈独秀软磨硬缠，用刘备"三顾茅庐"般的赤诚之心，深深地打动了陈独秀，让陈携着他主办的《新青年》从上海迁来北京，担任北大文科学长。

陈独秀出山了，李大钊满脑子装着马克思主义执掌了北大图书馆，26 岁的"海归"胡适挟着新文化运动的风雷被请坐教授的交椅。"陈李胡"犹如桃园三结义的"刘关张"，给死水一般的北大带来一场狂飙式的洗礼。接着，鲁迅、周作人、钱玄同、沈尹默、刘半农、沈兼士等新派大腕云集北大，宣告着北大新世纪的到来。

蔡元培的超人之处，并不在于否定一切、打倒一切的激进精神，而在于新旧通吃。新派的来了，旧派的也不少一个，北大是讲学问的地方，不求统一思想，激进的，保守的，顽固的，甚至反动的，只要有真学问，都可以亮剑出招，来个大比拼，不怕学生受污染、受蛊惑。蔡元培这样做，是要有非凡的胆识和气度的！

辜鸿铭，清国文科进士，英国文学博士，拖着长辫子，大谈复辟，大骂新党，还高调声称："我的辫子在外形，你们的辫子在心里。"可是，蔡元培看得惯，说学生们跟着学学问，不跟着复辟，学会辩证思维。要知道，辜鸿铭也是举世少有的大师啊，精通英、德、法文和希腊文，曾将佶屈聱牙的《论语》《中庸》等书译成西文，并撰有《中国文化之精神》等书。

刘师培，国学大师，章太炎的得意弟子，曾为"筹安会"发起人，为袁世凯称帝鼓吹，十足的反革命，却被蔡元培不管三七二十一，请来北大当教授，开设"六朝文学""文选学"等课程，留《中国中古文学史》讲义传世，此为近现代中国文学史研究首屈一指之巨著。

更有像黄侃、陈汉章等思想保守的学者，和胡适等新派文人，在北大大唱对台戏。蔡元培也让他们各抒己见，自由发挥，不怕北大乱套，这就是蔡元培的大气睿智。对台戏具体情形如何？且在后面有关"胡适"专节详讲。

梁漱溟，一个高中生，一名北大的落榜者，写了一篇文章《究元决疑论》，为佛教代言。蔡元培看见了，忙邀请他来讲"印度哲学"。梁漱溟诚惶诚恐，不敢接招，在蔡元培的激励劝导下，他才答应。梁漱溟曾留下这样的回忆文字：

蔡先生反问："你说你教不了印度哲学，那么，你知有谁能教印度哲学呢？"我说不知道。蔡先生说："我们亦没有寻到真能教印度哲学的人。横竖彼此都差不多，还是你来吧！你不是爱好哲学吗？我此番到北大，定要把许多爱好哲学的朋友都聚拢来，共同研究，互相切磋，你怎可不来呢？你不要当是老师来教人，你当是来合作研究，来学习好了。"他这几句话打动了我，只有应承下来。

何其诚恳，何其殷切！没有任何世俗之见，梁漱溟能不豁出去吗？结果，号称"中国最后一位鸿儒"的梁漱溟在北大诞生了！

文科整顿好了，理科还会远吗？蔡校长聘请著名物理学家、相对论者夏元瑮任学长，接着李四光、丁西林、王星拱、颜任光、任鸿隽、李书华、翁文灏、朱家骅等一大批杰出科学家尽入彀中。如此这般，北大不兴盛，天理也难容！

在用人方面，蔡元培不惹事，摊上事也不怕事。对于一些不称职的教师，包括外籍教师，你敢混，我就敢退。如他辞退了英国教员克德来、燕瑞博和纽伦，官司打到英国驻华大使，英方放出狠话"蔡元培是不要再做校长的了"，我们的蔡校长才不管这些呢，范总长可是求着他来当这校长的，本来就不想做，无欲则刚，谁怕谁？一笑了之，这就是蔡校长的霸气！

那时的北大课堂，两位老师同时上课，教室挨着，隔墙有耳，由于政见和学术观点不同，老师可以互相对立，甚至互相谩骂。老师们讲得手之舞之足之蹈之，时而慷慨激昂，时而义愤填膺，学生听得前后俯仰，时而频频点头，时而大笑不止。蔡校长就好这口热闹，管他是保守派、维新派还是激进派，都云集此处，华山论剑，决一雌雄，让学生们长长见识，看看大学问是怎样炼成的。

1980 年，王昆仑先生在《光明日报》著文《蔡元培先生二三事》，回忆道："我那时在文科学习，选修文字学。教文字学的两位老师，一位是新派钱玄同，一位是老派黄侃。我选的是钱玄同的课。一天，我正在课堂上听钱老师的课，不料对面教室正在讲课的黄侃大声地骂起钱玄同来了。钱听了也满不在乎，照样讲课。后来，我既听钱玄同的课，也听黄侃的课，以便两相对照。"

蔡元培时代的北大，再不是贵族公子哥儿的休养所，满身是活力，处处皆学问，成了教育民主和教育平等的圣贤地。正式生、旁听生、偷听生，共处一室，济济一堂，分不清彼此的身份，也没人来管这些闲事，甚至出现"旁听一族"的阵容超过正式生的现象。毛泽东在北大图书馆打工时，就常旁听陈独秀、李大钊、胡适的课。

冯友兰回忆就读北大时光："那个时候的北大，用一个褒义的名词说，是一个'自由王国'，用一个贬义的名词说，是一个资产阶级自由化的王国。"

陆宗达在北大读书时，整学期在南京中央大学旁听黄侃讲课，有一天，他对黄侃说："我已拿到北京大学毕业文凭。"黄侃很奇怪："你在南方上课，如何能拿到北方文凭呢？"显然，蔡元培颁发文凭，不主要靠考勤，而重在学问。

著名作家沈从文，未出道之前，选择"北漂"，就当了北大的旁听生。因为旁听，比正式生少了些约束，可以更多地自由选择，他听得最多的是日文，想去日本留学，还听过国文、历史、哲学等。更有意思的是，沈从文曾冒充正式生，坐进考场参加考试，结果还得到3角5分钱的奖金。

沈从文在北大旁听，结交了许多年轻朋友，大部分是同乡或文学青年，其中不乏后来的文学星斗，如胡也频、丁玲、刘梦苇、陈炜谟、陈翔鹤、冯至等。他们常聚在一起，探讨文学，谈论人生，这不能不说对沈从文日后文学才情的喷发有积极影响。

还有一件文学掌故与沈从文有关。那时候，沈从文满怀着天真的文学梦想，在北京漂来漂去，什么名堂也没漂出来，偶尔漂来一点稿酬，吃了上顿又没下顿，前途茫茫，一脸困窘，又不愿过多依赖同乡大佬熊希龄。有一天，沈从文忽然想起自己的文学偶像郁达夫正在北大任教统计学，便修书一封，诉说着一名"苦逼"旁听生的烦恼。郁达夫的名篇《给一位文学青年的公开状》就此诞生。他趁机用嘲讽的笔调讽刺当时的社会现状，并亦庄亦谐地给这位落魄青年提出上、中、下三策，其辛酸苦辣之味跃然纸上。

郁达夫毕竟是热情的。在1924年冬的一个寒冷雪天，他冒雪来到沈从文的暂住地。看到沈从文身体单薄，衣衫破旧，郁达夫解下自己的淡灰色羊毛围巾，替他系上，并请他吃饭，还将结账余下的3块多钱留给他，鼓励他"好好写下去"。郁达夫这时万万想不到，这位可怜的北大旁听生，竟然会成为中国最知名的作家之一，甚至成为北大名教授。

是北大滋养了这样一个落魄的文艺青年，有了名家郁达夫的关注，北大旁听生沈从文好运连连了。北大哲学系著名教授林宰平帮沈从文谋到香山慈幼院图书管理员的差事，并一再向徐志摩、陈西滢等大才子推荐。如此这般，沈从文陆续认识了闻一多、丁西林、吴宓、胡适、凌淑华、叶公超、杨振声、朱光潜、林徽因等名人，无意中闯进了以北大、清华为中心的大文人圈子，堂而皇之地成了林太太客厅的座上宾，朋友圈扩大到社会学、哲学、民族学等学者，自信心涨爆了，文学才华如油井喷，发表的领地越来越广阔了。

沈从文是才华横溢的作家，这不假，但是如果没有北大旁听的经历，结识这么多大腕文人，是否能这么早出人头地，倒真是个未知数。

著名翻译家曹靖华在《回忆蔡元培先生》一文中深情地写道："我是蔡先生的学生。当时我因交不起学费，而去北大作为旁听生学习俄语，后经李大钊同志的帮助，我作为注册的学生可以长时间地在北大学习，要是没有蔡先生的首倡，我们这班青年是无法进北大的。当时柔石、胡也频、李伟森等青年也是这里的旁听生。"北大的旁听生究竟成就了多少人，谁也无法统计，追根溯源，算是蔡元培无量的功德。

1920年，蔡元培开始在北大招收女生，首开大学教育男女同校之先河。有人拿不准，问他为什么不报教育部批准，蔡元培却信心满满地说："教育部的大学令，并没有专收男生的规定。"大家不要忘了，蔡元培便是《大学令》的最初发布者，他能不清楚吗？

在男女有别的中国传统文化里，男女同校，总归大逆不道。曹锟、张作霖在中央公园宴请各部总次长及军警长官，张作霖突然发作："诸公可曾听说北京有个姓蔡的闹得很凶吗？"曹锟一脸不屑："是不是那个男女同校的姓蔡的？"待张作霖肯定回答后，曹锟转身对总统心腹王怀庆说："老弟何不看管他起来。"

1923年，教育总长彭允彝更是不客气地下令："北京大学校长蔡元培应免本职！"我在想，这彭大总长莫非不知道，蔡元培任北大校长，最不怕的就是免职？蔡元培任北大校长10年，主动辞职7次，有个性，有魄力。辞职信桌上一放，忙行走于江湖，何其潇洒与自在，而每次都是各界人士恳请出山，这就是蔡校长的名士风骨。

蔡元培说大学是"囊括大典，网罗众家"的学府，当然包含着对中西方文化要兼收并蓄、融会贯通之意。他积极聘请在世界各国学成的中国留学生到北大执教，并努力为他们提供更大的发展空间。同时，作为一种制度，北大的教师工作满一定年限，可以带薪出国研修，吸收国外最新科学成果。除此之外，他还邀请世界各国著名学者和社会名流来北大讲学，如英国著名哲学家罗素、美国著名教育家杜威和孟禄、法国著名数学家班乐卫以及印度大诗人泰戈尔等，还学着外国名校的大牌范儿，授予杜威、班乐卫等人名誉学位，扬了北大在世界高校史上的声威。

爱因斯坦与北大擦肩而过。本来蔡元培约好了的，爱因斯坦也答应了，但由于在日本讲学时，正式邀请函错过了时间，爱因斯坦不得不自行取消北大的讲学计划。但是，爱因斯坦曾两次踏进中国的土地，与梁启超等社会名流有交往，在上海参加过关于相对论的大讨论，一直关注着苦难中的中国。

国际大师来北大，卷起的是一场场文化风暴，吹醒的是一代代中国人的大脑。

蔡元培对大学的诠释非常明确："大学并不是贩卖毕业证书的机关，也不是灌输固定知识的机关，而是研究学理的机关。"蔡元培改造北大从做学问开始，求真务实，简单明了。

百年前，关于大学求学目的，蔡校长给大家伙儿讲得非常透彻，百年后，我们再来认真聆听，感觉又如何呢？

第一，"不当以大学为升官发财之阶梯"。

第二，大学不是"职业教育机关"。

第三，大学"不是灌输固定知识的机关"。

蔡元培规定，考试后不准公布分数，只是私下通知留级的学生，希望学生要为学问而学习，而不为所谓成绩而学习。

大学学术研究的深度，决定着大学的高度。在大学创设研究所，是蔡元培筑梦世界一流大学的又一举措，开了中国国立大学设置研究所之先河。1917年底，北大各学科研究所纷纷成立，引起媒体轰动，成为教育界的新鲜事儿，成为学界饭后谈资，开了中国培养本土研究生的端绪。继北大之后，清华建立国学院，厦大设立国学所，推进了我国大学学术水准的提升。

中国研究生的教育，得力于蔡元培，后来虽遭多次冲断，但依然勃兴于现世。

蔡元培改造北大的另一个大胆举措，至今人们还念念不忘，留下一片神往的天空。

到 1920 年 9 月，蔡元培在北大成功建构了一套较为成熟的教授治校管理体制。在这种体制下，蔡元培革了自己作为校长"一把手"的命，不贪权，不恋权，不要权，把民主无私地还给教职工。这种豁达的胸怀和民主的气度，也只有像蔡元培这样的教育大家才能做到，值得管理工作者潜心学习。

这种体制有两个方面的创新：一方面是立法和行政分离，校长为核心，评议会为立法机关，行政会议、教务会议、总务处为行政机构，教授代表为各机构的成员或领导力量，充分发挥教授治校的民主决策权。另一方面是精简机构。全国第一学府，数千人规模，只有校长一人，没有副校长，校长办公室设秘书一人，处理校长日常往来信函。

1927 年，南京国民政府成立，蔡元培被任命为教育行政委员会委员。他当即仿效法国教育行政制度，取消教育部，组织中华民国大学院作为全国最高学术和教育行政机关，管理全国学术和教育行政事宜。或许，在蔡元培理想的天空，取消教育部，即在取消官僚气，建立大学院，即在倡导"学术救国"，与官场来一场痛快的告别。这年 6 月，蔡元培被任命为大学院院长，继续探索全国范围的教育改革。10 月 1 日他正式宣誓就职，直至 1928 年 10 月因大学院取消而辞职获准，恰好一年时间。

这一年，蔡元培的教育理想在疯狂地滋长。大学院者，以学术化代官僚化也。学术与教育并重，院长制与委员制并用，计划与实行并进。

说得更明白点，就是把全国教育行政的领导权还给学者，消除"外行"领导"内行"的现象，学术的事情学者讨论，教育的问题教育者解决，院长负行政全责，委员负议事及计划责任。设立中央研究院，实行科学研究；设劳动大学，提倡劳动教育；建音乐院、艺术院，实行美化教育。

蔡元培首倡科学化、艺术化、劳动化的教育，实行大学区制，每区建一所大学，区内各种教育事业均由大学校长管理。蔡元培终究是第一个敢吃螃蟹的人，不怕做不到，就怕想不到，说干就干。1927 年，作为发起人和筹备员，蔡元培在上海江湾创办国立劳动大学，并设附中、附小。同年，蔡元培与萧友梅在上海创设了国立音乐院。1928 年，蔡元培又提议在杭州创设了国立艺术院，林风眠为首任院长。

国立劳动大学毁于 1932 年"一·二八"的战火。国立音乐院和艺术院，穿过历史的烟云，薪火相传，几易其名，变成了现在的上海音乐学院和中央美术学院。数十年来，这两所艺术院校为中国培养了数以万计的音乐和美术杰出人才。可谁会想到，这薪火竟是蔡老先生传递过来的呢！

中国大学院与大学区制的试行，在中国教育史上，虽说只是"昙花一现"，最后以失败而告终，但它为我们的教育行政模式提供了另一种选择。它所提倡的"行政学术化""学术研究化"的意旨，即使在今天看来，仍有一定的积极意义和借鉴价值，有很大的探讨和研究空间。说不定哪天，教育的历史又会翻转回来，开拓出另一片新天地呢！

作为教育家的蔡元培，还有一个惊世骇俗的观点，现在看来，不仅不合时宜，更让人汗毛直竖：蔡元培主张教育独立。那么，何谓"独立"呢？在当时情况下，即独立于政党，独立于教会。独立于教会，容易理解，独立于政党，的确值得三思！

蔡元培的独立教育理论，是想把教育独立于国民党之外，多点自由呼吸的空气，多点民主研究的氛围，对于教育和学术而言，无疑有着重要的积极意义。

## 从进德会员到人世楷模

民国大佬王世杰在《追忆蔡元培》一文中曾如此叙说蔡元培的身后故事："蔡先生为公众服务数十年，死后无一间屋，无一寸土，医院药费一千余元，蔡夫人至今尚无法给付，只在那里打算典衣质物以处丧事，衣衾棺木的费用，还是王云五先生代筹的……"

一生身居高位，却终生清贫，没有房产，唯有欠债，这就是高品格的蔡元培。正因为如此，蔡元培的人格魅力，才永远为人称道，被人敬重。

中国自古讲究"孝道"，蔡元培是"孝子"中的表率。蔡元培17岁那年，蔡母胃病加剧，服药久不见效，蔡元培看在眼里，痛在心上。听说割肉和药，可为母亲延年益寿，蔡元培便瞒着家人，忍住剧痛，偷偷割下自己左臂上的一小片肉，为母亲和药。母亲终不能治，第二年便弃世而去，蔡元培悲痛万分，想按照古礼尽孝，头枕着土块，身躺在草席上守灵，被家人劝阻后，仍然趁夜深人静之时，挟着枕席赴棺侧而卧。晚年，蔡元培旅居香港，时时想起母亲，遂改从母姓，取名周子余，以此为念。

"孝"是中华传统美德之一，很难想象，一个连父母都不孝顺的人，又如何能深爱他的祖国呢？汉文帝刘恒，身为大孝子，"老吾老以及人之老"，大孝天下惠苍生，以孝治国，美名传扬，甚至以皇帝的身份入选"二十四孝"，成为中国孝道文化的一部分。古人所谓"修身齐家治国平天下"，"孝道"为"修身"之始，不可小觑，不然，何以有"圣朝以孝道治天下"管理名言呢？

蔡元培的孝情，扩大到长辈，亦是如此。他侍奉叔父尽心尽力，叔父是个鸦片鬼，有一次，蔡陪护在旁，叔父抽着烟睡着了，蔡在一旁，一步也不曾离开过，直到叔父醒来发现。蔡元培的这好脾气就是这样炼出来的。

冯友兰曾说："蔡元培是近代确合乎君子的标准的一个人。""蔡先生的人格，是儒家教育理想的最高的表现。"

段锡朋回忆，蔡元培听人演讲时，正襟危坐，眼紧盯，口紧闭，神情极为专注，标准的"全神贯注"。我想，这除了虚心好学之外，更多的是君子风范之习惯使然。蔡元培在用优秀的"听课习惯"告诉我们：唯有尊重别人，才能受人尊重。

蔡元培是真君子，他没有给自己弄房子、车子和票子，也没有急于给自己弄学位和职称，而是在当政北大一年之际，宣布成立一个君子协会——"进德会"，将北大教职员工的君子们聚集起来，分为甲、乙、丙三个档次，要求入会的会员们愿者上钩，自报档次。填了表，即在《北大日刊》上公示，公开接受全校师生员工的监督。

"进德会"刮起了一股新时代的"道德风"，与社会上那些污七八浊的坏风气作着坚决的斗争。甲种会员要求遵从"三不"，不嫖，不赌，不纳妾；乙种会员要求在甲种会员"三不"的基础上，再加上"不做官吏，不做议员"两条；丙种会员要求更高，在乙种会员的基础上，再加"三不"，合成"八不"，有人称之为"八戒"，这"三不"啊，是"不吸烟、不饮酒、不食肉"，你看，岂不成了典型的"佛教徒"？是不是条件过高了？人的一生，要做到不吸一支烟，不沾一滴酒，完全素食，太难，太难了！

蔡元培自定为乙种会员，严于律己，给自己施压。他从来不把北大校长当官，可他有点儿酒瘾，实在不敢报丙种会员。

在蔡元培人格魅力的影响下，北大许多知名教授纷纷入会。文科学长陈独秀、工科学长温宗禹、理科学长夏元瑮、法科学长王建祖和沈尹默、傅斯年、罗家伦等教授积极入会，并担任"进德会"的评议员。钱玄同、李大钊、胡适、陈汉章、马寅初、康白情等著名教授入会后担任纠察员，使"进德会"一下子爆得大名。

有数据显示，进德会成立三个月，甲、乙两种会员就达437人，丙种会员竟有24人，时为北大教授、主张完全素食的无政府主义者李石曾是丙种会员代表，知名的更有梁漱溟先生。

北大文科学长陈独秀，曾以152票当选为"进德会"评议员，名高责重，后来却色迷心窍，凭着"才子不风流枉为人"的底气，偷偷地走进了"八大胡同"，结果被人举报告发，且告发者不止一人，都是些旧派重量级人物，正找着借口反对新文化，抓新文化领军人物的"辫子"。陈独秀给蔡校长添乱了，蔡校长接到状子，进退两难，实在头疼："进德会"要维护，陈独秀再不争气，也不可弃。高智商的蔡元培自有他的高招，忙召集马寅初、沈尹默、汤尔和等几位评议会教授，商议如何处理文科学长陈独秀的问题，并连带重点研究酝酿北大内部体制改革。

在蔡元培的主导下，北大评议会议决议由文、理科开始废除学长制，并报请教育部批准，文、理科合并，不设学长，另设教务长统领。陈独秀这个文科学长，不露痕迹、合情合理地出了局、下了台。这是发生在1919年2月底的故事，可见"进德会"对北大教职工哪怕是学校干部也具有较强的道德约束力。

按理说，文人学士如果能从道德、学问、文章三方面下工夫修炼自己，做出一定的成绩，就能流芳千古了，像苏轼、王安石等。

五四运动前后，北大涌现过一大批文化大鳄，他们对中国近现代的历史发展，或在某一方面、某一学科领域，做过重要贡献，产生了深远影响。但在这批文化精英中，堪称道德、学问、文章"三美具"的完人，蔡元培是第一人，或许是唯一的人。

蔡元培一辈子拥有三次婚姻，但从来没有人提及他的所谓"罗曼史"。为什么呢？蔡元培是标准的事业型暖男，路边的野花是绝对不予理睬的。

第一位夫人王昭为旧式女子，比蔡元培年长1岁，凭媒妁之言，1889年完婚，两人性情有别，聚少离多，一个在外博取功名，一个在家独守空房，琴瑟不和。但蔡元培毕竟是君子，经过近10年的磨合，两人的感情得到修复，立下《夫妻公约》，力倡男女平等，不准王氏自称"奴家"、称他"老爷"。正当两人夫妻关系渐入佳境的时候，35岁的王昭离他而去。蔡元培悲痛万分，饱含热泪，写下祭文，痛责自己"早知君病入膏肓，当屏绝万缘，常相厮守，已矣，如宾十年，竟忘情乃尔耶？"

王昭生前曾问："人死后之幽灵当居何处？"蔡元培在挽联中深情回答："有子二人，真灵魂所宅耳。"

王氏去世，蔡元培无心再娶，偏偏媒人踏破了门槛。蔡元培不堪其扰，横眉冷对秋波，毅然摆出五个离经叛道的条件：（一）天足者；（二）识字者；（三）男子不得娶妾；（四）夫妻意见不合时，可以解约；（五）夫死后，妻可以再嫁。

谁料世上真有这样的奇女子！1902年，蔡元培与黄仲玉结婚，婚后，黄仲玉积极支持丈夫的教育事业，并且亲自担任爱国女学的教员。蔡元培游学海外，黄仲玉亦伴随左右。蔡元培当北大校长，黄仲玉为他分忧，自揽家务，教育孩子。

蔡黄二人伉俪情深。1920年底，蔡元培要赴欧美考察，黄仲玉正病重，蔡放心不下，犹豫不决，黄仲玉反过来安慰丈夫，并替丈夫打理好行装，催促成行，想不到这次竟是他俩的永诀。

1921年1月9日，身在海外的蔡元培接到蒋梦麟的电报，得知黄仲玉已于1月2日病逝，这犹如一道晴天霹雳，打晕了蔡元培的头。悲痛之余，蔡元培含泪写下《祭亡妻黄仲玉》，字字血泪，痛彻心扉。

在婚姻问题上，蔡元培是彻头彻尾的现实主义者，不玩浪漫。第三次婚姻他提出三个要求：一、具备相当的文化素养；二、年龄略大；三、熟谙英文，能成为研究助手。正好爱国女校的学生周峻对蔡老师仰慕已久，曾立誓不嫁，33岁仍未婚，也能满足蔡老师的要求，这场天作之合的美丽，在1923年7月10日的苏州终于得到了见证。

从此，周峻对蔡老师百般照顾，为之生有三位子女，并悉心培育蔡老师两位前妻留下来的几个孩子，直到蔡老师生命的终结。蔡老师临终呓语是"我们要以道德救国，学术救国……"

道德与学术是蔡元培永久的生命，他一辈子都在精心呵护，不敢有半点亵渎。生活、婚姻、事业，大抵如此，这就是朴实而严谨的蔡元培。

蔡元培还是一个不折不扣的素食主义者，他把"不食肉"作为"正心修德"的重要标准，坚持十二年全素，其意志之坚定，实践之真诚，让我等汗颜不止。后来因为足疾，医生建议肉食，他才渐渐半素食，但赴宴时从不碰大鱼大肉。

蔡元培不是佛教徒，素食受"豆腐博士"李石曾的影响。李石曾在法国留学时，自主创业，成立"远东生物化学学会"，首次用化学方法分析出大豆的营养成分与牛奶相仿，在法国成立第一家"豆腐公司"，开办"中华饭店"，把中国的豆食介绍到西方。

蔡元培在他的自述文字里，多次谈起他的素食理念和素食追求，真诚之至，甚至为后来没有坚持到底而悔恨。我捧着他的这些文字，也深深地被打动着。

素食作为一种文化观念，历史悠久，许多中外名人都是素食主义者，如达·芬奇、莎士比亚、牛顿、爱因斯坦和老子、王维、孙中山等。中国的素食主义者，往往与佛教有关，像梁漱溟，本来就立志当和尚的。

蔡元培在解读素食理念时，引用的虽是李石曾的理论，但其中明显有着佛教的影子：第一，人本来就不属于肉食动物，没有锋利的牙齿，肠子有6米之长，集中于人体三分之一的地方，可谓柔肠百结，食肉不利于吸收和消化，容易患病，而蔬食本身能满足人的各种营养需求；第二，动物临死时，会产生恐惧心理，释放出一定的毒素，这种毒素对人体很不利，有害于健康；第三，蔬食比肉食成本低，可以节约；第四，食肉必引起杀生，这是对动物生命的蔑视，不人道。

蔡元培"素食"观念最根本的还在于"戒杀"，可谓真正的"大德"，菩萨心肠，慈悲胸怀。蔡元培如是说："戒杀，不肉食则屠杀渔猎等业皆取消，能因不忍心杀动物之心，而增进不忍心杀人之心，战争可免。"你们说，蔡元培是不是拥有大慈大悲的佛教情怀？

民国大师大多是"海龟巨鳄"，浸润过中西方文化的洗礼，追求思想和精神上的自由。蔡元培也不例外。北洋军阀时期，他与孙中山的民主共和观点一致，但对南北武力对峙的做法不赞成，希望建立一个乌托邦式的"好人政府"，与胡适、李大钊等16人联名发表《我们的政治主张》，支持吴佩孚、曹锟等提出的恢复旧国会等倡议，寄希望于几个北洋巨头，这明显违背了他的党派原则。当发现北洋军阀沆瀣一气时，他随即又采取不合作主义。这就是蔡元培式的知识分子的单纯与正直，不圆滑，不苟且，"拿人格头颅去撞开地狱门"，这种学人式的自由主义政治见解和态度，任何时候都有保留的价值。

1927年，南京国民政府建立，蔡元培作为老同盟会会员，积极参与了反共清党的活动，被奉为党国元老，先后担任国民政府委员及常务委员、中央政治会议委员、中央监察委员及监察院院长、代理司法部长等职。

蔡元培积极反共清党，是其错误认识和思想导致的，他后来丝毫也不回避、不原谅自己的这次错误。我在潜意识里总觉得，这同样是他真诚的书生性格的表现。他没有看清蒋介石的真面目，依然认蒋介石为"统帅"，渴望建立一个南北统一的资产阶级民主共和国。等到他明白一切之后，他迅速迷途知返，与蒋渐行渐远，坚定走上民主抗日之路。

"九一八"事件后，全国各地学生群情激昂，赴南京请愿，出现打砸现象。南京政府要蔡元培出面"救火"，混乱中，蔡元培遭受了学生的耳光和棍棒袭击，幸亏被警察奋力救出。挨打后的蔡元培没有责怪学生，而是检讨自己，他对记者说："今日在场青年之粗暴如此，实为我辈从事教育者未能努力所致。"此次暴动，"绝非单纯爱国学生之所为，必有反动分子主动其间，学生因爱国而为反动分子利用"。

随着日本的铁蹄进一步在中国大地肆意践踏，蔡元培忧心忡忡。在一次宴会中，蔡元培直面汪精卫："关于中日的事情，我们应该坚定，应该以大无畏的精神抵抗。只要我们抵抗，我们的后辈也抵抗，中国一定有出路。"一面老泪纵横，泪水流到了西餐的汤盘里，他低头连汤带泪吞进肚里，在场的人无不动容，汪精卫亦如坐针毡。

为了更有效地建立民主抗日统一战线，蔡元培从狭隘的"党国"思想中走出来，勇敢地站在了民主抗日的最前线，与宋庆龄、杨杏佛等在上海发起成立中国民权保障同盟，蔡元培任该同盟副主席。这是中国历史上，争民主、争民权的大事。该同盟旨在保障人权，不分党派、国籍、罪或者无罪。蔡元培斡旋其间，营救了许多被国民党逮捕的进步人士和爱国学生，包括中共党员。

蔡元培始终保持着他的清洁精神，不屈服，不媚俗，不苟且，不同流合污。他宣称："道德之精神在于思想自由。"

袁世凯专制，蔡元培任教育总长，不与之合作，跑到总统府向袁世凯当面辞职，袁世凯对他说："我代表四万万人留君。"想不到，这蔡元培以牙还牙，以毒攻毒："元培亦对四万万人之代表而辞职。"何等的淡定，何等的从容，何等的无畏啊！

北大校长任职10年，辞职7次，次次精彩，次次耍个性，绝不作秀，绝不妥协：抵制张勋复辟，辞职以示抗议；学生游行示威，他阻拦不住，引咎辞职；五四过后，政府逮捕他的学生，学生与政府的矛盾无法协调，他"欲小休矣"；北洋政府干涉"新文化""兼收并蓄"，他"不自由毋宁死"；北大经费紧张，他要求收"讲义费"，学生以"罢课"相威胁，他怒不可遏，捋起袖子要和学生决斗，直走西山；财政总长罗文干受诬告被无罪释放，教育总长提出再审，罗文干又被下狱，蔡元培为朋友两肋插刀，"为保持人格起见"，与总长彭允彝一刀两断；1928年、1929年两度被任命为北大校长，蔡元培坚辞不赴命……直到1930年9月，蔡元培才被彻底获准辞去北大校长一职。他不赴任时，校务完全由他的弟子蒋梦麟代理。

蔡元培在欧洲考察教育时，告诫留学生："不要失去'我'性，作为中国人的个性，不要被同化。"依我看，这中国人的个性，也就是我的中国心。

真正的读书人大多个性耿直，说真话，干实事。蔡元培曾经这样自我评价："我是比较还可研究学问的人，我的兴趣也完全在这方面。自从任了半官式的国立大学校长，每天不知要见多少不愿见的人，说多少不愿说的话，看多少不愿看的信。想腾出一两点钟看看书，竟做不到，实在痛苦极了。"我相信，真正痴爱读书的人，怕被俗世所累。这些文字，是何等的真切，又是何等的动人！

蔡元培任中央研究院院长时，应酬多，开销大，入不敷出。属官便决定每月多给他200元工资，作为工作补贴，蔡元培发现后，马上退回这多余的200元，并严肃地对部下说："一切要按照规定办理，生活清苦些不要紧，但守法必须要严格做到！"

据段锡朋回忆，他就读北大时，恰好碰上给蔡校长送饭的役工，便好奇地打开校长的饭盒，发现只有一盘木须炒肉、一盘醋熘白菜和几个馒头而已，便为校长的简单生活而感叹。蔡夫人曾说蔡元培好侍候，"稀饭也吃，干饭也吃，焦饭也吃"。他爱穿西服，但西服的料子极为廉价。

真君子不讲排场。据冯友兰回忆，1922年，蔡元培到纽约考察，北大同学会去码头迎接，等来的依然只是一介寒儒的蔡元培，没有秘书，没有随从人员，没有驻美的外交人员陪同。他如同一个老留学生独来独往，住在哥伦比亚大学附近的一个小旅馆，和留学生们在一起。有谁知道这就是中华民国首任教育部长、中国第一学府的校长？低调不奢华，有内涵，而又那么自然！

1922 年，当北京的大街小巷已经跑起了小汽车时，蔡元培还坐着那斑驳陆离的马车到北大去上班，这马车是五年前驻德公使孙宝琦送给他的。直到 1929 年，蔡元培才换坐骑，换来的却又是一辆落伍的立体非流线的没人坐了的车。

"苏报案"后，章太炎、邹容被捕，蔡元培逃到青岛得以幸免。邹容病逝后，蔡元培与其他革命党人将其埋葬，在邹容墓前纪念塔落成时，蔡元培发表了激情演讲，据说陈其美就是因为听了这次演讲，回家变卖家产，投身革命的。

许德珩就读北大时，生活一度难以为继，他麻着胆子找到蔡校长。蔡问："会英文不？"许答："会一点英文。"蔡元培随手从书架上拿出一本英文版的《多桑蒙古史》，挑了一段要许翻译。蔡元培看他译文流利，毛笔字好，随即介绍他到国史编纂处任课余翻译，月薪 10 个银元。从此，许德珩能吃饱穿暖，能赡养乡下寡母，并能有革命精神领导五四学生运动，起草《北京学生界宣言》，最终成为著名爱国人士、政治活动家、教育家、学者。几十年过去了，许德珩还时常对子孙们说："正是我山穷水尽的时候，我师蔡先生援人以手，给了我课余翻译的机会，对我真是莫大的支持和鼓舞。"

1932 年，陈独秀被捕，关押在南京监狱，蔡元培与宋庆龄等联名保释。保释无效后，又托人鼓励陈独秀在狱中进行学术研究，不要虚度年华，陈独秀感激涕零。后来，蔡元培还为陈独秀在狱中出版的《独秀文存》第 9 版作序。

蔡元培亦多鼓励后学，处处尽师长之责。胡适的《中国哲学史大纲》（上）出版，蔡校长为之作序，使年仅 27 岁的胡适，一夜之间爆得大名，在文化界掀起一股巨浪。

26 岁的刘海粟来北大画法研究会授课，蔡校长为之举办了一次隆重的画展，并亲自撰写《介绍画家刘海粟》，刊登在《新社会报》上。不仅如此，蔡元培还将刘的画作荐售给德国大夫克里依博士，解决了刘海粟的生活困难。

蔡元培任大学院院长时，刘开渠任书记员，想去法国学雕塑，找到蔡院长，蔡院长鼓励他："想到法国学雕塑是好事情，我们中国还没有派过专人去学，我记着这个事情。"一年后，蔡元培聘请刘开渠为大学院"著作员"，这可是个难得的美差，标准的自由写作者，写与不写，写多写少，完全自由，关键是白拿着每月八十元的底薪。很明显，这是蔡元培在"以权谋私"，不露痕迹地帮助刘开渠。后来，蔡元培生怕刘开渠留法路费不够，预付了他半年工资，并帮他买了打折的船票。噫吁嚱，天下如果没有如此热心肠的蔡元培，我们真不知道中国第一代雕塑大师何时才会出现！

蔡元培任中研院院长时，比他小四十岁、与他素昧平生的赵家璧为了早出大名，也来个攀龙附凤，经常登门缠着蔡院长，要他题写书名、来个前言，他甚至也写上万余字的总序，如此这般折腾，蔡元培从不拒绝。

又据冯友兰所言，蔡元培晚年经常替人写书签，作书序，任名誉董事，写介绍信，仿佛有求必应，似乎从来就不知道世界上有"拒绝"二字。

蔡元培写推荐信乐此不疲，多则一日三四十封，少则也有十余封，有泛滥成灾之嫌，有人求他介绍门房或工役，他居然也欣然同意。

起初，各机关接到蔡元培的推荐信都极为重视，做个顺水推舟，来者不拒。后来，蔡元培的推荐信竟像雪花般地飘来，实在招架不住，于是派人与之协商，来个"官场潜规则"：力荐之人，用特殊印章；应付之人，用普通印章。谁知不久，特殊印章的信函依然纷至沓来，各机关叫苦不迭。万般无奈之际，各机关不得不再与蔡商量，信函无效作废，要推荐工作必须当面。此后，蔡元培荐工的事儿才慢慢寥落。

据杨亮功回忆，他担任安徽大学校长期间，蔡元培写信介绍一个人到安大教书。这时正值学期中，杨便复信，要等到暑假后解决。蔡也没有再强调，他以为这事情便不了了之了。哪知，暑假杨回上海，遇见蔡元培，蔡又说起这事，杨便答应安排这人在安大任教国文。到校后，杨发现这人根本不能教书，只好将其调到图书馆工作。后来，一问详情，才知道这人与蔡元培素昧平生，在火车上相遇，蔡元培对其作品赏识有加，"惜才"的蔡元培便毫不犹豫地向杨校长"唯才是举"了，绝没想到要博得个什么"好先生"的美名！倒差点成了个"糊涂先生"！

时间无形，无声，无色，如同细沙，划过时间的沙漏，当时间在日月来去，草木荣枯，留下痕迹的同时，也给我们留下了无法抹去的大师的背影。

傅斯年说："蔡元培先生实在代表两种伟大文化：一曰，中国传统圣贤之修养；一曰，西欧自由博爱之理想。此两种文化，具其一难，兼备尤不可觏。先生殁后，此两种文化，在中国之气象已亡矣！"真耶？否耶？静言思之，竟无言以对！

伟人的崇高境界便是率真，率真便成了大师们痴心不改的秉性。梁漱溟这样评价蔡元培："其伟大在于一面有容，一面率真。他之有容，是率真的有容；他之率真，是有容的率真。更进一层说：坦率真诚，休休有容，抑或是伟大人物之所以伟大吧。"

关于蔡元培，世间的赞誉太多太多，我想，最精准莫过于罗家伦的话，以此来结尾："先生太崇高了！……千百年后，先生的人格修养，还是人类向往的境界。……先生的躯壳死了；先生的精神，无穷的广则弥漫在文化的宇宙间，深则憩息在人们的内心深处！"

# 弘一大师：遗世风流的一代宗师

我知道弘一大师的名字，早在二十多年前。那时候，我在一所师范学校任教，课余喜欢在阅览室泡书。偶然发现一本《弘一大师传》，作者和出版社倒忘记了，封面的弘一大师，清瘦，飘逸。现在网上搜索，找不到似曾相识的感觉，只依稀记得，它有厚厚的一本，纯粹的文学笔调，写得很感性，像小说，读起来很吸引人。我时时感叹唏嘘，久久不能释怀。

从此，弘一大师的影子，在我心头难以散尽，从师范的课堂，带进高中的课堂。我常常和学生们谈起弘一大师，师生亦乐在其中。

近年来，一个钻研国学的朋友，茶余饭后，常常和我一起漫步，谈佛论道，弘一大师成了我们共同的话题。我没有他的慧根，悟道不深，时间久了，也随了因缘，遂唤起我再读弘一大师的兴趣。

于是，我又捧读起一本评论性较强的传记——《弘一大师的前世今生》。它理性，客观，没有过多的文学渲染，甚至有点学术味，但我仍爱不释手。在兴趣的导引下，我悄悄走近了《李叔同讲佛学》《转身遇见佛：弘一大师修心录》以及台湾居士陈慧剑先生的《弘一大师传》等著作。

对于弘一大师，我突然冒出了一个短语：遗世风流的一代宗师。

提到"遗世"二字，大家脑海里也许会突然飘来一句"飘飘乎如遗世独立，羽化而登仙"，出自哪里呢？苏轼的《赤壁赋》。苏轼饮酒吟诗，夜游赤壁，月亮从东山升起，白茫茫的雾气笼罩江面，波光、星光连成一片，多么飘逸啊，好像变成了神仙，飞离尘世，登上仙境。

"遗世独立"怎么理解呢？词典说："脱离社会独立生活，不跟任何人往来。"常含贬义。是这样吗？至少，我不这样认为，在我心里，"遗世"总有一种飘逸之气，有超尘脱俗之美，有独立之个性，弘一大师就是这股味儿。

"风流"二字呢？怎么讲？有人或许窃笑，风流不是好事，风流才子唐伯虎就有很多版本的演绎。弘一大师年轻时，也的确风流过，有柳三变的遗韵，富家公子，亦是风流才子。但是，毛泽东亦有句诗"数风流人物，还看今朝"，此"风流"非彼"风流"也，仔细想来，弘一大师不也是此种"风流"吗？亦彼亦此，这就是可亲可敬的弘一大师！

我知道，"一代宗师"这四个字，远远不能表达弘一大师的佛教境界。我只是感叹，像弘一大师这样曾经大富大贵之人，能够放弃盛极一时的物质和精神享受，用常人难以忍受的痛苦来磨炼自己，一味苦行，其意志力之惊人，让我等红尘中人仰之弥高啊！我总在想，我们做任何事，如果有了弘一大师的苦行僧精神，则何事而不成呢？

说了这么久，弘一大师究竟是谁呢？我们先来看一首歌词，保证你们都会唱：

> 长亭外，古道边，芳草碧连天。
> 晚风拂柳笛声残，夕阳山外山。
> 天之涯，地之角，知交半零落。
> 一壶浊酒尽余欢，今宵别梦寒。
> 长亭外，古道边，芳草碧连天。
> 晚风拂柳笛声残，夕阳山外山。

这首歌的歌名大家太熟悉了，《送别》。缠绵悱恻，凄清动人，是吧？这歌词就出自我们的弘一大师李叔同之手，曾被誉为20世纪最优美的歌词，曲调取自约翰·P. 奥德威作曲的美国歌曲《梦见家和母亲》。自从这首中西合璧的经典之作出现后，似乎再难有更动人的《送别》了。如果你单从这首歌词来想，我相信，你也要被这不一般的才情所折服。

## 多愁善感的贵族公子

弘一大师，俗名李叔同，在俗世，有人称之为"最后的贵族"，这话说来，的确不假。

作为贵族，第一个条件，就是多金。这点，李叔同没问题。父亲李世珍，字筱楼，是天津著名盐商，并且是承祖业发展而来，与普通暴发户不同。历史，你懂的，盐是生活必需品，在古代，盐的经营，每个朝代都要严格控制，正如军火交易一样。盐商的身份来之不易，除了家庭殷实外，还要有特殊的背景和关系，与朝廷有往有来，才是盐商的生财之道。

李世珍经商有方，除了做盐贩子，还玩钱庄生意，即开私家银行，"桐达李家"玩得有些名气，上海等地都有"桐达"分行。不用怀疑，李家富甲一方，李叔同的"富二代"身份铁定。但如果仅凭此，要列入贵族血统，成为"贵二代"，恐怕还需要些筹码。

这筹码，父亲帮他捞到了。历史上有个牛人，叫李时珍，和李叔同的父亲的名字一字之差，著有《本草纲目》，年轻时，中过秀才，后来三次应试落榜，弃儒学医，终成一代名医。而我们这位李世珍啊，丝毫不沾那个中医学家的边，却是个货真价实的读书人，整天以诗书为伴，日常起居以《论语·乡党》为准则，时刻保持儒商的良好形象。更离奇的是，这个李世珍，年过半百了，竟然感到自己"穷得只剩下钱"，如此下去，秋月春风等闲度，上愧对列祖列宗，下愧对子孙，何不在科举场上大展神威呢？让后世子孙看看老夫的厉害？同治四年（1865），李世珍高中进士，为李家大院博得了一块厚重的"进士第"匾额。"进士"这块金字招牌，光宗耀祖，荫庇子孙，是丝毫不成问题了。

李世珍去世时，清朝重臣李鸿章亲自为其"点主"，轰动津城。曾有人传言，李世珍与李鸿章为同科进士，关系铁得很。经考证，这完全与事实不符，李鸿章道光二十七年（1847）即中进士，比李家筱楼早了18年，同是一个"李"字倒不假。在清朝末年，李世珍与多少达官贵人有交情，无法考证，不过，李叔同的贵族身份可以敲定。

李叔同祖籍天津，出生地是天津，但他常常自称浙江平湖人，为什么呢？平湖沾了李叔同母亲的光，李叔同的母亲王氏是平湖人，李叔同对母亲依恋、哀怜，称自己是平湖人，是对母亲永久的尊重和怀念。

李家是大家庭，李世珍一门单传，对家族的人丁兴旺看得很重。李叔同长兄李文葆婚后早逝，次兄李文熙身体单薄，叔同母亲王氏是父亲的第三侧室，父亲纳他母亲为妾，想为李家再留一柱香火，掌好李家的门。

1880年，李叔同的出生，无疑是桐达李家的一件大喜事。传说李叔同诞生时，有喜鹊衔松枝降其室，父母视为吉兆，垂髫之年，即送与李叔同作纪念，直到弘一法师圆寂，这松枝还挂在法师床上的墙头。

小小李叔同，是李家"三少爷"，童年在快乐中度过，聪明伶俐，人见人爱，大人们看戏、听书，都爱带他。李叔同又是天生的情种，容易进入角色，感悟能力强，伯母们的木鱼声，也声声敲击着小小叔同的心。

中国有句古话：好花不常开，好景不常在。世界上的快乐总是短暂的，李叔同还不到 5 岁的时候，父亲李世珍去世了，母亲王氏年仅 25 岁。老夫少妻，或许就是一场悲剧，老夫一伸腿，留下孤儿寡母，苦不堪言，母亦苦，儿亦苦，孔子少而孤，都是"老少配"惹的祸啊。

家里的顶梁柱倒了，兄长李文熙十六七岁，成了掌门人，大家庭慢慢败落。兄长待他如何，家里长辈待他母亲如何，我们不得而知。李叔同的修养极好，是个宽厚之人，从不说兄长和其他长辈的坏话，在以后的各种文字和场合中都如此。

我们可以想象，父亲的早逝，母亲的悲苦，大家庭的冷暖，李叔同看在眼里，记在心上，默默承受，敏感、脆弱、孤独、讷言等个性，都与此分不开。

一个人性格的形成，与童年的生活关系很大，李叔同也不例外。家庭在败落过程中，他难免感伤、怀旧、多愁善感。

不过，大家族的败落总有个过程，李家土豪的位置也不是一下子能动摇的。据有关人员考证，李家的真正败落是在 20 世纪 30 年代，这时候的李叔同，都脱离俗世好久，处在他的人生暮年了。

李叔同的青少年，在天津度过，接受传统教育，诵读《诗经》《唐诗》《千家诗》《古文观止》等，学习《尔雅》《说文解字》《左传》等，攻各朝书法，以魏书为主，书名初闻于乡。后接触新学，包括英文、算术等。

17 岁时，李叔同奉命成家，以俞氏为妻。婚后第二年，李叔同携着母亲，举家迁往上海，执掌上海银行家业。不管是奉母之命，还是力争自由，李叔同终于挣脱了天津的这个大家庭，从此以后，他愈行愈远，天津成了他遥远的梦。

天津的"三少爷"来到上海，算鱼儿找到了水。积久的忧郁抛之脑后，小家之乐闹腾起来了，又结识了一群志趣相投的文人，过上了诗词酬和的好日子。恣意畅快之间，城南草堂，"天涯五友"，都成了李叔同一生中最快乐的记忆。

人生不如意十之八九。正当李叔同陷入文人雅趣之时，母亲却没有机缘和他享尽人生的欢乐，44岁在上海去世，这无疑给李叔同当头一棒。王氏咽气的那一刻，李叔同没在她身旁，这成了他一生的憾事。

按照习俗，亲人客死他乡，不能从正门抬进，更何况是侧室呢？

李叔同拖着妻儿扶母亲灵柩回天津，碰到的第一个问题就是不准从大门抬进。父亲不在了，兄长不在意，家族总会有人站出来管闲事，这不是你一个家庭的问题，而是一个家族的问题。

李叔同的时代，你是李家的人，就要遵守李家的族规。为了母亲的尊严，李叔同勇敢地抗争，与家族长辈们分庭抗礼，大摇大摆从正门抬进了母亲。不仅于此，李叔同标新立异，为母亲举办了一次特殊的葬礼。

李家三少办"文明葬礼"，名动京津。来者不收礼金，要行新式礼，葬礼上，李叔同弹钢琴，一班儿童合唱哀歌，哀伤与悲恸从琴声中漫溢出来。《大公报》曾经三次报道，前前后后，极尽渲染之能事。

安葬母亲后，李叔同说："此后就是不断的悲哀和忧愁，一直到出家。"在大家庭中，孤儿寡母的相依为命，或许，只有经历者，才能感受到。之后，李叔同改名李哀，字哀公，其心境的悲凉，从中不难体会。

母亲走了，天便塌了，俞氏不是他的知己，李叔同唯有咀嚼孤独。这位忧郁的诗人，这位内敛的贵族青年，心灵的结更难解开了。

李叔同把妻儿安顿在天津，东渡扶桑，开始了他的异国留学生涯，从此以后，天津几乎成了他的不归之地。多愁善感的种子却生根发芽了，他对人生的无常更有感触了。


## 多才多艺的稀世奇才


早年的李叔同，在母亲和兄长的督促下，接受的教育与普通读书人没什么两样，沿着科举之路前进，想继承父亲读书人的衣钵，博取功名。但据史料考证，李叔同只以监生的身份参加过科考，甚至没有获得过秀才这样的初级功名，也曾参加过清朝最后一次乡试，成绩照样不理想。我总以为，像李叔同这样的艺术天才，要他去考科举，简直是暴殄天物！

李叔同从小接触书法、绘画、诗词、金石之学，对戏曲也十分痴迷，具有出类拔萃的天赋。15 岁的时候，他吟出了"人生犹如西山日，富贵终如草上霜"这样的诗句，大彻大悟，慧根初显。

来到上海，李叔同出手不凡。他以少年天才的身份，以文会友，"二十文章惊海内"，参加城南文社、春江花月社、书画公会等社团和活动，与上海的许幻园、张小楼、蔡小香、袁希濂等著名文人雅士"促膝论文，迄无虚夕"，引领上海新学界，时称"天涯五友"，只要有征文活动，李叔同就大显才气，名列前茅。

贵族公子李叔同，人长得高高瘦瘦，潇潇洒洒，又兼满腹才气，自有风流倜傥的资本。他出入酒楼歌肆，与艺妓互相唱和，写诗填词，有柳三变之遗韵。不过，李叔同尊重女性，与多情种子贾宝玉有得一拼，貌似疯疯傻傻，实则怜香惜玉。李公子的红颜知己有品位，李苹香、谢秋云、金娃儿等，都是色艺双佳的主儿。最高端的红颜要数杨翠喜了，曾被袁世凯部下以一万两千金买下，献给庆亲王奕劻的儿子载振，大施"美人计"。这事被《京报》披露后，轰动朝野，成为著名的"清末官场贿赂案"。

公子哥儿李叔同，新鲜事儿就是多，钱不愁了，却在大街上鬻书自娱，考量自己书法的水准。求字者络绎不绝，他随性而书，想把字送给谁就是谁，一分钱不要，不想把字留给谁，你票子再多，也没用。一时间，少年天才的率真禀赋展露无遗。

上海的李叔同，曾就读南洋公学特班，即现在上海交通大学的徐汇校区。当年，它与北洋大学堂同为中国近代历史上中国人自己最早创办的大学。

南洋公学是李叔同接受新学的开始，特班班主任即为蔡元培，前面已经提及过。正所谓"师高弟子强"，在这个班级，产生了后来成名成家的黄炎培、邵力子、胡仁源等中国杰出人才，和这样的精英人物在一起学习，视野能不开拓吗？头脑能不为之一新吗？

在这里，我还是想简要介绍李叔同的几个同班同学。

黄炎培曾为李叔同留下很多文字，回忆他们一起给蔡元培当学生的日子。当时，李叔同叫李广平（李叔同的曾用名相当多，如李文涛、李成蹊、李岸、李息霜等，还不包括他的笔名），他们俩的同窗之情不浅。

有一部电影，叫《一轮明月》，由著名导演陈家林执导，濮存昕、徐若瑄主演，以弘一大师为原型，唯美地还原弘一大师的一生。影片再现李叔同就读南洋公学的情形，人物截取蔡元培、黄炎培和李叔同三人，蒙太奇式地闪现了他们的激进人生。

黄炎培是著名的爱国主义者和民主主义教育家，更是中国近代职业教育的创始人和理论家。我们现在的教育改革，重视职业教育，溯源还得找黄炎培呢！

新中国成立后，黄炎培打破"不为官吏"的立身准则，历任中央人民政府委员、政务院副总理兼轻工业部部长、全国人大常委会副委员长、全国政协副主席、中国民主建国会中央委员会主任委员等职。

邵力子呢？著名政治家。早年加入同盟会，1919 年支持五四运动，加入中国国民党。1921 年，他又以国民党员特别身份跨党参加上海共产主义小组，同年加入中国共产党，成为中共老前辈。作为标准的"两栖元老"，他力主国共合作，曾任国民党中宣部部长。1949 年，国民党政府拒绝签订和平协定，他宣布脱离国民党政府，留在大陆，后任多届全国人大常委、政协常委，民革常委。

胡仁源是谁？蔡元培的前任，任过北京大学校长。他在南洋公学后，读京师大学堂，后留学日本、英国、德国。回国受聘北大而被推上校座的，都不是等闲之辈啊。

李叔同与这些高人同班，不能不说是一种幸福，或者，这些名人能与我们的艺术天才同班，更是一种难得的资本了。这一段时间，是李叔同的幸福时光。

新教育滋养着李叔同，他的观点在变，视野跟着变。母亲去世后，李叔同带着无法排遣的悲痛，以李哀的名字，来到日本，等到打通了语言这道关口，他考入日本东京美术专门学校，成为中国选择艺术教育留学日本的第一人。

20 世纪初，中国的有志青年赴日本留学成为一种热潮是有原因的：一是日本西学东渐，现代化进程快；二是日本有地利之便。大家怀抱着"科学救国""教育救国"等理想，奔赴日本，一展才华。林长民选择政治经济学，鲁迅、郭沫若、郁达夫选择学医，周作人学海军技术、学外语，郁华（郁达夫长兄）学法学，陈衡恪学博物，连 12 岁的陈寅恪都随兄长去日本长见识……这些人都是中国的脊梁，终成中国文化的重要因子。

而李叔同偏不同，另辟蹊径，走别人不想走的路——"艺术救国"。近年来，文化界形成"李叔同热岛效应"，学者们在研究的过程中，惊异地发现李叔同开创了中国二十多个第一。同学们，你们想想，如果你能在班级、在年级、在学校创下一个第一，都是多么的不容易和荣耀啊，而我们的李叔同能够创下中国二十多个第一，这样的人，不是天才是什么呢？至少是一个敢闯敢干的大大的英雄，是敢为人先的巨人。

李叔同的生命是属于艺术的，一踏进艺术的大门，就升堂入室了：办《音乐小杂志》，组织春柳社，攻西洋画，作词作曲，弹钢琴，演话剧，发表文章……他忙得不亦乐乎，忙得才气逼人，忙得惊天动地。

李叔同究竟创下了中国多少个第一，说法不一，也有许多争论处。不过，我想，多少之争，已无意义，但他的创新精神，是我们学习的丰碑，不可忘记。现列举如下：

1. 1906 年，主持创办中国第一个话剧社团"春柳社"；

2. 1906 年，主编中国第一本音乐刊物即《音乐小杂志》，介绍西洋音乐和他自己创作的歌曲到国内发行；

3. 1907 年，组织中国第一部话剧《茶花女》在日本东京为国内赈灾义演，主演茶花女传为佳话，开中国话剧先河；

4. 1908 年，作为中国第一位将西方通俗音乐介绍到国内的音乐家，填词《送别·长亭外》等传唱百年至今；

5. 1912 年，时任上海《太平洋报》美术编辑，一改国内长期单调乏陈的文词版面，成为中国采用图文广告艺术第一人；

6. 1913 年，编著《西方美术史》教材，第一次讲授西方油画艺术；

7. 1914 年，成为第一位采用男模裸体写生课教学的美术教育家，著名画家刘海粟紧为其后 1915 年为采用女体写生课第一人；

8. 1914 年，最早介绍"石膏模型用法"用于西画教学；

9. 1915 年，成为最早创作、倡导中国现代木版画艺术的教育家；

10. 1915 年，最早撰《西洋乐器种类概说》，开创钢琴音乐教学的先河；

11. 1931 年，第一个自撰自书佛教对联集——《华严集联三百》弘法利生，在中国佛教艺术史上占据了不可动摇的地位；

12. 第一个重兴泯灭了八百余年、最难修的唐朝南山四分律宗，被尊奉为律宗第十一代祖师；

13. 第一个对传统书法审美观进行革新的艺术大师，他的书法被称为"弘一体"。

……

关于李叔同艺术天才的故事，有很多艺术家精彩演绎，极尽渲染之能事，把李叔同抬上了绚丽的天端。

李叔同留学，来得比别人大气一些，不要政府资助。本来，按清政府规定，凡考入日本公立学校的都可以享受官费留学资格。但我们在当时留学生名单中，没有找到李哀（叔同）的名字。他不愿受政府的束缚，更不在乎政府的那几个钱。他追求自由自在的留学生活，自己在外租房。据当时留日学生回忆，李叔同租的房子很雅致，书画满屋，浪漫满屋，文艺的氛围非同一般，贵族公子的气派不减当年。

李叔同做事，不做则已，一做就风生水起。组织中国第一个话剧社团春柳社后，恰逢国内长江、淮河涨水，泛滥成灾，爱国心点燃了李叔同的激情，为了赈灾筹款，李叔同毅然组织剧社同仁把小仲马的著名小说《茶花女》搬上话剧舞台，自编自导自演。

在日本戏剧家藤泽浅二郎的悉心指导下，《茶花女》片段的演出一炮打响，李叔同一举成名。据有关文字记载，第一次演出，现场观众一两千人，李叔同男扮女装，主演女主角玛格丽特，身姿袅娜，细腰柔美，活像一个西洋女子。

李叔同的天才演出，震撼了"鉴湖女侠"秋瑾。她当时正在日本躲灾，碰巧看了这场戏，被剧情感染，又不相信这主演是男生，待到演出一结束，立马跑到后台看李叔同。可惜，演出后的李叔同不是一般粉丝想见就能见到的，历史错过了这场女侠会大师的惊艳好戏。

这场演出，还改变了一个人的人生，使之成为中国第一代戏剧家。这个人就是欧阳予倩。他后来成为著名戏剧、戏曲、电影艺术家，中国现代话剧创始人之一。在中国，讲现代戏剧、电影，是绕不开欧阳予倩的。新中国成立后，欧阳予倩曾任中国文联副主席、中央戏剧学院院长等职。

可是，我们这位戏剧巨人，如果没有李叔同，还真难得横空出世。就在这次《茶花女》演出结束后，欧阳予倩咬紧了牙，决心跟着李叔同混，不混出个模样誓不罢休。他当晚就在剧院门口堵住了李叔同，要求加入春柳社排演话剧。不久，春柳社的第二部话剧《黑奴吁天录》在东京演出，欧阳予倩该出场就出场了，正式担纲角色。

回国后，欧阳予倩对戏剧痴情不改，就此选定了人生的主攻方向，终于集编、导、演于一身，在京剧、话剧、木偶戏、电影等方面，样样涉足，样样精通，成为了中国第一代戏剧大师。

戏剧是李叔同的业余爱好，美术才是他的专业。业余尚且如此，专业又如何呢？

李叔同留学日本，专攻西洋美术，立志"艺术救国"。留学期间，他在国内刊物发表过一系列介绍美术的文章。他的绘画作品流传下来的不多，出家以后，他不再作画。

百年前，在中国美术界，有两个人最厉害，即"北陈南李"是也。"北陈"就是在北京高等师范学校任教的陈衡恪，"南李"就是在南京高等师范学校任教的李叔同。

一直以来，美术界盛赞李叔同画技之高超，公推其为中国传统绘画改良运动的首倡者，而后的刘海粟、徐悲鸿等著名画家都深受其影响，十分仰慕李叔同，尊称他为老师。李叔同出家多年后，徐悲鸿曾拿出虔诚之笔给弘一大师画像。

除此之外，李叔同的音乐天分丰足。他的学生丰子恺曾说，李叔同为了弹钢琴，嫌自己的手指短了，就用剪刀剪掉虎口的肉。也有的书上说，李叔同弹钢琴，是动了手指加长手术的。当人们听到李叔同弹奏的动听的钢琴曲时，有谁知道，那双灵巧的艺术之手，经受过怎样的痛苦？

关于李叔同的音乐成就，《音乐史论》这样肯定他：中国第一个用五线谱作曲的人、中国第一个引进钢琴演奏的人、中国第一个传入西方乐理的人、中国"学堂乐歌"的最早推动者之一、主编中国第一本音乐期刊《音乐小杂志》的人……

李叔同流传下来的音乐作品不少，这些作品在清朝末年、民国初年乃至相当长的历史时期产生了划时代的影响。它主要有三类：一类是反映爱国思想的，如《祖国歌》《出军歌》《我的国》《隋堤柳》《大中华》等；一类是借景抒情、陶冶情操的，如《春郊赛跑》《春游》《忆儿时》《送别》《早秋》

《悲秋》《西湖》等；一类是写佛门境界之悟性的，如《清凉》《山色》《花香》《世梦》《观心》等五首歌词合成的《清凉歌集》。

太虚法师是民国著名法师，有活佛之称，所著佛教教义《三宝歌》却难以普及，后经李叔同谱曲，唱遍了佛教界。

1915年，李叔同应校长江谦（易圆）之聘，兼任南京高等师范学校图画音乐教员。南京高等师范学校为南京大学前身。李叔同在这里贡献有多少，姑且不论，只说当年，他和江谦校长合创校歌，江校长作词，李老师谱曲，在南京大学传唱了一百年，古味盎然而生机勃勃……

百年前的李叔同，不愧为天才的艺术家：在上海，以风流倜傥的贵族公子而出名；到日本，成了众多文艺青年追捧的偶像；回国后，掀起了一阵阵艺术的巨浪。

## 温文尔雅的教育大家

在日本留学六年，满腹的才学让李叔同占尽了风流。一代有理想的青年，大多以"教育救国"为追求，李叔同亦然。

1911年，李叔同重返故里，在天津高等工业学堂等校任教图画。一年后，他再度南迁上海，"此地一为别，孤蓬万里征"，天津成了他的不归地，老婆孩子淡出了他的视线。别了，曾经盛极一时的李氏家族！

上海毕竟是文人繁华地，新知旧雨都在欢迎这位艺术天才。一方面，城东女学给他安排了文学和音乐的教职；另一方面，《太平洋报》聘他为主笔，并编辑广告及文艺副刊。

一时间，李叔同与柳亚子、苏曼殊等，以《太平洋报》为阵地，活跃在上海文坛。李叔同的革命文字汩汩滔滔，犹如长江之水，一泻千里，对生活激情满怀。

其实，从柳亚子和苏曼殊两个同人身上，我们就能读懂李叔同的激进精神。

柳亚子是文化名人，也是国共两党争取的要人。重庆国共和谈期间，毛泽东与柳亚子相聚，两人就诗词酬答，其乐融融。毛泽东的那首著名的《沁园春·雪》，就是这次抄录给柳亚子，让柳亚子激动不已而发表和词后，而被吴祖光追索在《新民报》副刊《西方夜谭》正式发表的。李叔同与这样的人在一起诗文相酬，能颓废吗？

苏曼殊能够与李叔同在尘世中相遇，本身就是一种惊艳的美丽。这苏曼殊啊，比李叔同小四岁，父亲是广东茶商，母亲是日本人，出生在日本，曾入日本横滨大学预科、振武学校学习。

这个小殊呀，与李叔同有得一拼，十足的风流才子，能诗文，善绘画，通梵文，曾以言情小说《断鸿零雁记》出名。19 岁时，他做了和尚，比李叔同出家早得多。我们仔细看看"曼殊"这两个字，不觉得有点佛中滋味吗？其实呀，这就是他出家的法号。

不过，苏曼殊终究不能忘情，做一天和尚，不是撞一天钟，而是做两天俗人。时僧时俗，时而壮怀激烈，时而放浪不羁，实在不算真正的出家人。出家后，他依然干着革命的事业，1913 年，发表《反袁宣言》，历数袁世凯窃国的罪恶。我觉得，送他四个字比较恰当——"革命情僧"。

这时候，李叔同是艺术家，不是僧，和"革命情僧"苏曼殊并肩战斗在《太平洋报》第一线，就是僧缘啊。

可惜，世上大多事情，往往以喜剧始，以悲剧终。《太平洋报》亦是如此：场面大收益少，又遭警察查封，只得各自走散为是。

1912 年秋天，他来到浙江两级师范学堂（1913 年改名为浙江第一师范学校），任教图画和音乐。不久，他又收到南京高等师范学校的聘约。在夏丏尊以朋友之情的强留之下，李叔同选择了以杭州任教为主、南京兼职为辅的教师方式，行走在南京和杭州两地，从事艺术教育工作。

李叔同教书仅仅七载，民国时期，上海、浙江、江苏一带从事艺术教育的，如果不是李叔同的弟子，就是李叔同的再传弟子，其影响之大，难出其右。可以说，在中国近代艺术教育史上，李叔同算是一个不折不扣的教育大家。百年来，他的弟子回忆他的文字漫天飞舞，打动过无数读者的心。

百年前的浙江一师，是浙江乃至国内师范教育的重镇。这里曾经名师荟萃，早期有沈钧儒、沈尹默、周树人（鲁迅）、马叙伦等，后期有朱自清、刘大白、俞平伯、陈望道、叶圣陶等来此任教。其师资力量之雄厚，让现在的名牌大学也冒虚汗。

从相关文字记载来看，那时候的师范，新学为主，艺术不能当饭吃，是不会引起人们重视的，师生们不把艺术当回事儿。

李叔同生不逢时吗？不，他恰恰生逢其时：师范教育的环境是自由的、开放的。

李叔同当年来到浙江一师，心情应该是愉悦的，这里有他的老朋友、校长经亨颐（子渊），有更多像夏丏尊一样志同道合的同事，更有许多怀抱理想积极向上的有志青年。

李叔同是一位敢闯敢做的人，被人漠视的艺术教育，在他的捣弄下，偏偏就有声有色了。

鲁迅先生有句话："第一个吃螃蟹的人是很令人佩服的，不是勇士谁敢去吃它呢？"我想说，在禁锢国人几千年的社会里，第一个敢于使用人体模特教学的人，比第一个吃螃蟹的人更伟大。

国人自古对自己的身体讳莫如深，"身体发肤，受之父母"，岂可轻易示人？牛郎织女的故事，大家都知晓，天之仙女的织女怎么会下嫁给凡间放牛娃呢？还不是洗澡时，身体被这牛郎看着了，别无选择？这就是中国的传统文化，男女授受不亲。

虽然李叔同任教浙江一师时，男女不同校，男生用男模特，但是，我们可以想象，李叔同顶住的社会压力非同一般，伤风败俗事小，失节事大，不担心没有邪恶的唾沫吐向他。电影《一轮明月》在这情节上进行了演绎，为艺术而抗争到底，这就是不屈的李叔同。

能够坚持自己的教育理念，并且敢于打破世俗的桎梏，大胆实践自己的教育理想，这不能不说是一种教育家的情怀。

一流的老师给学生以思想，二流的老师给学生以学问，三流的老师给学生以成绩。当我们向一流老师看齐的时候，可能会成为二流的老师，向二流老师看齐的时候，可能会成为三流老师，向三流老师看齐时，我们就不入流了。

百年前的李叔同就是这样不同流俗的教育家：坚持自我，勇于开拓，向学生昭示着勇敢的思想和精神。

教师拥有自己特有的气质、非凡的气度，就会带来不一般的气场，李叔同就是这样的人。据李老师的同事回忆，"只要一提起他的名字，全校师生乃至工役没有人不起敬的"。

李叔同的贵族因子让人仰望：庄重的仪表、良好的教养、得体的举止、优雅的谈吐、恰如其分的礼节。正是这种气质的吸引，学生喜爱李叔同老师的课堂，对艺术产生了极浓厚的兴趣，在浙江一师出现了少有的"艺术热潮"。

在学生的眼里，李叔同老师是"温而厉"的。如有学生上音乐课时吐痰到地板，当时李叔同似乎没有发现，等到下课，李叔同叫来这学生，用轻而严肃的声音警告学生下次不能这样，说完之后，微微给学生鞠了一躬。李叔同的这种文质彬彬的教育方式感染着学生，让学生们更加爱戴他。

李叔同的这种"温而厉"的教育方法，与陶行知的"四颗糖果"的故事，有异曲同工之妙：润物细无声。

李叔同是一个表面温柔、内心热烈的教师，宽容别人，不容易宽容自己。学校曾经出现学生盗窃事件，一时难以查出，作为教务长的夏丏尊深感苦恼，向李叔同求教。想不到，李叔同拿出感化学生的奇招，要夏丏尊自贴布告，强调如果三日之内没有学生站出来，只有履行诺言，用自杀来殉身教育。幸亏夏丏尊没有接受这种极端的教育方法，不然，中国或许又少了一位了不起的教育家。

在李叔同的众多学生中，他的两个得意弟子不得不提：一个是后来成为著名文学家和书画家的丰子恺，一个是后来成为著名音乐家的刘质平。李叔同和这两个学生情同父子，甚至比父子还亲近，他们之间的师生情谊感人至深，从这里面更可以看出李叔同的教育家情怀。

丰子恺，大家熟悉，散文写得特别好，读他的散文，风格如斯：幽默、风趣、轻淡、自然、雍容、恬静。他的散文多次被选入中小学教材，或者被作为中考、高考阅读训练的文本，真正的散文大家啊！

丰子恺最著名的散文集莫过于《缘缘堂随笔》，以后又出版《辞缘缘堂》《缘缘堂再笔》《告缘缘堂在天之灵》等散文集，那么，何谓"缘缘堂"呢？

在红尘，丰子恺是李叔同的嫡系学生，在佛界，丰子恺又皈依弘一法师，法名"婴行"，成为在家居士，这本身就是极大的缘分。

1927年，身为法师的李叔同有缘经过上海，和丰子恺研究"护生画"的设计工作，住在江湾永义里丰子恺的寓所，为丰子恺举行了"皈依佛门"的仪式。

丰子恺请弘一法师为自己的住所取名。尊崇佛缘的弘一法师，要丰子恺在小方纸上写上他所喜欢而可以互相搭配的文字，团成许多小纸球，撒在释迦牟尼画像前的供桌上，抓阄。丰子恺抓了两次阄，拆开来都是"缘"字，遂名寓所为"缘缘堂"，并当即请弘一法师书写"缘缘堂"横额。

后来，丰子恺几经迁移，在故乡浙江省桐乡石门湾老屋的后面，建造了"缘缘堂"。"缘缘堂"不仅是丰子恺的现实家园，更是他的精神家园。1937年，"缘缘堂"毁于战火，流亡在外的丰子恺奋笔疾书《还我缘缘堂》《告缘缘堂在天之灵》《辞缘缘堂》等文章，来愤怒斥责日本侵略军的残暴行径。他的几本散文集也少不了"缘缘堂"几字。

佛界很讲究缘分，凡事因缘而起，缘尽而散，李叔同与丰子恺成为僧俗两界的师徒，实在难得。

丰子恺在浙江一师，本来是靠文化成绩出名的，年级第一名，特别是作文写得好，深受国文老师单不庵的器重，给他重取名"子颛"（他原名"丰仁"），后又改为"子恺"（"恺"与"颛"同，均为安乐意）。但自从丰子恺遇到了李叔同，情况就发生了变化。

有一次，李叔同看了丰子恺的画作，表扬了几句，并约他单独交流。就是这么一下，擦出了火花。果然，李叔同的艺术衣钵，被丰子恺接着了。如果你有闲，多读读李叔同和丰子恺，就会明显发现，丰子恺的文字、书法和漫画等，与李叔同的风格一脉相承，李叔同的遗风宛然犹存。

这就是教育的伟力，老师的一句鼓励话，改变的是一个人的一生。李老师的魔力不小，优秀教师的魅力就是这样累积起来的。

从此以后，李叔同和丰子恺结下了不解之缘，几十年来，他们情同父子。李叔同出家之后，与家人几乎断了联系，但丰子恺还是他常来常往的人。你想想，后来李叔同能够在丰家一住一个月，岂是一般的师生情谊能做到的？不仅如此，李叔同出家后，所穿的衣服，很多是丰子恺按照李叔同指定的尺寸和衣料制作而供奉的。

刘质平，家境贫寒，是特困优等生，被免交学杂、书、膳、宿等各类费用。当浙江两级师范学堂刮起"李老师旋风"的时候，刘质平开始在风雪之夜苦练琴法，并试着作曲，梦想自己的音乐之路。

当刘质平把自己谱的曲子交给李叔同老师求正时，他又后悔了，怕老师责备他走还没学会走，就想跑。刘质平正忐忑不安，忽听到李老师说："今晚八时三十五分到音乐教室，有话当面讲。"

是福？是祸？刘质平不敢怠慢。当夜，狂风大作，大雪弥漫，校园里白茫茫的一片，刘质平提前来到音乐教室。只见门口已有足迹，但教室门关着，声息全无，他只好门外静候。约莫过了十余分钟，突然灯亮了，门开了，李叔同拿着表走出门外，指着挂表时针高兴地说："时间无误，一分不差。"又打量刘质平周身披雪，全身颤抖，说："你可以回去了，有话明日再讲。"好个现代版的"程门立雪"！

大约经过了这一曲一约的考验，李叔同探出了刘质平是个可造之材，主动给予他每周乐理一小时、钢琴一小时的个别辅导，并且还安排刘质平跟在杭州的美国人鲍乃德夫人学习钢琴。

我可以肯定地说，刘质平能够在中国现代音乐教育史上留下光辉的名字，与老师李叔同的培养是密不可分的。

李叔同对学生的教育，是先重"器识"，再重"文艺"。刘质平曾因病休学在家，心情抑郁，李叔同写信安慰："人生多艰，'不如意事常八九'，吾人于此，当镇定精神，勉于苦中寻乐；若处处拘泥，徒劳脑力，无济于事，适自苦耳……"寥寥数语，教育的赤诚跃然纸上。如果我们把李叔同老师的话记在心上，在困境中便成了锦囊妙计。

刘质平毕业后，李叔同鼓励他留学日本，在帮他申请官费留学失败的情况下，主动资助其留学费用，每月从工资中抽取固定部分给他，并"约法三章"：

一、此款系以我辈之交谊，赠君用之，并非借贷与君，因不佞向不喜与人通借贷也。故此款君受之，将来不必偿还。

二、赠款事只有吾二人知，不可与第三人谈及。家族如追问，可云有人如此而已，万不可提出姓名。

三、赠款期限，以君之家族不给学费时起，至毕业时止。但如有前述之变故，则不能赠款（如减薪水太多，则赠款亦须减少）。

四、君须听从不佞之意见，不可违背。不佞并无他意，但愿君按部就班用功，无太过不及。注意卫生，俾可学成有获，不致半途中止也……

1918 年，李叔同有了出家的念头，但担心失去教职后刘质平的留学费用没有着落，只得继续任教。刘质平知道后，生怕影响老师的志趣，学业再重要，也提前归国了。他们是这样的心有灵犀，互为理解和支撑。

教师爱生如子，学生亦待师如父。刘质平待李叔同，有两件事让我特别感动，读之难忘。

李叔同历来体弱多病，特别是出家以后，过午不食，营养严重缺乏。1932年，大病刚退，有僧人跪请他去西安弘法，慈悲为怀的弘一法师被其精诚所动，决定抱病远赴西安，并于宁波登船，准备远行。

轮船就要起航，送行的人都在依依挥别，突然船舱闯进一位年轻人，不由分说，伸手把弘一大师拉起，背在背上，"劫持"而去……

待人们清醒过来，这师徒俩早已抱头痛哭，弟子刘质平哽哽咽咽间，在责怪本来就畏惧严寒的老师，不该不管自己死活，舍身赴寒地。

幸亏有了刘质平的这次阻拦，要不然，弘一大师是否真能经得起这次长途劳顿，未可知，是否能在西地长安长栖下去，亦未可知。我们知道的是，弘一大师就此断了北行的念头，最终扎根于温暖的闽南大地了。

李叔同出家前，为绝尘而去，把简单的家什和珍贵的艺术作品全部赠给了他的朋友和学生，刘质平得了很多馈赠。出家后，李叔同常常给刘质平送佛经、佛联、偈语等墨宝。

自从有了李叔同的墨宝，刘质平就视同生命。抗战爆发后，无论刘质平迁徙何处，老师的墨宝就跟到哪里。仓皇之中，随身物件都来不及拿，老师的墨宝却是必不可少的。

有一次，天寒地冻的，刘质平在外躲避日军的炮火，没带寒衣，也没带隔夜粮，带的都是老师的这些宝贝，受尽了旁人的讥笑，被认为是读书人典型的迂腐和愚蠢。

更有一次，刘质平在逃难途中忽遇大雨，为了保全老师的墨宝，他解开衣服，把身体伏在存放书法的箱子上。谁知道，这场雨足足下了半个小时，雨停了，字保住了，刘质平却得了严重的风寒，几乎一命呜呼，他的学校都给他准备后事了。

贫病交加也好，遭受暴力也好，刘质平始终没有拿出李叔同的一纸一字。他曾经写下这样的铮铮誓言：

生命虽小，遗墨事大！我国有七亿人口，死我一人，不过丢掉黄河一粒砂尘，而李叔同遗墨却是国家艺术至宝，若有闪失，将无法复原，那才是真正有罪！

如果你以为，刘质平是为自己或者为子孙保护老师的遗墨，那你就大错而特错了。曾经，李叔同赠他墨宝的时候说过：

> 我自入山以来，承你供养，从不间断。我知你教书以来，没有积蓄，这批字件，将来信佛居士中，必有有缘人出资收藏，你亦可将此款作养老及子女留学费用。

老师给弟子墨宝是在帮助弟子，而弟子则誓死捍卫老师的遗墨，是为国家，是为艺术。这种境界，或许就是李叔同老师从骨子里给予他的精神财富。

1973 年，刘质平年迈体弱，已患有动脉硬化、高血压，自知来日不多，曾向有关部门表示将李叔同墨宝呈献给国家珍藏，结束个人保管。

刘质平去世后，其子将父亲珍存的李叔同遗墨及文献资料全部无私地捐献给了"李叔同纪念馆"，让李叔同的艺术精神永放光芒。

教育家的情怀是可以传递的，李叔同曾经是教育家，丰子恺和刘质平接过衣钵，又成了教育家，为中国的艺术教育事业做出了永不磨灭的贡献。

有这样一张合影，看着，令人动容。这是李叔同出家时和丰子恺、刘质平的惜别照，老师打坐在上，弟子盘腿在下，静穆庄严，浓浓的师生情满溢出来……

这种深厚的师生情谊，又何止他们之间呢？在李叔同身前身后，他的学生始终没有忘记他，李鸿梁、潘天寿、曹聚仁、傅彬然、吴梦非、朱文叔……都留下了许多深情的回忆文字，让这位仁者教育家永远活在人们心中。

## 律己律人的大德高僧

百年前，李叔同弃教出家，人们不能理解，感觉可悲、可叹、可惜，就是没有人赞许。

关于李叔同出家的原因，人们的推测很多。1936 年春天，弘一大师已经出家 18 年了，在厦门南普陀寺讲到了自己出家的因缘，后来被弟子整理成一篇题为"我在西湖出家的经过"的文章。在这篇文章里，他把自己出家的远因归为寺里的小住和与夏丏尊的闲谈，近因归为虎跑寺的断食和夏丏尊的"激将法"，这远远近近的因缘似乎都与夏丏尊有关。

我想趁此机会，给大家讲讲夏丏尊。我知道"夏丏尊"这三个字，比李叔同要早，应该在我的大学时代。为什么呢？因为夏丏尊是著名的文学家和语文学家，作为师范大学中文系学生的我，从文学的角度，要读夏丏尊，从教学法的角度，也要读夏丏尊。两相比较，我以为，他在语文教育方面的成就高于他的文学事业。

夏丏尊在中国文化史上的贡献是很多的，他创办了在现代教育史上产生巨大影响的《中学生》杂志，翻译了意大利作家亚米契斯的名著《爱的教育》，兼任开明书店编辑，帮助许多文化名人出版了各类新时代作品。

除此之外，他还创作了许多有关文学、教育的著作，如《平屋杂文》《现代世界文学大纲》《文艺论 ABC》《生活与文学》《阅读与写作》等，更有许多翻译作品，如《南传大藏经》《文心》《近代日本小说集》《社会主义与进化论》《蒲团》等。

我喜欢读夏丏尊的《平屋杂文》，说杂文，是他自谦"不三不四的东西"，其中有评论，有小说，有随笔，民国味儿足，耐读。

夏丏尊多年从事教育和出版事业，与许多名人有过交往，如毛泽东、鲁迅、许寿裳、陈望道、匡互生、舒新城、朱光潜、叶圣陶、刘薰宇、朱自清、郁达夫、丁玲、胡愈之、贾祖璋、内山完造等，这些名字，都"如雷贯耳"吧？所谓"物以类聚，人以群分"，从夏丏尊的朋友圈来看夏丏尊，就知道他的品位相当高了。

夏丏尊与李叔同是最铁的哥们儿。李叔同应聘到浙江两级师范学堂教书的时候，与夏丏尊一见如故，为什么呢？家道中落的悲辛、日本留学的美丽、理想情怀的执着、性情的率真自然，都有惊人的相似，能不产生共鸣吗？

浙师七年，李叔同与夏丏尊无话不说，形影不离，成为学校的一道风景。夏丏尊是舍监，相当于现在分管学生工作的副校长或科长，天天与学生打交道，人称"夏木瓜"，被说成"妈妈的教育"；李叔同是专职艺术教师，闲云野鹤，傲岸不苟，一派贵族气，被喻为"爸爸的教育"。

李叔同出家所说的远近因缘，都与夏丏尊有关，也就不奇怪了。李叔同任教期间，曾在寺庙里小住过，算体验生活吧，心有戚戚焉。后来，他和夏丏尊为躲避"假大空"的名人演讲，到湖心亭喝茶，夏丏尊一句"像我们这种人，出家做和尚倒是很好的"，又让他的小心脏突突地跳了一下。

李叔同身体一直不好，特别是肠胃有病。夏丏尊送他一本日本杂志，推荐断食疗法。李叔同对这"断食"一见钟情，立志实验。

何谓"断食"呢？说得直白些，就是"洗肠"，只不过用"断食"的方法来洗，前前后后三周时间，第一周食量慢慢减少，第二周由稀饭、水到不食人间烟火，第三周再依此慢慢增加，到恢复正常。

很明显，"断食"是很危险的，在挑战身体极限，大家切不可实验啊！

前面说过，李叔同做任何事，都是相当认真的，这是他的秉性。他既然心动了，必会马上行动。为防旁人干扰，在1916年的阳历年假，他带着校役闻玉，住进了大慈山虎跑寺，杜绝与外人的一切往来，甚至对好友夏丏尊也保守秘密。

假期间，夏丏尊通信未果，开学初匆匆赶来，不见叔同，还以为他死了呢，急得团团转。

夏丏尊哪里知道，这21天，李叔同在静坐、习字、刻印、写日记，心灵与寺院感应。

从此以后，李叔同对安静的寺院生活心生向往，开始吃素、读经，时而小住寺院，穿出家人的衣服。又是夏丏尊一句"既住在寺里面，并且穿了出家人的衣裳，而不即出家，那是没有什么意思的，所以还是赶紧剃度好"，下定了李叔同出家的决心。

夏丏尊的一生是很激进的，对佛教并不怎么认同，尽管李叔同出家后，他为了表示理解和支持，吃素护法一年。

成也丏尊，败也丏尊，这是李叔同关于出家原因的自我表述。据相关文字记载，夏丏尊非常后悔说过这些话，多次跟李叔同解释，结果还是助了李叔同的佛缘。事实就是如此。

事实上，李叔同的出家没这么简单。年幼丧父，家道中落，兄弟有隙，婚姻由命，母亲早逝，哪件不感伤？何况父亲读佛，母亲和大妈念佛，耳濡目染也未可知？不然，何以15岁写诗看淡红尘呢？

有人说，当年李叔同在日本留学时，组织春柳社，轰轰烈烈，让在日清廷官员看着不舒服，辛亥革命后，这官员摇身一变，又成了民国大员，有一天，来浙江一师巡视，发现李叔同在这里教书，很不高兴，有驱李之意，李叔同更看不得，对教育失望不说，又对革命失望了，惹不起还躲不起吗？不如一走了之。

在浙江一师任教期间，李叔同得到一位高人的指点，这位高人也应该影响到他的出家意向。这位高人是谁呢？他是中国现代思想家，是引进马克思《资本论》的中华第一人，与梁漱溟、熊十力合称"现代三圣"，周恩来总理曾称他为"中国当代理学大师"，鼎鼎有名。

这高人不是别人，就是国学大师马一浮。马一浮年少读书，过目能诵，被称神童，早岁应浙江乡试，名列榜首，后游学美国、德国、西班牙、日本等地，有"儒释哲一代宗师"之称，更是诗人和书法家。

你看，这不正适合李叔同的胃口吗？古诗和书法，正是李叔同多年不变的爱好，有了共同的爱好，一切都好办，走在一起交流，不尴尬。马一浮比李叔同小三岁，刚刚三十出头，风华正茂，正渴求志同道合的朋友，恰好，李叔同走来了，天助我也。

辛亥革命后，马一浮潜心研究学术，在古代哲学、文学、佛学等方面造诣精深。马一浮研究佛教，虽然年纪轻轻，但已经达到一定高度，完全可以当李叔同的老师，而这李叔同呢，又是个"不耻下问"的伙计，两人"一见倾情"，当然，谈得最多的还是佛学。

与马一浮结缘，谁能说不是李叔同选择出家的原因之一呢？

最理解老师的是丰子恺，他说："人的生活可以分为三层：一是物质生活，二是精神生活，三是灵魂生活。"他的老师李叔同，像爬楼梯一样，从第一层艰难地爬到第二层，在第二层里创下了惊人的辉煌，绚烂之极而归于平淡，爬向了第三层，走着一条从"自度"到"度人"的菩提路。

关于人生的境界，著名哲学家冯友兰有四层之说：自然境界、功利境界、道德境界和天地境界。芸芸众生在自然境界和功利境界生活着，且大多是功利境界，为自己活，为父母活，为家庭活，而努力谋取生活的质量，谁敢拍着胸脯像少年周恩来一样说"为中华之崛起而读书"？这就是我们大众的生活层次，也无可非议，即相当于丰子恺所说的第一层次，物质生活。贵族公子李叔同就是这样的。

道德境界就不同了，自古以来，以天下兴亡为己任的仁人志士，就属此例，雷锋、焦裕禄等关心民众的道德模范，理所当然是三层次了。艺术天才李叔同活在自己的艺术里，作家活在自己的文字里，当属精神生活的人，就是丰子恺说的第二层次，这类人为数不多。社会应该努力壮大这样的人群，让更多的人走出自己的物质圈子，走向自己的精神世界，至少也应该多几个淡化物欲、把职业当事业的人，只有这样，社会才会真正地和谐和发达。教育的功能，应该就是把更多物质层次的人提升到精神层次，把更多功利境界的人提升到道德境界，倘能如此，教育的伟力就得到彰显了。

皈依佛门的李叔同，从精神生活迈进了灵魂生活。灵魂生活，说到底，就是宗教生活，宗教生活又高于精神生活。在我们俗人看来，僧人要么是迫于无奈的落魄者，要么是躲避现实的懦弱分子，要么是披着和尚外衣的俗人等，其实，真正的僧人是我们难以企及的高尚的人。

我记得，弘一大师在一次佛法演讲中，就严正警告过僧侣们要认真修持，做一个真正高于俗人的人，不要负了"僧"这一神圣称号。可见，丰子恺的说法深得师心。

以前，在情感上，我一直不习惯称呼李叔同为弘一大师，总觉得，他应该永远是风流潇洒的大才子。但读他越多，悟他越深，觉得越神圣，或许，法师才是他更高的人生境界。

学佛之人，层次各异，正如我们孜孜以求的莘莘学子一样，有学士、硕士、博士、博士后等层次之别，佛教徒亦如此：学，无止境，悟，无止境，行，更无止境。

依我类推，佛教徒的学士、硕士、博士、博士后，自下而上为声闻、缘觉、菩萨、佛四个层次。至于什么是"声闻"、什么是"缘觉"等，不是一两下能讲明白的，像我们高中生之类的，在追求学问的道路上，只能算刚有点积累的学徒，不能说层次，只是万里长征第一步。

在佛教世界里，弘一大师算什么层次呢？"菩萨"？"佛"？他被奉为南山律宗第十一代祖师，成佛了，即佛教的最高境界。这就是高山仰止的弘一大师。

弘一大师出家后，曾坚持要跟印光法师学修行，印光法师辞不敢受，为什么呢？道理很简单，盛名之下，谁敢做他的老师呢？而弘一大师是一个下了决心，就一定要完成心愿的人，他咬破手指写血书给印光，印光不为所动。于是，弘一大师打算学古人断臂求佛，吓住了印光，才拜师成功。弘一拜师印光，仅一周，实修的境界突飞猛进，后来与印光、太虚、虚云并称为"民国四大高僧"。

这印光法师究竟是谁呢？这么厉害？弘一竟如此执意跟着他拜师求佛？这么神的法师，当然自有他的高妙之处，原来他就是被载入佛教史册、被尊为"净土宗十三世祖"的印光大师。现在市面上流传的有关净土宗的著作，大多出自他之手。

在众多的佛教宗派中，弘一大师苦修律宗。律宗强调持戒，在于修身，律己律人。律宗的教理分成戒法、戒体、戒行、戒相四科，也被称为四分律宗。律宗有"四律五论"的经典，典籍名目都佶屈聱牙的，如《摩诃僧祇律》《毗尼母论》《摩得勒伽论》等。

律宗靠倡导和践行严格的戒律来挽回佛门颓风，弘一大师选择律宗，是有备而来，他在故意折磨自己，在为自己的年少轻狂买单，立志修道成佛，挽救中国佛教律宗文化，成为一代宗师。多年来，我读弘一大师，常常被他苦行僧的故事感动着，久久难忘。

出家人超出尘世，本来就需要极大勇气，何况是一位誉满神州的艺术天才，一名曾经风流倜傥的贵族公子？

李叔同留学日本时，也像众多名人一样，生出一段缠绵悱恻的爱情，这位爱情的女主人公，就是他的人体写生专用模特。艺术与爱情擦出火花后，模特就成了夫人。李叔同回国，把这位日籍夫人单独安顿在上海，金屋藏娇。

这位日籍夫人，来得实在神秘，姓甚名啥都有不同版本的翻译，雪子？诚子？叶子……不一而足。李叔同要走出凡尘，最难割舍的或许就是这段情，这个人了。

李叔同知道，要出家，必须放下这位随他跨海而来的她。怎么办呢？纠结与忐忑同在，伤痛共眼泪齐飞！

关键时刻到了，他终究无法面对，不敢回家，留下一封信，飘然而去。新家、老家抛之尘后，只与几个同事、学生简单道别。

这封信，被人加了一个人情味十足的题目："放下你，非我薄情"，在网上疯传了很久。李叔同为人间情种，与自私无关，这为大爱舍小爱之举，实出无奈：

诚子：

　　我决定出家为僧，目前已在事务上向有关人们交代清楚了。现在你已考虑了两个多月，如果你认为我做得对，请你告诉我！你绝望的心情，与失去一个生命关系的人所受的摧残，我并非没有想到。可是，你是不平凡的，请吞下这一杯苦酒：忍耐，忍耐，靠佛力加被你，菩萨护持你。诚子，你的光辉永驻！我想你体内住的不是一个庸俗、怯懦的灵魂。

这在我，并非寡情绝义——人同此心，心同此理，唯一的不同，我为了那更永远、更艰难的佛道历程，我不仅放下了你，诚子！我也放下世间的一切已享有的名誉，艺术的成就，遗产的继承（我可能还有三至五十万的遗产可继承），可见，我并非厚彼而薄此；世间的一切，都等于烟云；我们要建立的，是未来的光华无垠的世界，在佛陀的极乐国土，我们再见！

诚子！永别了，我不再回家，免得你目前痛苦加深，我们那个家，还有足够你维持生命的东西；我们的钢琴、贵重的衣物、珍宝，悉数由你支配，作为我们的纪念。但望你看破这一点，人生几十年，有一天我们总会离别——现在，我们把它提前几刹那而已！大限总要到来。

在佛前，我祈祷佛光照耀你，永远如是；请你珍重，念佛的洪名。

叔同 戊午七月一日

可见，对于诚子（"诚子"是陈慧剑先生修订《弘一大师传》时考证的名字）的未来，李叔同是做了周密安排的，无论如何，算不得薄情寡义，不然，何以三天后，就收到了诚子"同意"的"批复"呢？

叔同：

我知道万事不必勉强，对你，我最崇爱的人，亦复如此；请放下一切，修行佛道吧！我想通了，世间竟是黄粱一梦，梦醒时，什么都是一场空。将来，我能否去看你一次？我希望如此。至于今后，我的行踪还无法确定，在贵国，除你，我没有第二个可以聊解愁苦的人。目前，我要试着念经、念佛；这一切都是宿世前缘？

为了那种圣与凡之间一层蝉翼似的隔膜，我同你一起走，去追求那个远似银河星宿般遥遥的佛道。望你珍重。

诚子

我们可以想象，一个为了爱情远离故国的弱女子，享尽了爱情甜蜜之后，丈夫却执意要出家，连家也不敢回了，这般折腾又如何经得起呢？

电影《一轮明月》来了一场浪漫的想象：丰子恺和刘质平两位弟子各自划着小舟，一个载着已出家的老师，一个载着依依不舍的师母，相逢在美丽的杭州西湖。老师、师母分立船头，师母悲悲切切的一声"叔同"，老师淡淡一句"叫我弘一"，师母再问："弘一，请告诉我，爱是什么？"老师依旧淡然："爱是慈悲。"红尘断了，再也无法挽回。

还有一个更动人的版本：据说，弘一大师出家后，这位女子风尘仆仆寻到庙门，哭跪求见，弘一大师心如止水，波澜不惊。三天三夜过去了，小沙僧不断报告天降暴雨、女子哭晕不醒等消息，弘一大师不为所动，依然是铁石心肠，早已把这位曾经深爱过的人儿赶出了尘缘。

艺术家的想象，是不足为据的。另一个回忆性的说法靠谱些：弘一大师出家后，也不知是大师的哪位夫人，恳请他的朋友找到大师，曾小聚过，但大师一言不发，默默吃斋饭，临别时，租了一只船，划桨而去，也不回头，任凭夫人在岸边哭天抢地。

弘一大师律己律人。当年，欧阳予倩求见，因为路堵，迟到 5 分钟，他在窗台拿出手表，拒绝其登门。现在，他做了和尚，斩断情缘，只求做一介"居无定所"的"云水僧"。

当初，弘一大师受戒，曾立下四条戒律给自己添压：

第一——我必须放下万缘，一心系佛——宁愿堕地狱，不做寺院住持，不披剃出家徒众。

第二——我必须戒除一切虚文缛节，在简易而普遍的方式下，令法音宣流，不开大座，不做法师！

第三——我誓志拒绝一切名利的供养与沽求，度我的行云流水生涯，粗茶淡饭，一衣一衲，鞠躬尽瘁，誓成佛道。

第四——我为僧界现状，誓志创立风范，令人恭敬三宝，老实念佛，精严戒律，以戒为师！

弘一大师说到做到，出家二十多年，一钵，一僧衣，一双草鞋，一卷破席，云游四方，研究佛经，严格修持，弘扬佛法，普度众生，这便是一代宗师的简单生活。

38 岁出家，直至成佛圆寂，二十多年来，弘一大师坚持过午不食。了解他的朋友和寺庙众僧，都会特意给他提前安排午饭。他对饮食要求极低，寡淡的白菜和萝卜就是他的最爱，饭菜吃过，汤水荡遍，一饮而尽，丝毫不剩，饭碗不用再洗，"光盘行动"的真正践行者。长期如此，他营养不良，肠胃不好，疾病缠身，以致学生弟子见到瘦骨嶙峋的大师时，想起他昔日飘逸俊朗的样子，忍不住大哭起来。

古语有云："由俭入奢易，由奢入俭难。"我们的弘一大师偏偏就"由奢入俭"，曾经大富大贵，却耐得住来自最底层的贫寒。不论冬夏，他草鞋锡杖，不穿袜子，不沾棉衣，不着棉裤，踏山涉水，一路心清静，一路莲花开。

或许，你不敢相信，就是他，一双僧鞋能够穿 15 年，一把油纸伞可以打13 年，一条毛巾用了 5 年还舍不得丢。据说，现存一件弘一大师穿过的百衲衣，竟有 242 个补丁，原生态的自缝自补，其布条，竟是他随处捡拾而来的。

难道是他破落到如此地步？非也，天下谁人不识君？他的朋友遍四海，他的桃李满天下，大多是有名望之人，都特别推崇他，争着要供养他。社会名流更以结交弘一大师为荣，巨款相赠尚不足惜，哪有如此寒碜之理？但是，这弘一大师啊，即使有推脱不了的善款，也必定捐给劳苦大众和大寺小庙，虽毫厘而莫取。

为什么呢？弘一大师有一句名言："惜衣惜食非为惜财缘惜福。""惜福"才是高的人生境界，如此简单。

入佛初期，他除了阅读僧人必读的经典，还博览而广纳。我前面说过，他是一个对任何事情，除非不做，要做就做得认真彻底的人。在佛学思想方面，他更是丝毫不敢苟且。

我国著名的佛教学者、弘一大师研究专家林子青曾这样概括："弘一大师的佛学思想体系，是以华严为镜，四分律为行，导归净土为果的。也就是说，他研究的是华严，修持弘扬的是律行，崇信的是净土法门。他对晋唐诸译的华严经都有精深的研究。曾著有《华严集联三百》，可以窥见其用心之一斑。"简单地说，弘一大师不是一宗一派的大师，而是集佛学之大成的大师。

中国佛教律宗有四大律，为弘扬律学，弘一大师专研《四分律》，花了 4年时间，著成《四分律比丘戒相表记》。此书和他晚年所撰的《南山律在家备览略篇》，合为佛学两大名著。

弘一大师对自己非常苛刻，有鲁迅无情解剖自己的精神。晚年的时候，他在佛教界名气更大，常常被迫应邀在外宣扬佛法，做演讲，他骂自己在堕落，给自己戴了一顶"应酬和尚"的帽子，写文章忏悔，闭关修持拒绝。人到暮年，他回顾自己的一生，自号"二一老人"："一事无成人渐老，一钱不值何消说。"你看，他做一事成一事，却叹自己"一事无成"，这就是大师式的胸怀与谦虚啊！

弘一大师一生严守戒律，大慈大悲。他每次坐藤椅之前，总要摇晃一下，以免藏身其中的小虫被压死。临终时，他要求弟子在龛脚垫上四碗水，以免蚂蚁爬上遗体，不小心被烧死，其善心可以天鉴。

弘一大师出家以后，誓志全身心学佛，了尘缘，绝艺术，是前奏，抄佛经，写佛语，结缘众生，才是真。为了弘扬佛法，他几乎有求必应，广结佛缘，有时候，一天写上百条字幅送人，也不觉得累。想来，民间应该流传着他的很多字幅。

2014年年底，网上挂出新闻，弘一大师仅两个字的"放下"，拍出471.5万元。2011年，弘一大师的名作《华严集联三百》以6095万元成交，一举刷新中国近现代书法拍卖纪录。

弘一大师出家后，发挥其特长，用音乐来弘扬佛法，也算他的一大创新。太虚法师的《三宝歌》，经他的妙手谱曲，迅速唱遍了大小寺院。他惊人的文学才华，也洞开了他灵慧的佛性，他写下许多充满灵感的佛诗经句，动人佛心。现录一首佛诗《世梦》如下：

　　欲来观世间，犹如梦中事，人生自少而壮，自壮而老，自老而死，俄入胞胎，俄出胞胎，又入又出无穷已，生不知来，死不知去，蒙蒙然，冥冥然，千生万劫不自知，非真梦欤？枕上片时春梦中，行尽江南数千里。今贪名利，梯出航海岂必枕上尔！庄生梦蝴蝶，孔子梦周公，梦时固是梦，醒时何非梦？广大劫来，一时一刻皆梦中。破尽无明，大觉能仁，如是乃为梦醒汉！如是乃名无上尊！

弘一大师是大文人，佛诗中常存儒、道思想。他曾告诫众僧，学佛要从学儒、道开始，不懂儒、道，即不知有佛。这就是南怀瑾所谓的"儒为表，道为骨，佛为心"是也。

弘一大师做了和尚，文人风骨依旧。当年，民国政府有官员大兴"灭佛"运动，他勇敢地站出来，与之抗争；他应邀演讲，不准登报报道，另定下三约：一不迎，二不送，三不请斋；当日本军国主义想借他大名为其所用而威胁利诱之时，他心如磐石，以殉教相抗争，真可谓"念佛不忘爱国，爱国不忘念佛"的有志之士……

弘一大师曾总结了做人十大要诀，说起来，就是十个关键词。我曾经把这十个关键词作为我的 QQ 签名，没想到，好多网友随即抹去以前的 QQ 签名，换上了这十个词。

虚心，慎独，宽厚，寡言，吃亏，不说人过，不文己过，不覆己过，闻谤不辩，不瞋。认真玩味啊，每一个词语，都有丰富的人生内涵，都是高尚的人格修养，这就是一代宗师的人生境界，是他贵族式的人格与儒家式的道德修养实践。天下之大，能彻底做到其中一点或两点的又有几人呢？我辈能轻易企及吗？

大师的谆谆教诲千千万，我们要学的东西万万千，不妨再录几句大师之言，大家默记在心：

> 自古仁人志士，以儒济世、以道修身、以佛治心，可谓是智慧通达。
> 学一分退让，讨一分便宜；增一分享用，减一分福泽。
> 以虚养心，以德养身，以仁义养天下万物，以道养天下万世。
> 不为外物所动之谓静，不为外物所实之谓虚。刘念台云："涵养，全得一缓字，凡言语、动作皆是。"
> 逆境顺境看襟度，临喜临怒看涵养。
> 不自重者取辱，不自畏者招祸。
> 事当快意处须转，言到快意处须住。
> 物忌全胜，事忌全美，人忌全盛。
> 以冰霜之操自励，则品日清高；以穹隆之量容人，则德日广大；以切磋之谊取友，则学问日精；以慎重之行利生，则道风日远。
> 以淡字交友，以聋字止谤；以刻字责己，以弱字御侮。
> 安莫安于知足，危莫危于多言。
> 以情恕人，以理律己。

处难处之事愈宜宽，处难处之人愈宜厚，处至急之事愈宜缓。

强不知以为知，此乃大愚。本无事而生事，是谓薄福。

论人当节取其长，曲谅其短。做事必先审其害，后计其利。

穷天下之辩者，不在辩而在讷。伏天下之勇者，不在勇而在怯。

何以息谤？曰：无辩。何以止怨？曰：不争。

喜闻人过，不如喜闻己过。乐道己善，何如乐道人善。

修己以清心为要，涉世以慎言为先。

恶莫大于纵己之欲，祸莫大于言人之非。

德胜者，其心平和，见人皆可取，故口中所许可者多。德薄者，其心刻傲，见人皆可憎，故目中所鄙弃者众。

欲论人者先自论，欲知人者先自知。

知足常足，终身不辱。知止常止，终身不耻。

1942 年 10 月 10 日（旧历壬午年九月初一），也就是弘一大师圆寂前三天，他手书"悲欣交集"四字，送给侍者妙莲，成为绝笔。悲的是人间苦难多，世人正被功名利禄所迷惑所苦恼；欣的是自己得到解脱，即将告别娑婆世界，远赴西方极乐净土。

弘一大师在给夏丏尊、刘质平和性愿法师的遗书中均附录了两首偈语，表明他内心的高华和充实：

君子之交，其淡如水。执象而求，咫尺千里。
问余何适，廓尔忘言。花枝春满，天心月圆。

君子之间的交往啊，要如水一般纯净，不带任何杂质。如果我们执迷于追求人生的表象，那就无异于南辕北辙了。你问我将到哪里去安身呢，前路广阔，我无言以对，但只见春满花开，皓月当空，一片宁静安详，那就是我的归处。

是的，大师就要涅槃了，灵魂却久久盘旋于大地之上，迟迟不肯飞向天国，依然满怀着悲悯，俯瞰这纷争不息的人世，为苦苦挣扎在红尘中的众生默默祈福。

弘一大师圆寂而去，留下一千八百余颗舍利子。或许，上苍先让这绝代天才占尽风流，再让这一代宗师清苦异常，绚丽之极而又归于平淡。就像一蓬烟花"啪"地炸开，整个天地为之增色，眼看着亮了，更亮了，大了，更大了，圆了，又更圆，然后暗了，又更暗……

或许，人生就是一段不长不短的暗夜行路，唯有智慧才是我们手中的明灯。学佛就是要修得般若智慧，只有修持到了这般智慧，经历这段夜行之后，才能抵达光明的净土。弘一大师无疑便是这极少数成就者中的一个！悲哉？喜哉？劫耶？缘耶？……

# 鲁迅兄弟：南参北商的耀眼双星

在中国现代文化史上，周氏三兄弟——周树人（鲁迅）、周作人、周建人，不得不让人敬仰，他们是历史天空中永远闪烁的三颗星星，照耀着踽踽前行者的道路。尤其是周树人和周作人，一个以其新文化运动伟大旗手的地位，活在一代又一代中国人的心里，妇孺皆知；一个由北大著名教授沦为汉奸而失去公民权利，被扔进历史的尘埃里，悄无声息。其实，不管他们兄弟的人生道路如何迥异，他们投射出来的文化光辉都同样地绚烂多彩，他们永远不愧为中国文化星空中的耀眼双星。

## 官宦之家的风雨飘摇

周氏兄弟出生在绍兴。绍兴可是个文化繁盛地，弦歌不断，英杰辈出。古有王充、王羲之、虞世南、贺知章、元稹、陆游、朱买臣、王冕、徐渭、王阳明、章学诚等文人的文脉传递，和周氏兄弟同时代的也有蔡元培、邵力子、陶成章、竺可桢、许寿裳、夏丏尊、孙伏园、马寅初等文化名人，这是绍兴的大幸，也是中国文化的大幸。

江浙出人才，自古到今，几成定律。胡适曾对近三百年来 2310 名女作家分布情况进行了研究，结果如下：

| | | |
|---|---|---|
| 江苏 | 748 人 | 占 32.3% |
| 浙江 | 706 人 | 占 30.5% |
| 安徽 | 119 人 | 占 5.1% |

福建　　97 人　　　占 4.2%

湖南　　71 人　　　占 3%

……

　　江苏、浙江的比例最高，分别接近总数的三分之一；这两个省加上安徽就超过了总数的三分之二；江苏、浙江、安徽、福建、湖南五省加在一起占总数的四分之三。这些比例几乎和男性文人的地理区域分布相一致，也和其他著作问世的同一时期历史人物的地理区域分布相一致。

　　看明白了吧？人才是要靠好风水来培育的。风水是什么，风水不一定是你祖坟埋的地方，而更可能是来自于有一定经济基础的精神文明。经济富足了，人们就会想到教育、文化等事情，你饭都吃不饱，吃了上顿没下顿的，你还想去读书啊？这也是古话所说的"仓廪实而知礼节"！

　　一方水土养一方人，周氏兄弟家族来自祖父周福清的荣耀。这个读书人，给周大家族争了大面子：30 岁那年考中进士，点了翰林，光宗耀祖，红遍了绍兴城。

　　考中进士是天大的喜事。前面说过，范进皓首穷经，中了举，竟然喜极而疯，何况风华正茂的周福清年纪轻轻就中了进士？周氏家族能不扬眉吐气吗？

　　可是，出乎意料，周母戴氏接到喜报时，不仅没有喜笑颜开，大宴宾客，反而一句"拆家者"之后，放声大哭。

　　平心而论，对于周母的心情，我非常理解。周福清在周家亦是独子，即"唯一的男嗣"，戴氏对儿子的依赖尤甚。养儿防老，孤儿寡母的依赖，自不待言。

　　周母深谙其道，一听儿子考取进士，第一意识即是：儿子要远离我而去，不属于我了，不是"拆家"又是什么呢？不过，这哭声倒真笼上了一层不祥之兆。

　　周福清生性耿介，孤高自傲，说话尖刻，行为无所顾忌，处处一副"愤青"的模样，如果像他孙子鲁迅一样写杂文应该不错，当官真不是一块料。

　　周福清为官清廉，漠视官场潜规则，好不容易捞了个"七品芝麻官"，又被以"办事颟顸"名义参掉，宦海沉浮了近十年，1888 年才被实授为内阁中书。

　　1893 年，戴氏去世，周福清从京城归家"丁忧"。赋闲期间，家族的颓象使他忧心忡忡。满堂的儿孙将来命运如何呢？自己五十多岁了，三年后未必能复职，虽有祖产可依靠，但儿孙们仅靠祖产为生吗？

　　周福清是读书人，更希望周家世世代代是读书人，时时告诫长子周伯宜（鲁迅父亲）认真读书，以博取功名。周福清热心功名，迷恋科举，但并非主张只读八股文。

　　周福清曾从杭州狱中将一部木版印的《唐宋诗醇》寄回家，书中夹有一张字条，是写给樟寿（鲁迅）诸孙的。全文如下：

　　　　初学先诵白居易诗，取其明白易晓，味淡而永。再诵陆游诗，志高词壮，且多越事。再诵苏诗，笔力雄健，词足达意。再诵李白诗，思致肖逸。如杜之艰深，韩之奇崛，不能学亦不必学也。示樟寿诸孙。

　　不按时间顺序读古典诗词，这就是周福清的教育个性。

　　那年，恰逢浙江乡试，周伯宜在乡试之列，家族的几位考生家长"望子成龙"心切，撺掇周福清托情于主考官殷如璋（与周福清为同科进士），周福清正在为儿子屡试不中而苦恼，勉勉强强中答应了这桩贿赂事。

　　也算周福清倒霉。一说主考官的官船停在苏州码头，周福清的家丁陶阿顺求见投书，不料弄巧成拙，自投罗网，殷如璋连人带信一并扣留，然后押交苏州府处理。一说陶阿顺投书后，殷如璋正与副主考聊天，似已会意，收下信，未打开，就打发陶阿顺走，而这阿顺啊，傻得没法说，看着考官不打开，急了，竟嚷着信里有银票，于是，事情败露。

　　不管是哪种说法，周福清涉嫌科考舞弊是真，摊上大事，无解！

　　贿赂不成，反遭大祸，周家厄运开始。

　　我只知道，清朝科考舞弊案，处理是极其严酷的，光绪皇帝朱笔一挥，刷，刷，刷，给这位内阁中书判了个"秋后处决"的死缓，关进大牢等死。这一年，周树人 13 岁，周作人 9 岁。用鲁迅的话说，就是从小康而坠入困顿。

　　"周福清科场贿赂案"在当时影响极大，以至于《清史稿·德宗本纪》中还带了一笔：

十九年十二月癸酉，刑部奏革员周福清于考官途次函通关节，拟杖流，改斩监候。

案发不久，周福清投案自首，随后被关入杭州监狱。

周福清坐牢了，周家的重担落到了周伯宜身上。父亲的牢狱之灾，还不是替他受的？中国式家长，望子成龙，为孩子铤而走险，身陷囹圄，似乎并不是什么不光荣的事情，愧疚应该属于不成器的孩子。

周伯宜读书比父亲差远了，老大了，还只混得个秀才，这下可好，秀才名分被革掉，终身被打入科考黑名单，心情的郁闷可想而知。救父亲才是第一要着，为了营救父亲，他卖掉二十多亩水田，但是打了水漂，无济于事，家境更困，心境愈糟。

周伯宜心里不好受，在家的脾气变坏，对老婆孩子恶语相向，烦躁时，把气撒在家什上，摔杯子、砸桌子。家里人理解他的难处，不与计较。作为长子长孙的迅哥儿，看在眼里，记在心上，这成了他一辈子的痛，以致影响了他日后的性格。

周伯宜终受不住家庭的变故，病了起来，先是咯血，后是水肿。绍兴中医，偏方种种：蟋蟀原配一对，甘蔗经霜三年等，不一而足。兄弟俩就为这些稀奇古怪的药引忙活，四处搜求，还不得不常常出入药铺与当铺，但终究治不了周伯宜的病，周伯宜因此染上鸦片瘾，脾气更坏。

鲁迅后来在《呐喊·自序》里，留下这样的文字：

> 我有四年多，曾经常常，——几乎是每天，出入于质铺和药店里，年纪可是忘却了，总之是药店的柜台正和我一样高，质铺的是比我高一倍，我从一倍高的柜台外送上衣服或首饰去，在侮蔑里接了钱，再到一样高的柜台上给我久病的父亲去买药……
>
> 有谁从小康人家而坠入困顿的么，我以为在这途路中，大概可以看见世人的真面目……

周福清却走了狗屎运，没有被秋后处决，在杭州监狱呆了 9 年后，遇到大赦。可这 9 年，整个周家被折腾得不得安宁，监狱外，周福清的姨太太、小儿子伯升、孙子周氏兄弟，住在杭州探监伺候。

俗话说:"瘦死的骆驼比马大。"这话一点不假。再苦再穷的周大家族,比起苦大仇深的贫下中农来,家底殷实多了,周氏兄弟在吃饱穿暖之余还有书可读。鲁迅的《从三味书屋到百草园》描述了当时读私塾的情景,兄弟俩从小以读书为乐,祖父、父亲留下来的,外婆舅家的,私塾先生的,只要是书,能够拿来,就运用脑髓,放出眼光,奉行拿来主义,互相交流,分享读书之乐。

周伯宜去世时,周福清还在狱中,竟然恨铁不成钢,送出一副挽联:"世界最苦孤儿,谁料你遽抛妻孥,顿成大觉;地下若逢尔母,为道我不能教养,深负遗言。"这下联,简直在骂人,老子骂儿子,是常有的事,但儿子死了,老子还在骂,这就过分了。

身为长子长孙的鲁迅看着这挽联,心里不痛快,甚至仇视祖父,老子再没用,在儿子眼里,总是伟大的、神圣的。

读周氏兄弟,我禁不住在想一个问题:祖父和父亲,谁给这三兄弟的影响大?我以为,应该是祖父,父亲几乎可有可无。

父亲周伯宜病弱弱的,瘾君子,脾气大,一事无成,去世得早,在兄弟们的文字里,父亲只是一种抹不去的怀念。而祖父周福清呢?则不同,大起大落,敢作敢当,整个家庭由他掌控,始终是整个家庭的主心骨,即使身在监狱,狱外的世界亦玩转自如。

一母生九子,九子九个样。周氏三兄弟,各有建树,性情迥异,命运不同,是与对家人的理解和所处的排行有关的。

读鲁迅,总有一个问题缠绕着我:鲁迅和祖父究竟怎么了?极其对立又极其相似!难道这就是所谓的"隔代遗传"?还是什么"情结"在作怪?

周氏三兄弟中,周作人、周建人均有对祖父的许多文字,多呈现祖父温情慈爱的一面,唯独周树人这个以写作为生的周家长孙对祖父只字不提,并且两个弟弟都说,鲁迅自小不喜欢祖父,对祖父冷漠,甚至充满敌意。

周建人口述、周晔编撰过一本书,《鲁迅故家的败落》,历数了家庭的许多往事,读起来亲切自然,有重要的史料价值,比起周海婴的《鲁迅与我七十年》来得直接些,毕竟,兄弟间的生活时间更长,理解层次更深。

鲁迅是长子,观察和思考问题的角度与两个弟弟不同。祖父给父亲写的挽联,无疑是一把匕首刺向他的心间:"人死了,还不能饶恕吗?"

周福清曾经有一副自挽联,内容是:死若有知,地下相逢多骨肉;生原无补，世间何时立纲常。祖父去世时，鲁迅在日本求学，没回来奔丧，承重子孙的位子让周作人代替了。这副挽联，后来被周建人翻出，他惋惜地对鲁迅说，早知道爷爷有自挽联，葬礼的时候，应该张贴出来了的。你猜，鲁迅怎么回答？他淡淡一句："这是在骂人！"

周福清作为读书人，喜爱写日记，几十年不变，一直写到临终前一天，这本身就是一种难能可贵的执着精神。周福清毕竟是点过翰林的人，这些日记，至少是一份晚清、清末时期的士人私人史。这些日记，用红条十行纸写的，线装得很好，放在地上，有桌子般高的两大叠，字迹娟秀。它对研究周氏兄弟家族的背景有极其重要的意义，可是，这些日记全被鲁迅付之一炬，足足烧了两天。

这是1919年，周树人举家北迁的事情：周建人发现祖父的日记，实在舍不得烧，有点犹豫，鲁迅以长兄命令式的口吻，冷冷地说了句："东西太多，带不走，还是烧了吧！"哎，数十年的文字，就这样立即化成灰烬！鲁迅对其祖父周福清的疏离、反感乃至排斥，可见一斑。

日记烧了，但写日记的习惯在周氏兄弟的骨髓里得以传承，几十年不变。我们现在研究周氏兄弟，很多原始材料即来自他们的日记，真实可靠。鲁迅烧掉的只是祖父的日记，祖父的习性却保存得完好无损。

鲁迅在教育部任职时，得以阅读祖父殿试的策论卷宗，也不把它当回事儿。

有研究者认为，这是鲁迅对祖父的一种报复心理。从小时候起，鲁迅就受到过祖父逼其读书的责备，尤其听多了祖父对父亲不成材的责骂，父子两人受祖父的高压久了，你说，心里能舒服吗？等到发现试卷，仿佛在说：你那么厉害的，也不过尔尔啊！你想，殿试是国家最高级考试，祖父凭此由进士而点翰林，能是平庸之作吗？很明显，鲁迅的故意看淡，是一种情绪的爆发。

也许，鲁迅在和祖父暗暗较劲：说不定哪天，我的文章就远远超过了你！果然，鲁迅的文名远远超过了他的祖父，人们现在对周福清的关注，大多源自于鲁迅（当然也不排除周作人）。

尽管鲁迅对其祖父态度不怎么样，甚至不留任何传世文字，但在周作人和周建人的笔下，祖父却是一个有血有肉、生动丰富的形象。

周建人是兄弟三人中与祖父相处时间最久的一个。他对祖父的记忆和描述，几乎完全是正面和温馨的，直到晚年，周建人仍然称祖父是"慈祥而可爱的老人"。《鲁迅故家的败落》一书中，让人难忘的细节之一，是周福清鼓励周建人玩风筝，并亲自"戏棍"给周建人看（时周福清已年逾花甲），没有一丝一毫所谓大家长的威严和古板，完全是一幅古典中国的祖孙怡乐图。

也许真是越有才华越难相处，鲁迅对祖父"敌意"，为什么呢？周建人曾总结了这三个原因：第一，思想观念不合；第二，讨厌祖父骂人；第三，反感祖父"纳妾"。

周氏三兄弟唯一的叔父伯升，是周福清另一位湖北籍妾室所生，在周作人和周建人的笔下，不约而同地呈现为一位风流倜傥、鲜亮聪明、极有魅力的人物，他的身世和举止，很难让人不为之心生感慨。周作人和周建人，都跟这位年龄相近的小叔建立了真挚的、超越一般叔侄关系的情谊，并各在其所著中清晰流露。而鲁迅对于这位小叔，迄今为止留下的全部笔迹，是《鲁迅日记》里的三句话：前两次是"得升叔信，九江发"；第三次是"三弟来信，言升叔殁于南京"。

跟其他两位兄弟相比，鲁迅对这位同年而稍小的叔父的态度，很难说不跟鲁迅对于祖父纳妾的心理有关。

而对于"纳妾"，周作人更是深恶痛绝。后来，鲁迅弃朱安而与许广平同居，周建人弃羽太芳子而与王蕴如结婚，周作人多发感叹"家门不兴"，"兄弟皆多妻"，说鲁迅好色，并先后与这两位兄弟斩断了联系，各走各的阳光道，彼此互不往来。这是后话，暂且搁着。

不管鲁迅对周福清态度如何，我们完全可以说，周福清是整个周氏家族中，尤其是直系亲属中，给予周氏兄弟特别是鲁迅影响最大最多的一个人。

周建人曾在文章里这样说："然而他（鲁迅）的性情，有些地方，还是很像祖父的。""这种心情，与祖父有些相像的。"

鲁迅与周福清之间，究竟有哪些相像呢？

最容易想到的，是骂人。周福清的骂人，绝不仅仅限于在自家大门里耍威风，他连慈禧、光绪，都毫不"避讳"地痛骂为"昏太后""呆皇帝"。而骂人，又是鲁迅的重要标签之一，毋庸我多说。

鲁迅与祖父的相像，还有敢作敢为的反抗精神。周福清在江西金溪任知县时，不但跟顶头上司知府关系搞不好，甚至跟江西巡抚也不对付。后来在杭州监狱坐牢，受到狱卒勒索，周福清二话不说，操起一根门闩，满堂追逐、痛揍勒索的狱卒！鲁迅的脾气大，甚至有点古怪，这是有很多资料为证的，为尊者讳，我少说为佳。

语言刻薄，也是祖孙俩共同特征之一。鲁迅语言的刻薄，处处可见，俯拾皆是，没有我说的必要。而周福清的语言刻薄，经典地表现在他称自己的继室夫人、鲁迅的蒋氏祖母为"长毛嫂嫂"，原因是太平军战乱期间，蒋氏曾失散于太平军中，周氏遂以为她洁身不保，故出此奇语。

鲁迅对朱安的态度比周福清对蒋氏的态度尤甚。有一次，朱安端来一碗粥，鲁迅以为是朱安做的，拿筷子一尝，马上把碗筷一丢，说："这粥怎么这么臭！"鲁老太太才说是她做的，鲁迅的脸往哪里搁了，我就不知道。让人感叹的是，鲁迅后来在婚姻上的命运，竟然又重演了祖父的故事。

周氏三兄弟中，鲁迅与祖父周福清最为相像。在周作人和周建人身上，找不出像鲁迅与祖父如此多的相似之处，尤其是在一些足以表现出一个人的主要特征的地方。这就是最相对立又最相像的祖孙——周福清和周树人。

毋庸置疑，家庭成员所为对孩子的成长有很大的关系，至于像鲁迅和其祖父这种既对立又统一的微妙关系，有许多值得深层研究的东西。也许，很多家人之间就是这样的：既爱且恨，既叛逆又继承。而周作人和周建人对祖父的理解不同，性情也即不同。

不管怎么说，周氏三兄弟的成才，与自祖父始的教育训导有关。周氏兄弟能有出人头地的未来，得感谢祖父周福清，无论是精神上的，还是物质上的财富，都够他们受用一辈子。

## 南京东京的辗转求学

鲁迅出生的时候，周福清正在京城。当长孙出世的消息传到京城时，恰巧一位张姓的官员（据说是张之洞）来访，年轻祖父（周福清时年44岁）便为长孙取名"阿张"，又以同音字取大名"樟寿"，再由樟字联想到豫章，给长孙取字为豫山。而"豫山"谐音"雨伞"，年幼的鲁迅因此经常遭到同伴取笑，于是小鲁迅央求祖父改名。起初改为豫亭，又摆脱不了"雨停"的纠缠，最后改为豫才，才一锤定音，鲁迅也喜欢，直到临终前都在用它。

周作人出生后，家信传到周福清手中的那天，有一个姓"魁"的官员到访，周作人便有了个小名"阿魁"，大名"櫆寿"，又名奎缓，字星杓。这周作人啊，比他哥哥来得更文艺，自号启孟、启明（又作岂明）、知堂等，笔名有仲密、药堂、周遐寿等。当然，鲁迅也有很多笔名，这是文学家的浪漫和战斗方式。

周建人呢？初名松寿，乳名阿松，字乔峰。笔名有克士、高山、李正、孙鲠等。

你们看，周氏三兄弟，一看就是嫡亲的，初名以"寿"结尾，以"木"旁字开头，连后来的改名，也都以"人"结尾，标示得非常清楚。谁料，他们竟会有反目成仇的一天呢？

鲁迅，作为周家掌门人，长房长孙，父亲已逝，他心里承受的精神负担，是周作人、周建人两个弟弟无法理解的。

巴金曾倾尽血泪塑造"做大哥的人"——《家》的主人公"觉新"。逃出大家庭的巴金写小说，旨在鼓励家里的大哥勇敢地走出来，寻找自己的新生活。可是，书没写完，却传来大哥自杀的消息，这成了巴金心里无法挽回的痛，典型的封建大家庭做大哥的悲剧。

读巴金的《家》，我们感到很窒息。巴金理解做大哥的苦，流露出"哀其不幸，怒其不争"的苦痛。觉新的"作揖主义"处世哲学，宣告着人生的失败。

路遥的笔下则不同，孙少安也做大哥，他没有屈从于命运的安排，却始终用坚忍的肩膀，苦苦支撑着一个烂包的家，终于踏出了一个《平凡的世界》。

我们的迅哥儿，却是个不甘命运的主儿，富有反抗精神。在南京读书前，祖父在坐牢，周家全族召开会议，内容对鲁迅这房极为不利，其他房的长辈们逼迫鲁迅签字，鲁迅偏说要请示祖父，拒不签字。这件事，对十五六岁的鲁迅影响不小，他看破了族人的虚情，"至少不见得比避难时期被说是'讨饭'更轻微"（周作人语）。

鲁迅，终非池中物，他厌倦了绍兴，厌倦了世人的冷眼，更厌倦了家族的冷酷。唯一的出路：逃，走异地，寻异途。

1898 年，17 岁的鲁迅，怀揣着母亲给他筹来的八块银元，到南京投奔叔祖椒生，进入江南水师学堂学习，和他的小叔伯升同一所学校。

叔祖觉得族中后人不走文道，走了武道——"当兵"，有失周家门风，不宜使用家谱中的本字，遂为其改名树人。想不到，这名字给周氏三兄弟定了个调，一下子，成了"人"字排行的亲兄弟。

鲁迅进水师学堂，跟着小叔脚步。家庭败落，年轻人失掉了啃老的资本，只得自找出路，身为草民，哪管功名，只求谋一碗饭来罢了。小叔改名为凤升，被狱中的祖父安排进了这学堂，鲁迅也放弃科举，来当海军。

有人喜欢乱贴标签，说鲁迅最初选择学工，是抱着"实用救国"的理想，我倒真不这样认为。一个十六七岁的孩子，祖父坐牢了，父亲去世了，寡母劳家里，弟弟们不谙世事，做大哥的人，还能闲得住？

这时候的鲁迅，学工只不过是走投无路、迫不得已的选择，救家庭是真，"救国"之说来得牵强，毕竟他还只是一个陷入困窘、茫然无措的读书少年，自寻出路是本能的反应。这丝毫不影响他日后的伟大，何必贴上那些光艳的政治标签呢？

江南水师学堂真不如鲁迅所愿，新学堂并不全新，新旧并存，闹剧不断，三三三班要读九年，鲁迅等不起。失望之余，他又转向新办的南京矿路学堂。

优秀是鲁迅的习惯，就读水师学堂时，他获得学校金质奖章，矿路学堂毕业，执照由两江总督刘坤一签署，写着"右照给壹等生周树人收执"，因而，他获取官费留学日本的资格。

如果说江南水师学堂是军事学校，矿路学堂就是纯粹的工科学校，从国文、算学、测量、地质、冶金、机械制图等课程设置情况可以看出中国早期新式学校的工科教育的端倪。

鲁迅选择这些新式学校，在当时，需要相当大的胆识和勇气，这是鲁迅万般无奈之举，为生计算，没有更切实的办法了！

鲁迅走出来了，心里却念叨着家里弟弟们的出路，身为长兄，以促进弟弟们的成长为己任，这就是鲁迅强烈的责任感。这种责任感促使他时时告诫在家自修的两个弟弟读书写文，常常给他们买书送书。在鲁迅的努力下，二弟也步其后尘，求学于江南水师学堂，被叔祖改名作人。

鲁迅毕竟是鲁迅，绝不仅仅是应试教育的成功者，他文理兼修，博览群书，自学的领域延伸得很广阔。他对达尔文的进化论深信不疑，把理想寄托在遥远的未来，相信未来总会战胜眼前。

鲁迅的学霸精神，给两个弟弟树立了榜样。周作人跟着哥哥，在南京畅游书海，勤奋写作，读书与写作成了这两兄弟共同的爱好和追求。

鲁迅与周作人的共同爱好，就是读书，好书共读，好文共赏，好心情懂得分享，朋友圈里面转，读书成了他们兄弟情深的纽带。他们读书范围极广，古今中外，天上人间，无所不包。在家自修的周建人亦如是，两个哥哥又成了他的义务辅导老师。

鲁迅后来弃医从文何以能成功？周作人从绍兴来北大，何以能站稳脚跟？你们想过吗？如果没有读书习惯的养成和深厚底蕴的积累，他们能成功吗？我怕只是水中望月，天方夜谭罢了！

鲁迅从矿路学堂毕业后被选派日本弘文学院留学，和老乡许寿裳成了最好的朋友，他们俩谈人生，谈理想，谈社会，成了无所不谈的挚友。好多年以后，许寿裳的许多文字，成了研究鲁迅的一手材料。

中国的青年走出国门，饱受异国的各种打击，心灵的压抑和痛苦可想而知。郁达夫写过一篇小说《沉沦》，属自传体性质，主人公是典型的抑郁质，病态的满足和追求是一代留学生病态心理的写照。

> 这干燥的生涯，这干燥的生涯，世上的人又都在那里仇视我，欺侮我，连我自家的亲弟兄，自家的手足，都在那里排挤我到这世界外去。
>
> 我将何以为生，我又何必生存在这多苦的世界里呢！
>
> 祖国呀祖国！我的死是你害我的！
>
> 你快富起来！强起来罢！
>
> 你还有许多儿女在那里受苦呢！

鲁迅留学日本时，有日本人看出鲁迅是中国人，便过来与他用中文聊天，鲁迅总是装作听不懂。因为鲁迅知道他们的目的是练习中文，以便到中国，或冒充中国人去侦察什么（当时为日俄战争爆发前）。

不久，日俄战争爆发，日本人讥笑鲁迅说："为什么不回去流血，还在这里读书做什么？"鲁迅很是恼怒，与日本人起了冲突。

鲁迅在日本，课余常习武，目的在于报仇。这时候的鲁迅，饱受异国欺凌，思想不断成熟，慢慢走出了个人的圈子，开始审视祖国积贫积弱的问题，把自己的前途和祖国的命运拧在一起。这种强烈的爱国情绪，是当时有志之士受压迫后的自然爆发，不必要过分地去拔高。

从弘文毕业后，鲁迅弃工学医。他选择医学，救死扶伤，想救治像父亲一样被中医耽搁的人，更想战争时当军医救治为国流血的军人。如果说这时候的鲁迅抱着"医学救国"的理想，倒有一定道理了。

当初，郭沫若、郁达夫等留学日本，均抱着"医学救国"的理想，想用发达的西医来开启"蒙昧"的中医，让国人有健康的体魄，早日砸碎这块"东亚病夫"的招牌。

鲁迅到了仙台医专，一个不起眼的地方，一所不起眼的学校。在这里，他受到了藤野先生特别的关爱，一篇《藤野先生》，打动过无数中日友好人士的心。在这篇文章里，鲁迅自述了志向的再次改变。鲁迅从幻灯片里，看到了国民精神的麻木，顿觉悲凉，以为国民身体如何健康也是毫无意义的，不过是多了几个无聊的看客，更重要的事情应该是拯救国民的灵魂。要想拯救国民灵魂，首推文艺，于是，鲁迅决定弃医从文，拿惯了手术刀的手开始拿起了拯救灵魂的笔，欲救民于水火。

伟人之所以成为伟人，在于其志向的高远。鲁迅的职业选择，国家的最需要才是他的第一要着，个人的前途和命运算什么呢？统统可以忽略不计！这才是"民族的脊梁"！

中国有句古话："长兄如父。"鲁迅在骨子里，就是这样的长兄：身在日本，心忧家弟。在日本留学期间，鲁迅始终不忘家中两个弟弟的成长。他一到日本，就为两个弟弟留学日本做准备，觉得带他们出来是他的义务。

周作人随哥哥留学日本，是意料中的。这个做弟弟的，什么都不用想，什么都不用做，全靠大哥安排，入学、租房、日常生活琐事等，做大哥的人全部服务到位，弟弟拎衣即可，周作人的依赖病就这样惯成了，一辈子也治不好。后来，周作人在日本恋爱、成婚等，都靠着鲁迅这兄长来张罗，不仅如此，鲁迅还长期负责着羽太一家的生活费用。

鲁迅这个大哥当得太出格，甚至太理想化了。他曾对两个弟弟承诺：将来学成归国，赚钱大家一起用，兄弟几个住在一起，永不分家。他劝老三周建人暂时不要离家求学，以侍奉老母为重，一切家庭费用都由做大哥的想办法。

鲁迅是这样说的，更是这样做的。1919年，鲁迅到教育部任职，买下八道湾的房子，举家北迁，三兄弟和母亲住在一起，又形成了一个周氏大家庭。或许，正是这种太过的兄长责任，导致了兄弟间的失和，这是后话。

俗话说"名师出高徒"，的确不假。好学的周氏兄弟留学东京，亦不满足于课堂所得，遂到处拜师求学。这一拜，真是好命，拜到了难得的名师——章太炎。

章太炎，何许人也？大名鼎鼎的革命家章炳麟、有"圣人"之称的章太炎是也！

作为革命家的章炳麟，戊戌政变后，遭到通缉，前往台湾避难，任《台湾日日新报》记者。后东渡日本，在京都、东京为反清做准备。与梁启超等人修好，后又力劝孙中山的革命派和康有为的保皇派和好。一篇宏文《驳康有为论革命书》，大呼革命要义。为邹容《革命军》作序，因其内容主张推翻清朝政府，遂引发震惊中外的"苏报案"，入狱三年。

作为"圣人"的章太炎，是"学术超人"，研究范围涉及小学、历史、哲学、政治、佛学、医学等，是著名的思想家、史学家、小学大师、朴学大师、国学大师。仅在东京期间，他就培养了钱玄同（疑古）、许寿裳、朱希祖、黄侃（季刚）、刘文典（舒雅）、汪东（旭初）、沈兼士、马裕藻、龚宝铨、周树人（鲁迅）、周作人（启明）、胡以鲁、易培基、陶焕卿、钱家治、朱宗莱、余云岫等中国一代名流。

周氏两兄弟同为章太炎的弟子，在东京同听章太炎讲学，对章执弟子礼。

俞樾是章太炎的老师，章太炎反满革命，被俞樾骂为"不忠不孝"，章作《谢本师》一文，与俞樾断绝师生关系。章太炎后来依附孙传芳，周作人遂跟着老师学，作《谢本师》与章断绝师生关系。抗战期间，周作人与学生沈启无反目，沈一脉相承作《谢本师》与周绝交。这就是教师言传身教的影响，路线不同了，决绝的方法一致。

章太炎对鲁迅的影响是很大的，在日本期间，章太炎诚邀鲁迅兄弟学习梵文，并为他们支付了半月的学费，而鲁迅等门生则筹资为老师出版《小学问答》等著作。鲁迅撰写的《文化偏至论》《破恶声论》，与章太炎的《俱分进化论》《四惑论》等文相较，几乎如出一辙。章太炎被袁世凯幽禁北京时，鲁迅多次探望。章太炎后遭国民党迫害，鲁迅也多次为老师仗义执言。

据许广平回忆，鲁迅提到章太炎，总称呼"太炎先生"。1936 年 6 月，章太炎先鲁迅而去，鲁迅重病缠身，分别于 10 月 6 日、10 月 17 日写下两篇文章《关于太炎先生二三事》《因太炎先生而想起的二三事》。两天后的 10 月 19 日凌晨，鲁迅去世，这两篇文章遂成鲁迅的绝笔之作，呜呼哀哉！

有名师章太炎的指引，周氏兄弟学业大进，一同浸淫在茫茫书海里，潜心阅读、著文和翻译，办《新生》……兄弟俩志同道合，快乐，忙碌，充实。一本翻译著作《域外小说集》成了兄弟俩情谊深厚的见证。

## 萼胚依依的棠棣之花

在中国古文化典籍里，"棠棣之花"常借代为深厚的兄弟之情，"棠棣"二字，几乎成了古代诗词中的一种特定意象。

《诗经·小雅·棠棣》有"棠棣之华，鄂不铧铧，凡今之人，莫如兄弟"之语：棠棣花开朵朵艳，花儿光鲜明灿灿，凡今天下的人儿呀，没有比我兄弟更亲的了。鄂：盛貌；不：语助词；铧（wěi）铧：光明美丽的样子。

电视剧《汉武大帝》红遍大江南北的时候，我捕捉到了编导们的灵光，剧中飘来"棠棣之花，萼胚依依；手足之情，莫如兄弟；棠棣之木，花朵连连；根连着根，花连着花"的美丽诗句。

"棠棣之花，萼胚依依"，棠棣花的花萼和花胚是相互依靠相互联系的，这不正是早期的周氏兄弟吗？好个"萼胚依依的棠棣之花"！

鲁迅归国后，先在浙江两级师范学堂任教，所得工资一部分补贴绍兴家用，一部分寄往周作人一家（周作人已在日本成家），恪守了赚钱大家用的诺言。

辛亥革命爆发时，鲁迅在绍兴府中学堂任校长。当革命的消息传来时，鲁迅十分兴奋，召集全校学生，整队出发，在未光复的绍兴街道上游行。结果绍兴民众以为革命军已经到来，绍兴光复唾手可得。

1912 年元旦，中华民国临时政府成立于南京，鲁迅通过朋友许寿裳，在老乡蔡元培那里，觅到了教育部社会教育司第一科科长的职位。8 月，鲁迅又被任命为教育部佥事。

鲁迅在官场，造就了个怪现象，从 1912 年到 1926 年，十四年间，"城头变幻大王旗"，总统都换了好几茬，鲁迅一个小小芝麻官，却稳坐钓鱼台，不升不降，不增不减。

1925 年，作为教育部公务员，鲁迅听从女朋友、学生许广平的召唤，积极支持女师大学潮，带头造教育部的反，激怒了顶头上司、教育总长章士钊，被赶下了岗，被免了教育部佥事的职。鲁迅的骨头毕竟是最硬的，他偏不学陶渊明挂冠而去，决然以下告上，上诉到法院。这就是写作《记念刘和珍君》以前的事，却是北师大"三一八"惨案发生的前奏。

科长告部长，可谓蚍蜉撼大树，自不量力。更何况，此时的章士钊还兼任司法总长呢！这官司，别人看着都好笑，只要章士钊动一个小指头，鲁迅便永世不得翻身。可是，法院居然还了鲁迅一个清白：章士钊对鲁迅的处理存在程序问题，予以撤销。鲁迅胜诉，大摇大摆地坐回了这把失而复得的交椅！每月300块银元一个子儿也少不了！

鲁迅在《坟·从胡须说到牙齿》里这样回忆："我曾经是教育部的佥事，因为'区区'，所以还不入鞠躬或顿首之列的。"

我总觉得，鲁迅的这14年，是行走在官场边缘上，是官而非官。你说他是官吧？官位没见上涨，14年守着一个职位，不符合官场规则，作为也罢，不作为也罢，总不是这样子啊！你说他不是官吧？他一直吃着官饭，到北大、女师大等地上课，都只能算兼职，最多只博个讲师名，每月赚60大元而已。

官场的鲁迅扮演着很尴尬的角色，书生味浓，不喜玩弄权术。面临你方唱罢我登场的大头闹剧、波诡云谲的政治风云、步履匆匆的官员走卒，他迷茫，孤独，无聊，甚至绝望，但家庭重担在肩，一家老小眼睁睁地巴望着他，他无法割舍掉这最优惠的官员待遇，混着，熬着，赖着。

人生之苦，苦不堪言，何以解忧？唯有读书。一时间，鲁迅把头深深地埋在故纸堆里：纂《后汉书》，校《嵇康集》，辑《会稽郡故书杂集》，刻《百喻经》，搜拓本，抄古碑、读佛经……身在绍兴的周作人，理解大哥心灵的苦痛，也来个遥相呼应，读古书，购拓片，练古碑，与之交流，为其加油。鲁迅兄弟日后文化的大爆发，应该与这段沉潜和厚积脱不了干系。

等到黎元洪当上大总统，蔡元培来到北大任校长，鲁迅的精神为之一振，为什么呢？同乡老大哥是个敢想敢干的人，他一来，北大焕然一新。关键是他广搜人才，并且英雄不问出处，这让鲁迅看到了某种微茫的希望。

鲁迅只身赴京城，老母和兄弟们均在绍兴，他心里不免疙疙瘩瘩，什么时候才能一家团聚，和和美美呢？这是鲁迅几年来的心病，现在终于从迷茫中看到了希望。

二弟周作人，归国后，先在浙江省教育司任视学（督学），后转任浙江省立第五高级中学教员。他日子本也过得滋润，但鲁迅总想尽到长兄的责任，把他拉到身边，共同学习，共同进步。

那时候，中学教员跳槽到大学，不是困难的事，朱自清就是从春晖中学跳到清华园的。世上无难事，只怕有心人，听闻老乡执掌北大，鲁迅忙拉上许寿裳等朋友，本着"举贤不避亲"的原则，向蔡元培隆重推荐周作人。

1917 年，周作人来到北大。周作人水平若何？是铜匠还是铁匠？谁都没有底气，北大可是人才济济的地方，想混是混不得的，博士遍地走，随便一片树叶，砸着的，或许就是来自哈佛、耶鲁、剑桥、牛津等世界名校的高人！

而我们的鲁迅兄弟，读书是没有"文凭"概念的。在日本，他们两兄弟的大部分时间拿来读书、译书、搞文学创作、筹办文艺杂志，忙得挥汗如雨，结果呢？大哥鲁迅，连个"三本"沾不上边的仙台医专文凭都没捞到，弟弟周作人呢？怀里揣着的只有一个法政大学的预科文凭。预科是什么？预科就是上正规大学之前，一个类似文化补习的培训班，相当于"高四"，一般是一年制。我倒真的佩服鲁迅兄弟的勇气，连一块遮羞布也没有，竟敢问鼎北大教席！

周作人来了，蔡元培无法拒绝，"老乡见老乡，两眼泪汪汪"，"不看僧面看佛面"。收留吧，老实、可怜而又寡言的小同乡！留下来，干什么呢？别人虽然也没文凭，但学问大如天，又能说会道，也众所周知。而我们的周作人，一无文凭，二无文名，怎么办？哪里来，哪里去，就教预科班的国文吧，高中老师来当补习班的语文老师，名正言顺，恰到好处，蔡元培心里如是想。

文人毕竟是文人，喜欢多愁善感，自尊心特强。周作人曾满心欢喜，依大哥安排，以为一飞冲天，到北大当教授了，来了才知道，原来是教北大的复读班，与高中老师有什么两样？在绍兴，人事熟悉，不至于遭人欺负，再说，哥哥在京城做官，名声好听，混出个什么来，也是说不定的事情啊！周作人觉得太委屈了，"三十六计，走为上计"，"火烧牛皮——回头卷"，卷回绍兴自闯天下。

这样一来，蔡元培急了，觉得对不起老乡，对不起朋友，忙来劝阻，马上给周作人台阶下，让他改任国史编纂处编纂。当不了教授，当个编辑，也不错，周作人心领了。如此一来，一位新文化运动的猛将就要在北大诞生了！

周作人倒真不是吃素的，艺高人胆大，腹有诗书气自华，文凭算个甚？

我用文字打天下，怕谁？半年后，周作人如愿以偿，出任北大文科（文学院）教授，担任希腊罗马文学史、欧洲文学史、近代散文、佛教文学等课程教学，并创办北大东方语言文学系，坐上了首任系主任的椅子。

周作人不鸣则已，一鸣惊人，靠的是学富五车。

鲁迅兄弟俩的性格大不相同，一个温和，一个桀骜。文如其人，周作人的散文，与鲁迅的风格迥然相异。鲁迅满纸透出来的是深刻的思辨和辛辣的讽刺，思想性、时代性和革命性强。周作人则洋溢着深厚的中国、东洋、西洋古典与近现代文化素养，文章清新淡雅，如话家常，平淡如水，自然如风，其冲淡平和的散文风格展现出空灵的人生境界，可以说无愧于中国散文的一个高峰。

郁达夫曾比较鲁迅、周作人兄弟的文章，他说："鲁迅的文体简练得像一把匕首，能以寸铁杀人，一刀见血。重要之点，抓住了之后，只消三言两语就可以把主题道破……周作人的文体，又来得舒徐自在，信笔所至，初看似乎散漫支离，过于繁琐！但仔细一读，却觉得他的漫谈，句句含有分量，一篇之中，少一句就不对，一句之中，易一字也不可，读完之后，还想翻转来从头再读。"

一时间，周作人的名气如日中天，他成了万千学子的偶像，拜访者络绎不绝。青年毛泽东，在北大图书馆"打工"，曾来周宅求教于周作人，两人有一面之缘。那时候，周作人的名声远远盖过鲁迅，鲁迅常常被人介绍为"周作人的哥哥"。

二弟来了，三弟还会远吗？1919 年 8 月，鲁迅买下公用库八道湾的房子，11 月，房屋修缮完毕，二弟搬来同住，12 月，鲁迅请假回绍兴，迁母亲和三弟来京同住，顺手把自己的小脚"太太"朱安也迁来了。一篇《故乡》记下了鲁迅的春风得意。

一切都迫不及待，一切是闪电速度，一切的一切，都见证了这个当大哥的人心情之急切，责任之自觉。绍兴老周家来到京城，又焕发了青春，老小十多人在八道湾欢聚一堂，同锅开饭，统一开销，真个是"有福同享"的"大同"世界。大家庭组织起来了，鲁迅高兴，全部俸禄交给二弟媳妇，周作人的日籍夫人羽太信子大权在握，成了这个家庭的大内总管。

老大、老二，做官的做官，弄学问的弄学问，相安无事。小学教师出身的老三到北大旁听哲学，潜心自修，闲时做点翻译和写作的事情。有空的时候，三两兄弟，学术交流，你唱我和，其乐融融。家里的事情，有女人们打理，有仆人们忙活，周氏三兄弟啊，过上了高雅的生活，家境从困顿跃进了小康，日子美得比蜜甜。

周作人脾气温顺，年少时，听命在杭州陪狱中的祖父，长大后，顺从大哥安排，到南京，到日本，到北京，求学，教书，生活的依赖性疯涨，自主性逐渐消失。

周作人是典型的书呆子，除了读书、写作，什么事情都不管，什么事情也不会。大哥买下八道湾给他住，他不推辞，装修的事儿，扔给大哥，独自逍遥，携着妻儿东渡扶桑，探亲去也……

周作人自从娶了日本夫人以后，吃喝拉撒全靠老婆和佣人，孩子在旁哭闹，他依旧埋头读书写字，是完完全全的"书虫"。鲁迅曾感慨："像周作人时常在孩子大哭于旁而能无动于衷依然看书的本领，我无论如何是做不到的!"

1917 年，兄弟俩住在绍兴会馆，周作人刚来北京，北京流行猩红热，而周作人恰好病重，这可急坏了鲁迅，忙进忙出，愁眉苦脸，到处求医，四处借贷。等到高价请来德国医生，确诊为麻疹，鲁迅才精神焕发地对许寿裳说："启孟原来这么大了，竟还没出过疹子……"

1920 年底到 1921 年上半年，周作人患肋膜炎，比较严重，在西山碧云寺疗养了大半年，找医院、找医生、找租地，全靠鲁迅。

西山是一个安静的地方，周作人的住处是般若寺门里东侧的三间西房。安静的时候，周作人思绪摇荡，心神不宁，总无法忘记尘世间的烦恼，生的痛苦、死的恐惧。

对于周作人来说，解脱人生苦恼的办法，只有一条：疯狂且有深度地阅读。周作人一天不读书，就活不下去，忙活的大哥管了物质食粮，还要送精神食粮。

周作人悟性极高，读书极快，非我等庸碌之辈所能想象的。买书，找书，送书，交流读书心得，成了大哥鲁迅每天的必修课。也许是受寺庙佛教氛围的影响，也许是病中人容易引发对宇宙人生的思考，本来就任教佛学的周作人所看的书，佛经占了一大部分。据鲁迅从 1921 年 4 月 2 日到 7 月 7 日三个月的日记记载，鲁迅专程为周作人送各类佛经竟达 37 本!

周氏兄弟失和后，这两件事，被鲁迅加工写进短篇小说《弟兄》里，不免有些伤感，但给人们留下些许研究的空间。

周氏兄弟最快乐的事情，莫过于并肩战斗在新文化运动的第一线。

周作人来北大任教，压力山大，白天拟好讲义草稿，等晚上大哥下班回家帮他修正字句，提出建议，才敢登上第二天的讲台。正是这种认真负责的态度，周作人的讲义编得非常出色，学术含量高，他不断从中摘要发表文章，终成北大台柱子。

周作人来了，鲁迅的天晴了，苦闷被驱散，并且有了在北大、北师大等高校兼课的机会，兄弟俩联手向高层次的学术领域进军。鲁母见兄弟俩抱着书，忙上忙下，和和气气，也不禁露出了由衷的微笑，高兴＋自豪，儿子们有出息了！商务印书馆出版的《欧洲文学史》，也是兄弟俩合作的结晶。

周氏兄弟虽然没有学位，但学问"庞杂"，浸润过东西方文明，又遇上了较为自由的环境，终于成为新文化运动中杀出的两匹黑马。

以胡适为首的新文化运动在中国大地如火如荼推行的时候，周氏兄弟的朋友钱玄同、刘半农都成了新文化运动积极的呼应者。钱玄同和刘半农以《新青年》为阵地，精心策划了一场"双簧戏"，以扩大《新青年》的影响，引起社会更广泛的关注，对一些守旧派思想进行全面批判。

1918 年 3 月，钱玄同化名"王敬轩"在《新青年》上发表题为《文学革命之反响》一文，洋洋洒洒数千言，罗织新文化运动种种罪状，攻击主张新文化的人是不要祖宗。刘半农撰写了万余言的《复王敬轩书》，针对王敬轩所提出的所有观点一一加以驳斥，把实无其人的王敬轩批驳得体无完肤。这场论战，犹如现在的媒体炒作，一下子，激活了学人思维，引发了新旧文化的激烈冲撞。

在这个关键时刻，钱玄同、刘半农为壮大自己的力量，极力邀请周氏兄弟来助战，向周氏兄弟约稿。

周作人在《新青年》四卷二号上发表了他的第一篇白话文章《古诗今译》。这篇文章比鲁迅发表白话小说要早三个月。

鲁迅对钱玄同的约稿倒不是很积极。这时候，鲁迅正处于思想最苦闷、最低沉的时期，对社会有些失望，对文艺的改良作用也不敢抱多大希望，他在《〈呐喊〉自序》里这样说：

假如一间铁屋子，是绝无窗户而万难破毁的，里面有许多熟睡的人们，不久都要闷死了，然而是从昏睡入死灭，并不感到就死的悲哀。现在你大嚷起来，惊起了较为清醒的几个人，使这不幸的少数者来受无可挽救的临终的苦楚，你倒以为对得起他们么？

倒是钱玄同的回答鼓励了他："然而几个人既然起来，你不能说决没有毁坏这铁屋的希望。"

1918 年 5 月，鲁迅在《新青年》发表白话小说《狂人日记》，"鲁迅"二字，正式在中国文坛亮相。鲁迅曾对许寿裳如此解释这笔名：母亲姓鲁；周鲁是同姓之国；愚鲁而迅速。他万万没有想到，"周树人"这名字，终被"鲁迅"二字取代。弃医从文的路上初显成果。

《狂人日记》是鲁迅给新文化运动献上的一份厚礼，发挥了作者医学知识的优势，细致地描写了一个"迫害狂"多疑、神经过敏的心理，借狂人之口，给中国几千年的封建礼教狠命的一击：

> 我翻开历史一查，这历史没有年代，歪歪斜斜的每页上都写着"仁义道德"几个字。我横竖睡不着，仔细看了半夜，才从字缝里看出字来，满本都写着两个字是"吃人"！……四千年来时时吃人的地方，今天才明白，我也在其中混了多年！

小说在结尾处发出了"没有吃过人的孩子，或者还有？"的疑问，忍不住大喝一声："救救孩子！"

狂人之语近乎疯话，不必追究，但仔细想来，又大有深意，这就是这篇小说的妙处。

"偶是疯子，谁怕谁？"灵感来自果戈理的同名小说，谁跟疯子较劲？"狂人"二字也分外能夺人眼球。《狂人日记》"一炮走红"，一发而不可收，奠定了鲁迅在中国现代文学史上的地位。

周作人亦不甘示弱，尝试在新诗领域闯荡。经大哥润色，他发表的新诗《小河》被胡适礼赞为"新诗的第一首杰作"。

周作人对新文化运动的杰出贡献，更多地体现在理论上的建树和支撑方面。

1918 年 12 月，周作人在《新青年》发表了惊世之作《人的文学》，奠定他在中国现代文学批评史上的地位。

周作人从个性解放的要求出发，充分肯定人道主义，提出以"人道主义为本，对于人生诸问题，加以记录研究的文字，便谓之人的文学"，他看到的是文学内容的改变，新文学、白话文必须是"人的文学"。关于人的文学和非人的文学，他如是说：

> 这区别就只在著作的态度不同。一个严肃，一个游戏。一个希望人的生活，所以对于非人的生活，怀着悲哀或愤怒；一个安于非人的生活，所以对于非人的生活，感着满足，又多带些玩弄与挑拨的形迹。简明说一句，人的文学与非人的文学的区别，便在著作的态度，是以人的生活为是呢，非人的生活为是呢这一点上。材料方法，别无关系。即如提倡女人殉葬——即殉节——的文章，表面上岂不说是"维持风教"；但强迫人自杀，正是非人的道德，所以也是非人的文学。中国文学中，人的文学本地极少。从儒教道教出来的文章，几乎都不合格。

这篇文章可以说是文学革命后思想革命的宣言，在当时文坛产生了极大的反响，不但陈独秀等人大加称赞，进步文学青年也无不为之鼓舞。北大学生领袖傅斯年撰文说："近来看见《新青年》五卷一号里一篇文章，叫做《人的文学》，我真佩服到极点了。我所谓白话文学内心，就以他说的人道主义为本。"

从此后，周作人一鼓作气，再接再厉，写下《思想革命》《平民的文学》《新文学的要求》《论黑幕》等宏文，成为当之无愧的新文学理论家。

周氏兄弟创作与学术研究并行，两人携手前进，关注女性独立意识，关注妇女解放，关注各种形形色色的新思潮，追求人格独立和思想自由，形成中国现代文化史上并峙的双峰。

五四运动到来后，周氏兄弟的才情更如喷井，喷薄而出，耀眼的思想光芒，沉淀后的全面释放，汇聚成中国现代文坛上两颗璀璨的星星。

## 扑朔迷离的兄弟失和

1923 年 7 月 14 日，鲁迅日记记载："是夜始改在自室吃饭，自具一肴，此可记也。"

17 日，周作人在日记中记载了与鲁迅矛盾冲突的事情，新中国成立后，周作人将日记卖给国家鲁迅研究机构，可是，这段内容被他用剪子剪去了，大约是遵循"家丑不可外扬"的古训吧？

19 日上午，周作人递给鲁迅一封绝交信，鲁迅看后，想与之交谈，周作人不予理睬。全信内容如下：

> 鲁迅先生：我昨天才知道———但过去的事不必再说了。我不是基督徒，却幸而尚能担受得起，也不想责谁——大家都是可怜的人间，我以前的蔷薇色的梦原来却是虚幻，现在所见的或者才是真的人生。我想订正我的思想，重新入新的生活。以后请不要再到后边院子里来。没有别的话。愿你安心、自重。七月十八日，作人。

本来想永不分家的兄弟反目成仇，对鲁迅是极大的打击，成了他的致命伤。无法挽回之际，鲁迅只好选择净身出户，八道湾留给周作人，不去计较财产的分割等问题。8 月 2 日，他携母亲和朱安离开八道湾，移往砖塔胡同，走得那么大气、那么潇洒。

鲁迅小时候曾拜和尚为师傅，得法名"长庚"，原是星名，绍兴叫"黄昏肖"，后来鲁迅作过笔名；周作人有一个笔名叫"启明"，也是星名，叫"五更肖"。两颗星辰正如杜甫诗句"人生不相见，动如参与商"中的"参"与"商"，它们不会同时出现在天空中，两个笔名成了兄弟失和的谶语。这两位情深意笃的兄弟，两位志同道合的亲密战友，从此分道扬镳，除了后来一次，鲁迅回八道湾取书碰面，打起架来，两人再也没有见面说话。

关于兄弟失和的原因，有多种猜测。兄弟俩讳莫如深，周氏兄弟中年以后的日记，大多寥寥数语，内心活动无迹可寻，所谓"清官难断家务事"，是有道理的。

兄弟阋墙，根源大多在女人，这是生活中较为普遍的现象。兄弟和美，功劳也在女人。特别是在像周氏兄弟这样的大家庭中，关系能否协调，女人们至关重要。

我们来分析一下这个大家庭的女人们。周氏三兄弟的母亲鲁瑞，这个大家庭的维护者、协调者，从乡下来北京，年龄又大，应该是享福的时候，不适合亲自掌管家务。周氏长媳朱安，长兄把她当了空气，她别无所求，只有侍奉老太太的命。三媳羽太芳子，是二媳的妹妹，她的婚姻的撮合者就是姐姐，妹妹听姐姐的话，掌了权也是假的。很明显，掌柜的女人只能是二媳羽太信子。

经济地位决定着家庭的地位，这话不假。我们再来看看这家里三个大男人的经济实力。鲁迅是教育部的干部，官不大薪水倒不少，另兼大学讲师，业余又著作，经济不能挂帅，也不会低于教授弟弟。周作人是大学著名学者，薪水丰厚，更有著作，经济上有说话权。最可怜的还算周建人，没有固定工作，主要靠两个哥哥照顾，老婆看不起他，经常恶语相向，他自尊心严重受挫，在家庭的地位低到零点。

在老大、老二闹翻之前，周建人出于自尊，托胡适在上海商务印书馆找了一份校对的工作，一个人孤独地离开了八道湾。

民国大师中，怕老婆出名的有两人：一个是胡适，一个就是周作人。胡适的怕老婆，后面专节伺候，不提前揭秘。

周作人的怕老婆，在于他的依赖性，书呆子，学问家，温文尔雅，静若处子，平和冷漠，一切听从大哥和老婆的安排，外事一概不管。

羽太信子，跋扈，不讲理，经常大吵大闹。在绍兴时，有一次，羽太信子因琐事大发脾气，忽然晕倒在地，周家人不知所措。周作人经此一回，从此便不敢"忤逆"信子。

信子的弟弟重久来中国，信子又一次因发脾气而倒地，重久见后漫不经心地说：这是老毛病，过一会儿就好了。果然，过了一会儿，她便自己爬起来了。

周建人回忆：信子发脾气倒地，周作人遭受过其舅子和小姨子的破口大骂，从此，周作人逆来顺受。

信子的多疑病，也是难以治愈的。周作人留学日本时，被大哥安排在伏见馆，馆主妹妹乾荣子常常天足给他们端茶递水，周作人在《天足》一文中，开篇即说："我最喜见女人的天足。"1934年，周作人携妻到日本度假，可能偶遇乾荣子。这便成了信子晚年有关周作人"外遇"争吵的原因，她歇斯底里，"几近狂易"，周作人有口难辩。

多年来，大哥鲁迅照顾的不仅是弟弟，更包括弟媳一家人，并且体贴入微。鲁迅与弟媳羽太信子书信不断，弟媳在日本如此，在绍兴亦如此。但朱安居住在绍兴老家时，鲁迅去信从来不问一字。千家驹认为，羽太信子原本就是鲁迅的妻子。当年，鲁迅被逼回国，就是周母听到鲁迅在日本已婚的传闻，而假造电报催促回来的。

这种说法，我不敢苟同，鲁迅对弟媳的关心，按古传统习惯，有点过了，俗话说"伯婶不交言"，但周氏兄弟毕竟是受过现代文明洗礼的人，应该不受其局限。

鲁迅与羽太重久关系一直较好，兄弟失和后，重久和鲁迅依然有交往。我想，鲁迅把弟媳一家当成了亲人，不分彼此，像关心妹妹一样关心着。再者，家事，周作人是不管的，鲁迅只好对弟媳说，周作人亦不芥蒂。

那为什么偏偏又出现问题了呢？我想，问题的关键，还是兄弟成家了，就应该要分家，正所谓"距离产生美"。古话说得好，"亲兄弟，明算账"，"君子之交淡如水！"

前面说过，鲁迅自己生活简朴，物质欲望不高，所得收入如数交给信子。信子出身并不高贵，但花销却讲究排场，家里人大小病都请日本医生，汽车进进出出。

鲁迅曾说，他用黄包车拉回来的钱，都被信子用汽车开出去了。鲁迅挣钱将近一半，开销最少，经济拮据时外出借钱又是鲁迅的事。鲁迅可能为此提醒信子节约，惹来信子的不高兴。

周氏兄弟情深义重，扳倒哥哥的唯一办法只有恶意诽谤。兄弟分爨以后，书呆周作人问起原因，信子趁机诉说鲁迅的"恶劣行为"，说鲁迅对她有窗外偷听偷看等猥亵行为。如果没有这条极恶毒的中伤，我相信，兄弟俩的情感或许难以破裂。

是可忍孰不可忍，周作人主动断交，甚至对回来取书的鲁迅投掷书物等，都可理解了。鲁迅和朱安的婚姻形同虚设，这是谁都知道的事实，鲁迅长期的自我压抑和控制等，都给周作人的深信不疑奠定了厚实的基础。要知道，那时候，许广平还没有出现在鲁迅的世界里。

鲁迅对弟媳的所作所为，研究者甚多，周海婴也著书做过一些解释。有也罢，无也罢，意义不大，我不想过于纠缠，但我还是坚信，对弟弟如此关爱的鲁迅，绝不会做出太出格的事情。这并不是受主流意识影响，而是从鲁迅的为人处世来分析的。

我常常这样想：周作人的人生悲剧，关键在于家庭经营的失败。鲁迅去世后，周作人再一次和三弟周建人闹翻，周氏三兄弟的友谊彻底打破了。

周建人到上海后，生活艰辛，希望妻儿一同到上海居住。但信子不要妹妹离开，芳子也不愿意离开，你说，哪有妻子不跟丈夫同住，而跟姐姐同住的道理？周作人是"妻管炎"，也没有说话的份儿，一切由着她们姐妹俩性子来。更有甚者，周建人积劳成疾，患了肺结核，芳子仍然拒绝到上海照顾丈夫。

五年后，孤苦无依的周建人心灰意冷，与学生王蕴如同居，走了与大哥相同的道路。周作人对这两兄弟的"重婚"一直耿耿于怀。新中国成立后，芳子状告周建人"重婚"，诉状就有出自周作人之手的嫌疑。

周建人与芳子，育有三男一女，长子夭折，留下长女周鞠子、儿子丰二和丰三，在北京随母与伯父周作人同住。周建人与王蕴如在上海结合后，生有三个女儿——周晔、周瑾、周蕖，他仍向北京八道湾寄钱，生活十分拮据。

1936年冬，或是1937年春节，周母八十大寿，为了给正在丧子之痛的母亲一些安慰，周建人携王蕴如及孩子们去北京，为母亲拜寿。寿庆期间，芳子、信子大闹寿宴，与周建人、王蕴如大吵一场，周建人的儿子周丰二，手持军刀，从屋内冲出，要砍父亲，被亲友拦下。结果，给鲁母伤害更大，老太太事后伤心地说："如果大先生还在，八道湾不敢如此嚣张……"

之后，周丰二与周建人断绝父子关系，周建人不再给八道湾寄钱，唯独通过母亲给大女儿周鞠子每月20元。抗战期间，周作人通过日本使馆，将商务印书馆给周建人的工资一半汇给自己，兄弟关系更加恶化。

新中国成立后，叶圣陶等几个文化界的朋友试图调解周氏两兄弟的关系，拉着周建人到八道湾，周作人很客气地招待了他们，但兄弟两人互不搭理，朋友们无功而返。

说起来，周作人也怪可怜的。大哥遇到许广平，离开京城，到厦门，到广州，到上海，在京城留下了母亲和嫂子，虽然他关照的时候少，但总有影子般地跟随他。弟弟离开京城，到上海，留下弟媳和三个侄儿侄女，吃住在自己家。周作人有一子周丰一，有二女周静子和周若子（15 岁病死）。这一大家人成了周作人的沉重负担。

鲁迅去世后，周作人把消息告诉母亲，母亲全身颤抖，靠在床上，连说："老二，以后我全要靠你了。"周作人不去劝慰母亲，却说："我苦哉，我苦哉……"我想，这是周作人心灵的真诚独白，八道湾一大摊子人靠着他生活，现在又摊上母亲，岂不更苦？

家庭的重重矛盾严重地制约着周作人以后的道路，他思想越来越封闭，心情越来越悲苦。周作人把住地取名为"苦雨斋"，作品取名《苦竹杂记》《苦口甘口》《苦茶随笔》等，可见周作人心灵之苦，"苦味"百出，苦不堪言啊！苦哉，周作人！

周氏三兄弟的失和，特别是老大和老二的失和，给周氏兄弟情绪和思想上带来的震动是其他任何事件无法比拟的，也是中国文坛的大事情，给后人徒留无尽的扼腕叹息。

## 颠扑不破的巨石重镇

兄弟失和，彼此都是大文豪，郁闷的心情靠文字来发泄，只不过，他们的发泄点不同。鲁迅把矛头指向弟媳，鲁迅写小说《眉间尺》，侠客取名"宴之敖"，后经许广平解释，即为"被家里的日本女人驱逐出来的人"。周作人把笔锋直指这位曾经对他关爱有加的大哥，在《自己的园地·旧序》中重复了自己写给鲁迅的字条："过去的蔷薇色的梦都是虚幻。"又写文章《"破脚骨"》，影射鲁迅是流氓无赖……

不过，所谓"兄弟阋于墙，外御其侮"，失和后的周氏兄弟并没有消失斗志，依然战斗在中国新文化运动的第一线，甚至站在同一条战线上。

鲁迅曾大力扶持《语丝》周刊，成为发起人和主要撰稿人，而《语丝》实际上的主编就是周作人。《语丝》发表文章没有稿酬，长期特约撰稿人有16 人，而周氏兄弟是最主要的撰稿者，几乎每期都有他们的文章，常常刊在一起，并且一般是在卷首，鲁迅的《野草》几乎全登在《语丝》上。《语丝》是发表自由言论的阵地，凭着周氏兄弟等作家在文化界的影响，深受读者喜爱，这应该可算作周氏兄弟在文坛上不见面的合作。

周氏兄弟在失和后，配合得最默契的要数女师大事件，兄弟俩始终站在学生立场的最前列，不仅写文字抨击时政和反动文人，还主动组织"女子师范大学校务维持会"。特别在"三一八"惨案发生后，周作人在鲁迅起草的《关于女师大风潮的宣言》上签了字，兄弟俩又不约而同写下一系列文章对军阀政府的暴行进行控诉，为学生的爱国行动鼓与呼。

经历一些事情之后，鲁迅的心境发生了很大的变化，抽烟更凶，喝酒更厉害，常常一个人闷坐。和许广平同居期间，两人吵架后，他常气恼异常，一言不发，趴在阳台地板上闷睡不起。许广平是女师大学潮送给鲁迅的爱情礼物，这一年，鲁迅45岁，人到中年，终于初次尝试到了爱情的滋味，留下了动人的《两地书》。

1926年，鲁迅丢下母亲和朱安，离开北京这是非之地，经天津、上海，南下厦门。

鲁迅到厦门，是受朋友林语堂之约，到厦门大学任专职教授，开设"中国小说史""中国文学史"课程，兼任国学研究院的教授，为《国学》季刊撰写论文。

初到厦门，鲁迅心情是愉悦的，海滨城市的美丽，南国风物的适宜，很合鲁迅的胃口。第一次正儿八经地当上了教授，报酬丰厚，一个月大洋400，此地气候温暖，政治气氛又不浓郁，鲁迅本想好好呆两年，教书之外，"还希望将先前所集成的《汉画像考》和《古小说钩沉》印出"，打算从此做一名自由的学者。想不到，4个月又12天后，即1927年1月16日，鲁迅选择离开厦门，乘"苏州"号海轮赴了广州。

鲁迅个性倔强，重尊严，重骨气。在厦大，校长林文庆"尊孔"、复古，鲁迅是新文化运动的主将，拿着国学院的超高薪水，公开反对国学，作了《少读中国书，做好事之徒》的演讲，提出青年学生要救国，并不在读中国书，而是要勇于做改革社会的"好事之徒"。林文庆碰到了鲁迅"名士派"的狂傲，矛盾公开化。

国学院召开会议讨论经费问题，林文庆以学校基金缺乏，决定裁减国学院的经费预算，到会的人表示异议，林文庆立刻摆出老板的架势，傲慢地说："学校经费是有钱人拿出来的，只有有钱的人，才有发言权！"鲁迅按捺不住内心的怒火，掏出两个银角，"啪"的一声，摔在桌上，说："我也有钱，我有发言权。"鲁迅这一举动，让林文庆十分狼狈，两人矛盾更加白热化。

鲁迅名气大，来厦大，招来"鲁粉"的热捧，占尽了风流，更何况林语堂、顾颉刚、沈兼士、孙伏园等二十多名"半个北大"著名学者云集厦大，且大多是有名的文科教授，你说，这让原来的厦大教授情何以堪？

厦大是靠理科起家的，理科部主任刘树杞原是厦大的实力派教授，国学院的兴起，分去了将近一半的研究经费，他还能稳坐泰山吗？刘树杞最看不入眼的，要数个性倔强的鲁迅。一件小事就把鲁迅气得够呛：鲁迅的屋子里原来有两个灯泡，刘树杞说要节约电费，专门派人摘下一个。你说，鲁迅在厦大的日子怎么过？

鲁迅在厦大的日子越来越郁闷，更与北京来的"几个教授"有关，他们公开宣称只佩服胡适、陈西滢（即陈源）等，不把鲁迅放在眼里，而这时候的胡适、陈源又恰恰是鲁迅的论敌，特别是那个陈西滢，曾明目张胆地宣称鲁迅的《中国小说史略》抄袭了日本人盐谷温《支那文学概论讲话》的"小说"部分。鲁迅引以为傲的《中国小说史略》被说成抄袭，一直让他很纠结。鲁迅去世后，胡适不计前嫌，回应苏雪林等对鲁迅的攻击，公开帮鲁迅正名。

顾颉刚，这个胡适的亲密弟子，著名学者，相传鲁迅"盐谷温抄袭案"最初的提出者便是他，也从北大来厦大，以鲁迅的性格，自然认为这是论敌对他的"围剿"，连他"逃"到"荒岛"上也不放过。

面临种种人际关系的不快，再美的风景，再高的薪水，全然没有了意义。鲁迅别无选择，三十六计——走为上计，老夫聊发少年狂，一路狂奔，一路向南，爱情的避风港——许广平，我来了！

轻轻地，厦大，鲁迅来过，短短 100 多天；悄悄地，厦大，鲁迅走了，已近 90 年！鲁迅的身影留在了厦大，鲁迅纪念馆，鲁迅花岗岩塑像，鲁迅广场，大气磅礴。"厦门大学"四字，鲁迅的墨迹占满了其文化符号：校门、校徽、信封、证书……这是鲁迅带给厦大的精神财富，是厦大对外宣传的一块金字招牌。这或许是鲁迅不曾想到，也是林文庆及"几个教授"更不曾想到的。

广州，革命的后方，自由之地，活跃之地，鲁迅的到来，给原本激进的青年学生注射了一支狂热的兴奋剂。鲁迅落脚广州没几天，中山大学的几个中共学生代表瞄准了这个大腕级的革命家，马上以学生会的名义在 1 月 25 日下午为鲁迅召开了热烈的欢迎大会。

鲁迅在广州，被人说成从革命民主主义者向共产主义者转变的重要阶段。鲁迅在广州，与中国共产党人的接触超过了私人关系，这事不假，但被动的时候多，主动的时候少，这也是不争的事实。

当时，中共广东区委书记陈延年对鲁迅的到来极为重视，指示中大文科学生、中共广东区委学生运动委员会副书记毕磊和学生党员陈辅国等多接近鲁迅，多向鲁迅介绍广州的革命形势，陪鲁迅逛书店、参观活动等，并送给鲁迅《少年先锋》《做什么？》等党的刊物。

如果我把鲁迅请下圣坛，把他当一个真真实实的教授来看，我想，鲁迅除了在政治斗争方向明确外，他来自精神上方方面面的焦虑更加痛苦，最终也迫使他不得不选择离开中山大学。

1927 年 2 月 10 日，鲁迅被任命为中山大学文学系主任兼学校教务主任。这一年，鲁迅已是 47 岁的中年男人，面临着工作、生活以及精神层面的种种压力，活得实在有点精疲力竭，难以为继。

首先是工作上，一周 12 课时的教学，岂可马马虎虎？名气越大，学生的期望值越高，自己的压力也就跟着越大！

做学问，要有静心坐冷板凳的功夫，而鲁迅偏偏坐不成！凡是搞过学校行政工作的都知道，干行政对热衷于教书育人的人来说，是最痛苦的折磨。鲁迅便是这样的人，想做学问而不得！

作为中山大学首任教务主任，鲁迅的工作头绪繁多。依照规定，他必须召集教务会议，并主持教务处执行决议案。更大的问题在于，作为工作细致认真的主持者，他事务无论巨细都要过问。其相关义务主要如下：补考复试和编级试验；召开会议并草拟文稿；制订相关师生守则，建立良好教学秩序等。这些琐碎繁杂的事务，需要如此大师来做，岂不浪费人才？不仅如此，教务主任还要处理单个或班级学生的教务，更是费时耗力。

鲁迅在写给朋友的信中说："我是来教书的，不意套上了文学系（非科）主任兼教务主任，不但睡觉，连吃饭的工夫也没有了。"其间的苦痛，一言难尽！

按理说，作为教务主任，鲁迅拥有生杀予夺之权，但是 1927 年 3 月底，为解决中大各科系散处复杂、联络困难的境况，中大成立了 5 人（杨子毅、饶炎、黎国昌、傅斯年、周树人）特别行政小组，教务处的事务由鲁迅和傅斯年负责。鲁迅遇上了铁腕人物傅斯年，霉运又来了！

鲁迅辞职厦门大学，厦大为此掀起了学潮，一些教授相继辞职，纷纷另找出路，顾颉刚就是其中之一。这顾颉刚与傅斯年是铁杆同学，同为胡适的忠实"粉丝"。顾颉刚的事，就是傅斯年的事情，傅斯年要请顾颉刚来中大，谁也挡不住，鲁迅极力反对，也完全没用。

厦大的未了恩怨，居然缠到了中大，鲁迅当即宣称"鼻来我走"。鲁迅曾著文直呼顾颉刚为"红鼻子"，"鼻"是鲁迅对顾颉刚的蔑称。

工作遇麻烦，生活也遭尴尬。许广平是鲁迅在北京时的学生，一张作业本里的纸条，点燃了一场不合时宜的师生恋。作为有妇之夫的中年鲁迅，对青年学生许广平的非分之想难免遭人非议。两人约好一起南下，一个赴广州，一个到厦门，以两年为期，来一场别样的爱情拉锯战。

人算不如天算，说好是两年，鲁迅熬不到第五个月，便来到广州，寻了许广平的住地。不久，鲁迅又用职务之便，安排许广平当了自己的助教。教授们看在眼里，记在心里，冷眼看着鲁迅将如何摆平这"艳事"。

许广平鼓励鲁迅离婚，和旧家庭来个痛快的告别。鲁迅出于道义和责任，更出于对母亲的孝敬，终不敢提出离婚。作为新文化运动的主将，他当然明白"一夫多妻"的腐朽，许广平的身份问题成了鲁迅最大的纠结，而那些相轻的文人们，偏偏等着看这场大戏的结局。想瞒也瞒不住啊，大家毕竟都是聪明绝顶的人，更有多人知根知底。

鲁迅在广州，是一个响当当的文化符号，尤其是其小说《呐喊》《彷徨》和大量的杂文形成了巨大冲击力，但同时其革命性也因此或多或少被误读。

鲁迅刚到广州，青年们就希望鲁迅引领着他们到"思想革命"的战线上去，更希望鲁迅能时刻保持那种战斗奋进的精神和刚正不阿的态度，来反抗一切恶势力。

鲁迅革命性的成色受到时间和空间流动性的考问，激进青年认为鲁迅的革命性不够，开始论战，认为鲁迅不是革命作家，他的作品算不上革命文学。鲁迅身陷革命的利用、打压与吹捧中，不烦恼才怪呢！

鲁迅身兼行政领导、学者和作家数职，并被给予革命的厚望，分身乏术啊，颇觉焦虑。就鲁迅而言，创作远远胜于学术，而在这万分忙碌中，创作也青黄不接了，他在给朋友李霁野的信中说："我太忙，每天糊里糊涂地过去，文章久不作了，连《莽原》的稿子也没有寄，想到就很焦急。"

面对来自教务、职业、人际、生活、革命等多方面的压力，鲁迅备感焦虑，焦虑的结果，只有一条：彻底弃绝教授，回归自由创作。

只要身心解脱，钱算什么，身外之物。鲁迅决定了，并且，自此以后，他告别了所有桎梏人的职业，成了一个纯粹的自由撰稿人。

鲁迅自有他特殊的本领，他找到中央研究院院长蔡元培，做了个"特约撰述员"，每月大洋300，抵得大半个教授。有了这高额空饷，鲁迅安然来到上海，恣意发展。蔡老乡铁得很，只管每月撒钱，至于鲁迅撰不撰述、撰述了什么、撰述得怎么样，他才不管呢！

1931年，国民政府严查吃空饷，终于发现所谓"特约撰述员"就是最大的空饷，立马砍掉这虚职，既往不咎。从此，鲁迅正式成为靠文字吃饭的人，这时，鲁迅的生命只有五年了！

1927年10月，中秋刚过，鲁迅偕同许广平来到上海。上海的空气并不是想象的那么自由，思想自由，言论自由，只不过是缥缈于天际的一抹彩云，是悬挂在湛蓝青天中的一轮孤月，永远是那么可望而不可即！

"四·一二"反革命政变之后，国民党一面清党，一面北伐，于1928年6月占领北京，10月，以蒋介石为首的国民政府在南京正式成立，12月东北易帜，中国宣告"统一"。清党期间，蒋介石发表《告全国民众书》，公称"'以党治国'为救中国的唯一出路"。

"一个主义，一个政党，一个领袖"成了"一党专政"的内核。做人，还是做奴隶？是摆在鲁迅等文化名人面前的第一个生存话题。争取做人的权利，是每一个清醒国民为之奋斗的理想，何况是以改造国民性为己任的不屈战士鲁迅呢？

上海许多追求自由的学者文人不愿推行和接受"党化教育"，纷纷南下，力争做个自由的人，而自由的取向又各有不同。

思想家往往难以被人理解，孤独才是最正常的生活。躲进租界，写写杂文以表达思想，闲时翻译来推介文化，多么理想的书斋生活！可是，鲁迅太引人注目了，一篇篇的文字向他的头颅砸来，拿起笔来迎战和作战，对鲁迅来说成了生活的必需，"水战火战，日战夜战"，容不得他耳根清净。

在国民党统治下的上海，鲁迅的言论自由相当有限。1928年，国民党当局颁布了《著作权法》，规定出版物如有违反"党义"，或其他"经法律规定禁止发行者"，由内政部拒绝注册。1929 年，中央宣传部公布《宣传品审查条例》，同年还颁布了《查禁反动刊物令》等查禁书刊的法令。1930 年先后颁布了《新闻法》和《出版法》，规定书刊在创刊前必须申请登记，批准后方可出版，文艺、哲学及社会科学方面的图书要送审。而鲁迅的文字，大多涉及"党义"，他不能不设法改变自己的写作策略，开始他所说的"带着镣铐的进军"。

鲁迅著文讲究游击战术，不停地变换笔名，笔名之多，在文学史上，可创世界吉尼斯纪录。鲁迅一辈子使用笔名 140 多个，仅 1932 年到 1936 年四年间就多达 80 多个。许多笔名有深意，如"洛文"，就是党棍所赠"堕落文人"的谐音缩写；"越客"有复仇之意；"何家干"模仿检查官口气，带角逐的悬念。

鲁迅对独裁、专制、反人民的国民政府不抱任何幻想，坚持用革命的方式使之消亡。他对国民政府骂不绝口，国民政府恨透了他，多次宣布要通缉他。听说，杨杏佛被暗杀以后，有人发现，鲁迅的名字就在杨杏佛之后，但鲁迅不怕，来个韧性的战斗，把杂文当成一种反专制的"壕堑战"和"散兵战"文体，愈战愈勇。

鲁迅的这种战斗精神，是与黑暗势力不合作的精神，是正直的知识分子追求民主自由的应然境界，与政党无关，只不过他反对国民政府的情绪，正合了中共的政治主张。用现代话说，鲁迅就是一个典型的"愤青"，与时代也无关。

胡适晚年对周策纵说："鲁迅是个自由主义者，决不会为外力所屈服，鲁迅是我们的人。"

在上海，鲁迅的论敌有增无减，激进的，落后的，骑墙派的，各路人马都有，狂飙突进，暴风骤雨，汹汹而来。别人用长矛刺向他，他即用匕首、用投枪狠狠地还击，绝不心慈手软。有时候，想起来，文人们就这么可爱，你越生气，我越逗你，直逗得你暴跳如雷，气喘吁吁才好。是非曲直，真难得下个定论！

创造社是五四"新文化运动"初期成立的文学社团，先举着"为艺术而艺术"的大旗，后来强调文艺的宣传作用，对中国现代文学产生了较大的影响。创造社的主将郭沫若和成仿吾都曾齐刷刷地把矛头指向鲁迅，咄咄逼人，丝毫不留余地。

郭沫若和成仿吾，本着年轻人的激情和自恋，把大他们十多岁的鲁迅看成时代的落伍者。郭沫若被人标榜成五四以来唯一一个"富有反抗精神"的作家，他集中火力向鲁迅开炮，著文把鲁迅描绘成极端仇视青年的"老头子"，并这样"决定"鲁迅的"时代性和阶级性"："他是资本主义以前的一个封建余孽。资本主义对于社会主义是反革命，封建余孽对于社会主义是二重的反革命。鲁迅是二重反革命的人物。他是一位不得志的Fascist（法西斯蒂）！"像这样过激的语言，雪花般地飞向鲁迅，而我们的鲁迅又是以"骂人"作为特长的，可以想象，这样的论争，难得有一个准确的尽头。

除创造社外，太阳社、新月社诸多学者文人与鲁迅的论战也是无止无休，如火如荼，他们之间的笔墨官司，谁是谁非，都随流水落花而去，已不必理会。

鲁迅说："我戒酒，吃鱼肝油，以及延长我的生命，倒不尽是为了我的爱人，大半乃是为了我的敌人，要使他的好世界上多留一些缺陷。"

上海十年，鲁迅战斗的文字，犹如一支一支的利箭，源源不断地射进了政府和论敌的心脏，成就了鲁迅更为伟大的思想。

鲁迅著作颇丰，在上海，陆续出版了《而已集》《三闲集》《二心集》《南腔北调集》《伪自由书》《准风月谈》《花边文学》《集外集》等杂文合集，许多后人整理出版的杂文集，如《且介亭杂文》等，也是这个时期的作品。

如果我们能静下心来读这些杂文，真是一种别样的感受。浙江大儒马一浮说过四句非常经典的话。他说，什么样的作品才是好作品呢？要"如迷忽觉"，像一个谜，突然被解开了；要"如梦忽觉"，就像做梦，忽然醒了；要"如仆者之起"，摔倒了，突然站起来了；要"如病者之苏"，像有病，最后被医治好了。凡是能够"如迷忽觉，如梦忽醒，如仆者之起，如病者之苏"的，就是最好的作品。我想，在中国现当代文人中，最能代表"如迷忽觉，如梦忽醒，如仆者之起，如病者之苏"作品的，非鲁迅莫属！

有闲的时候，鲁迅译著不断，著名的有《文学与批评》《艺术论》《思想·山水·人物》《近代美术史潮论》《文艺政策》《药用植物及其它》《毁灭》《小彼得》《俄罗斯的童话》《坏孩子和别的奇闻》《一天的工作》《十月》等，透过这些书名，我们可以窥测到鲁迅涉猎之广与翻译之勤。无论如何，鲁迅都可以做我们任何时代学习的榜样。

1930 年开始，鲁迅先后加入中国自由运动大同盟、左翼作家联盟、中国民权保障同盟三个团体。

中国自由运动大同盟，领衔者即为鲁迅和郁达夫，经过冯雪峰等共产党人的策动，虽然有中共产物的嫌疑，但同鲁迅自由反抗的思想相一致，这才是鲁迅加入的最大理由。自由运动大同盟的"宣言"如下：

> 自由是人类的第二生命，不自由，毋宁死！
>
> 我们处在现在统治之下，竟无丝毫自由之可言！查禁书报，思想不能自由。检查新闻，言语不能自由。封闭学校，教育读书不能自由。一切群众组织，未经委派整理，便遭封禁，集合结社不能自由。……不自由之痛苦，真达于极点！
>
> 我们组织自由运动大同盟，坚决为自由而斗争。感受不自由痛苦的人们团结起来，团结到自由运动大同盟的旗帜之下来共同奋斗！

左翼作家联盟，简称"左联"，是中国共产党于 20 世纪 30 年代在上海领导创建的一个文学组织，目的是与国民党争取宣传阵地，吸引广大民众支持其思想。"左联"的旗帜人物就是鲁迅。"左联"集合的是进步的文学青年，也可以说是反叛的青年知识分子。

加盟"左联"，让鲁迅对马克思主义、中国共产党多了一分亲近，鲁迅的无产阶级革命性一步步加强。柔石等"左联五烈士"遭受国民党杀害后，鲁迅心情悲愤，写就名篇《为了忘却的记念》，办地下刊物《前哨》，写下《中国无产阶级革命文学和前驱的血》等为无产阶级革命鼓与呼的文字。鲁迅共产主义战士的本色，也暴露无遗。

中国民权保障同盟由孙中山的遗孀宋庆龄、曾受孙中山委任同盟会上海分会负责人的蔡元培、曾任孙中山秘书的杨杏佛等在上海发起组织，他们都是孙中山民权主义忠实的践行者。这个民间组织聚集的更是中国顶尖级的民主人士，宋庆龄、蔡元培分任主席和副主席，杨杏佛为总干事，胡适、鲁迅分别为北京、上海分会执行委员。

民权保障同盟宣称，它不是政党，只是一个争民权的组织，不专为一党一派效力。对已被政府定罪的人，不加歧视，努力保障他们的人权。民权保障同盟借用孙中山"民权"概念，但很明显地扩大了"民权"原本民族主权和人民主权的意义，第一次把西方人权观念提到了实践层面的意义，这是民权同盟思想意识上最伟大的突破，历史不应该忘记。

民权保障同盟不是"口头革命家"，他们积极开展过许多卓有成效的活动，如营救陈独秀等政治犯，丁玲、潘梓年等共产党人，还有其他知识分子和青年学生，调查南京监狱状况，声援各地争取人权的斗争，抗议希特勒派的一党专政的暴行等，在社会上产生过广泛的影响。

鲁迅对这个组织是赋予满腔热忱的，平时，鲁迅不出席集会，也不参加会议，包括"左联"的会议，但接到民权保障同盟的会议通知一定先期而至。

1933 年 6 月 18 日，同盟总干事杨杏佛遭受国民党特务的暗杀，民权同盟失去了一个最实干的组织者，总盟和分会的十多个执委或者转向，或者消沉，或者敷衍应付，在后来剩下来的四五个骨干分子中，鲁迅就是其中最坚定的一位。经过大半年的挣扎，这个民间团体被迫在白色恐怖中消失了，留给鲁迅的，依然是深深的痛苦和失望。

晚年的鲁迅，生活极其简单，标准的宅男，靠着劣质纸烟和犀利文字打发着日子。除了间或到内山书店去，偶尔看场电影，大抵囚人一般地宅在四川北路的一间寓所里。他与曾经志同道合的兄弟周作人反目成仇，断绝了一切往来，偶尔，住在上海的周建人一家来聚聚，享受着难得的兄弟亲情。与昔日的挚友如钱玄同、林语堂等多已分手，或者隔膜日深，已无交往。青年朋友死的死，如柔石、瞿秋白；走的走，如冯雪峰到了苏区，萧红赴了日本。余下的，只有萧军、胡风少数几个，聚会也极少。他与社会的联系，仅凭大量的书报和有限的通讯。

1936 年 10 月 19 日，鲁迅逝世，沈钧儒写了"民族魂"三字，让人连夜做成黑丝绒包制、40 厘米见方的三个大字，缀在大幅白绸旗上，盖于鲁迅灵柩之上。

关于鲁迅，世间对他的评说，褒贬毁誉，永无止息。我相信，读鲁迅愈多，了解便愈深，感叹也愈丰。

毛泽东评价鲁迅是现代中国的"第一等圣人"，是"无产阶级文艺队伍的总司令"。

巴金深情地回忆："在这苦闷寂寞的公寓生活中，正是他的小说安慰了我这个失望的孩子的心。我第一次感到了、相信了艺术的力量。"

汪曾祺说："鲁迅是个性格非常复杂的人。一方面，他是一个孤独、悲愤的斗士，同时又极富柔情。"

王晓明称鲁迅为现代中国最痛苦的灵魂："鲁迅的内心痛苦是相当复杂的，他简直象征了知识分子对现代中国社会的整个精神痛苦。"

王朔说："鲁迅没有长篇，怎么说都是个遗憾，也许不是他个人的损失，而是中华民族的损失……我们有了一个伟大的作家，却看不到他更多优秀的作品。"

王瑶如此认识鲁迅："鲁迅先生是真正的知识。什么是知识分子？他首先要有知识；其次，他是'分子'，有独立性。否则，分子不独立，知识也会变质。"

梁实秋说："不能单是谩骂……鲁迅最严重的短处，即在于是。"

1936 年 10 月 20 日，上海《大公报》发表评论："文艺界巨子鲁迅（周树人）先生昨晨病故于上海，这是中国文艺界的一个重大损失……他那尖酸刻薄的笔调，给中国文坛划了一个时代，同时也给不少青年不良的影响。无疑的，他是中国文坛最有希望的领袖之一，可惜在他晚年，把许多力量浪费了，而没有用到中国文艺的建设上……"

狂飙社的向培良评价鲁迅："他的性格狷急，睚眦不忘，又不肯下人，所以不知不觉中被人包围，当了偶像，渐渐失去他那温厚的热情，而成了辛辣的讽刺者和四面挥戈的不能自己的斗士。最后，鲁迅先生全部的精力消耗于攻击和防御中，琐屑争斗，猜疑自若，胸襟日益褊狭，与青年日益远离，卒至于凄伤销铄以死。"

……

鲁迅不打招呼走了人，周作人心里慌了神。老大、老三图自己快活，寻找所谓的新生活去了，把家眷留给了老二，你说，老二能舒心吗？何况这老二，又是一个十足的书呆子，只想安心做学问，摊上一大家子的人和事，他能安心吗？

鲁迅南下后，每月寄给母亲 20 元、朱安 10 元零用钱，1932 年 11 月后，朱安身体不适，需要营养，又加了 5 元零用钱。同时，鲁迅每月寄 100 元做日常开支。

鲁迅在外，给北京家庭的经济待遇不错，只是回家稀少。离京十年，仅仅回家两次。家庭的大小麻烦，由书呆子周作人顶着。

周作人看不惯许广平的"小三"行为，更看不惯名人鲁迅的"抛家蓄妾"行为，这看不惯的背后，我想，大多是家庭负担扔给他而带来的恼怒。

1931年，周作人写过一篇散文《中年》，影射鲁迅与许广平的同居，讽刺味十足，咄咄逼人，几个片段，读起来，也耐人寻味：

> 本来人生是一贯的，其中却分几个段落，如童年，少年，中年，老年，各有意义，都不容空过。譬如少年时代是浪漫的，中年是理智的时代，到了老年差不多可以说是待死堂的生活罢。然而中国凡事是颠倒错乱的，往往少年老成，摆出道学家超人志士的模样，中年以来重新来秋冬行春令，大讲其恋爱等等，这样地跟着青年跑，或者可以免于落伍之讥，实在犹如将昼作夜，"拽直照原"，只落得不见日光而见月亮，未始没有好些危险。

> 譬如普通男女私情我们可以不管，但如见一个社会栋梁高谈女权或社会改革，却照例纳妾等等，那有如无产首领浸在高贵的温泉里命令大众冲锋，未免可笑，觉得这动物有点变质了。我想文明社会上道德的管束应该很宽，但应该要求诚实，言行不一致是一种大欺诈，大家应该留心不要上当。

鲁迅将在上海出版与许广平的书信集《两地书》，周作人觉得是一种"不以为耻，反以为荣"的丑态。他说：

> 世间称四十左右曰危险时期，对于名利，特别是色，时常露出好些丑态，这是人类的弱点，原也有可以容忍的地方。但是可容忍与可佩服是绝不相同的事情，尤其是无惭愧地、得意似地那样做，还仿佛是我们的模范似地那样做……

除去对鲁迅的偏袒，我们设身处地地替周作人考虑，也容易接受这内心的文字，也便真诚地理解周作人的苦境。

周作人是大学者，安守书斋，心如止水，是他的梦想。可是，家里的事烦着他，家外的世界更不省心。

周作人不是老朽，追求自由，宣传思想革命是他的本真，这一点，周氏兄弟是一致的，与失和无关。

张大帅杀害了李大钊，周作人义愤填膺，著文反驳反动报纸泼给李大钊的污泥浊水，并和几个朋友一道，对李大钊的遗孤加以保护和安置，让李大钊的孩子住在自己家。即使后来在任日伪督办的时候，周作人也帮助李大钊子女办"良民证"，协助他们去延安。

周作人主编《语丝》，批判时政，成为军阀的眼中钉，多次遭受生命之忧，曾和刘半农在日本友人家避难一周。大家劝他南下，他终以家累为由婉拒了。

当南方的年轻人把"不革命"的帽子戴给鲁迅的时候，也顺便捎带上了这位文坛上"高山仰止"的人物——北方的周作人。

周作人在新文化运动的浪潮中，也曾集中火力攻击旧传统，但待冷静下来，认识到中国古文化的继承和发扬，便不那么盲目了。

周作人身边聚集的一些文人，在诗歌、小说和小品散文等方面取得了耀眼的成绩。特别是小品文，在周作人的倡导下，逐渐形成流派，即所谓"京派"。其精神领袖就是周作人，主要人物有周作人的学生俞平伯、废名等。

他们创办刊物《骆驼草》，周作人写发刊词，强调散淡闲适，不谈政治。以前，周作人把自己的书房取名"苦雨斋"，现在又唤作"苦茶庵"，苦中作乐的意味更浓烈，称自己是一个喝着苦茶的和尚。

周作人的小品文，文如其人，平和冲淡，在中国现代文学史上，享有崇高的地位，难出其右者。

著名鲁迅研究专家孙郁，评价周氏兄弟作品时说："读周作人的著作，仿佛深山幽谷里的声音，又如僧人的经白，在悠然之中，把你引向远古，引向田园，引向无欲的安谧……鲁迅让你去做些什么，周作人却告诉你什么也别乱做；鲁迅引导你穿过地狱之门，去叩人生大限的神秘之墙，而周作人却俨然一个教士，说：太阳底下无新事，历史的昨日如此，今日如此，明日也如此……"

1934 年 1 月，周作人满 50 岁。回顾自己的人生路，他生出许多感叹，写了两首打油诗描绘自己"知天命"的心境：

> 前世出家今在家，不将袍子换袈裟。
> 街头终日听谈鬼，窗下通年学画蛇。

老去无端玩骨董，闲来随分种胡麻。

旁人若问其中意，且到寒斋吃苦茶。

半是儒家半释家，光头更不着袈裟。

中年意趣窗前草，外道生涯洞里蛇。

徒美低头咬大蒜，未妨拍桌拾芝麻。

谈狐说鬼寻常事，只欠工夫吃讲茶。

朋友林语堂精心策划了一个专栏，把这两首诗刊登在《人间世》创刊号上，并同时发表周作人朋友们（包括林语堂本人）的和诗，还配发了周作人的巨幅照片。

蔡元培、胡适、钱玄同、林语堂这些中国文化史上大佬级的人物，都曾是周氏兄弟的亲密朋友，但与他们保持更长更深友谊的还是周作人。他们的纷纷和诗，打响了《人间世》杂志，增添了文坛情趣，更抬高了周作人的文化位置，不过，也招惹了一些激进青年的热嘲冷讽，特别是"左联"活跃分子胡风的文字，引起了周作人对鲁迅的误会，以为是鲁迅的幕后指挥。

鲁迅对周作人的小品文，的确有不同意见，他认为小品文应成为匕首和投枪，能和读者一同杀出一条生存的血路。

尽管如此，这并不影响鲁迅对周作人散文成就的崇高评价。一次，美国记者提问鲁迅：中国新文学最有代表性的散文家是谁？鲁迅列举了周作人、林语堂、梁启超、鲁迅等，毫不犹豫地把周作人排在第一位，自己甘居其后。可惜，这次谈话几十年后才公开发表，周作人生前无缘看到。

鲁迅逝世后，华北战事紧张，日军很快占领北平。北大、清华、南开的师生纷纷南下，组成长沙临时联合大学、西南联大。

周作人把"苦茶庵"改名"苦住庵"，选择留守北平。这次错误的选择，酿成了他更为悲剧的人生。

北平被日军占领，周作人失去了教职，养家糊口都成了问题。无论是刚从日本逃回来抗战的郭沫若，还是远在伦敦的朋友胡适，都力劝他南下。

郭沫若曾说，如果周作人能够飞到南方，像他这样的人，就是死上几千几百个人换他也是值得的，因为日本人中信仰周作人的比较多，如果他南下，本身就是对日本狂热的军国主义行为注了镇静剂。

周作人在国内的影响力大得惊人，尽管他自号"京兆布衣"，躲进了"苦住庵"，但躲不出人们关注的视线。他是中国文化界的代表人物，是中国第一流的文学家，是中国青年的精神领袖，是中国社会良心的体现，岂能说躲就能躲的？

周作人并不是天生的汉奸相，他的汉奸之路，有偶然因素，更有必然因素。客观上讲，他并不是想要当汉奸，而是汉奸粘着他来当。

周作人太天真了，日本佬来了，似乎与他无关，他仍然想凭自己的真学识混一碗饭吃。他拟定了一些翻译计划，又托人在美国人开办的大学里求职，想苟全性命于乱世。

日方早已瞄准这位有着留日背景的文化巨人，要他来装点伪政府门面，多次引诱，都被他拒绝。就连留日的同学会，周作人也不参加了，并且还劝朋友不加入日本人的文化组织，态度很坚决。

可是，世事难料。1939年元旦上午，周作人正在接待学生沈启无，忽然，有人闯入八道湾，进门一声："你是周先生么？"便开枪射击。周作人命大，子弹击中毛衣纽扣，他只觉左腹疼痛，但没有跌倒。倒是车夫被当场击毙，院里有几个人受伤，沈启无左肩中弹，疗养一天半出院。

这件事，在北平，震动很大，至今仍是个谜。有人说，这是几个激进青年怕周作人变节投敌，特意来保全这位名人民族气节的；有人说，这是国民党特务干的，也是为了提早"锄奸"；有人说，这是日本人策划的，目的是逼迫周作人下水；更有人说，这是周作人的侄儿周丰三（周建人次子）买通人干的，他听了同学议论，怕伯父变节，有辱家门。事件发生后，周丰三心情异常郁闷，两年后，他用家中卫队士兵的手枪自杀身亡。

书虫周作人经历这事，被吓破了胆，深感生命之难存、人世之无常，寻求日军保护才是唯一出路。周作人战战兢兢地迈进了日伪政府，不断迁升，官至华北政务委员会教育督办，相当于华北地区教育界最高领导，变成与人民为敌的汉奸，染上了他一生永远无法洗刷干净的污点。

书生意气的周作人，哪是当官的料？刚任职不久，他就鼓励学生安心学问，不要参加日军的任何集会，用冷暴力反抗日军的暴政。日军发怒了，放出风声，要枪毙周作人，周作人吓出一身冷汗。从此，他小心翼翼，如临深渊，如履薄冰。

曾经那么一段时期，周作人享尽了高官的荣华富贵，他拜见溥仪，参见汪精卫，出入皆车马，房屋整修，宾客满座，喜气盈门。1943 年，母亲去世，为母治丧，周作人耗资一万四千多元，折合现在人民币一百多万。鲁老太太是幸运的，死得很体面，又没有看到周作人被逮捕和审判的凄惨情景。

1945 年，日军投降后，国民声讨"汉奸"，傅斯年代北大校长，对周作人之流的"汉奸"行为深恶痛绝，坚决不予聘任。失业事小，失节事大，天网恢恢，疏而不漏，周作人被国民政府送上了审判台。

徐淦记载："风闻在蒋（介石）的寿辰上，有三位国民党的要员趁庆贺之机，联名上书，求蒋给予周作人特赦，但蒋说：'别人可赦，周作人不可赦，因为他亲共。'据传那三位要员当中为首的是张群。"

蒋介石要杀周作人以谢天下，这时候，官界、文化界许多人勇敢地站出来替周作人辩护。

北大前校长蒋梦麟说，"卢沟桥事变"后，北大南迁，指定马裕澡、董康、周作人三人留守，保护校产。胡适从美国回来当校长，发现北大校产保护完整，图书有增无减，充分肯定了周作人任伪文学院院长时的功劳。

中共地下党员高炎和国民党地下工作者张怀、董洗凡等出来作证，称周作人任伪官时，对国共两党许多地下人员多有掩护和救助。

多位文化界名人联名上书国民政府，证明周作人"有维护文教消极抵抗之实绩"。

周作人一方面附和日本人的大东亚文化理论，另一方面又希望能保持知识分子的独立，他的这种矛盾，触怒了日本人。1943 年 8 月，日本人片冈铁兵斥责周作人为"中国反动老作家"。

不过，周作人参拜靖国神社、慰问日本军人等丑行，被媒体捕捉曝光，激怒了国人。

周作人遭审，跟当年留守北平一样，牵动了更多"粉丝"们的心，废名和俞平伯就是其中著名代表，他们到处求人替周作人说项。周作人终于从枪口下走出来，被判有期徒刑十四年，后改判十年，关在南京老虎桥监狱服刑。1949 年初，周作人被假释出狱。

书呆就是书呆，周作人坐牢也不忘读书。狱中三年，周作人除了每天读书外，写了两百多首诗，翻译了英国劳斯所著的《希腊的神与英雄》。

周作人重返八道湾旧居，家就是他的工作地，读书、写作、翻译是他的生命。和他的鲁迅哥哥最后十年不同的是，这里成了被人遗忘的角落，不是

"狗不理"，就是"猪不来"，他一个人在茫茫书海里，孤独地舔舐着自己心灵的伤疤，甘苦自心知。

人民文学出版社，深知这位文化巨子的价值，周作人的大脑，世间难寻，不可轻易废弃。于是，每月预付稿费200元，1960年1月起增至每月400元，1964年9月又减至200元。这周作人也真命好，跟当年鲁迅哥哥"吃空饷"一样，拿着出版社的高薪，没有具体的交稿任务，干多干少，没人在意。不过，大家心里都清楚，像周作人这样的罕见书虫，不读书，不写作，是活不下去的。

1953年12月19日，经人民法院判决，周作人被终身剥夺政治权利，出版作品不得以本人的名义。

晚年的周作人，主要精力在翻译日本古典文学和古希腊文学作品，产生了一批高质量的日本文学和古希腊文学经典汉语译本。如古希腊喜剧《财神》（阿里斯托芬作）、《希腊神话》、《伊索寓言》全译本、古希腊悲剧《欧里庇得斯悲剧集》（与罗念生合作翻译）；日本现存最古的史书《古事记》、滑稽短剧《狂言选》、平安时代随笔代表作《枕草子》、滑稽本《浮世澡堂》（日文《浮世风吕》）和《浮世理发馆》（日文《浮世床》）等。同时，周作人还应邀校订别人的译稿，如应邀校订北京翻译社的《今昔物语集》本朝部译稿和丰子恺的《源氏物语》全部译稿（与钱稻孙合作）。

即便如此，他觉得毕生最重要、也最有成就感的译作是用古希腊语写作的古罗马叙利亚作家、哲学家路吉阿诺斯的作品选《路吉阿诺斯对话集》。这部译作，48万字，是周作人80岁前一字一字咀嚼出来的。

周作人精通日语、古希腊语、英语，并曾自学古英语、世界语，给我们留下来的世界译著遗产，是极其丰富的，只是我等望而生畏，无力涉猎而无从知晓罢了。

孤独的时候，也许为了生存，或许真为了怀念，周作人也撰写了《鲁迅的故家》《鲁迅的青年时代》《鲁迅小说里的人物》等回忆性文章，为鲁迅研究提供了许多珍贵的第一手史料。

我想，这时候的周作人应该物伤其类了。鲁迅病逝前，经常找周作人的文集阅读，三十年后，周作人大限将至，也不自觉地阅读鲁迅文集，或许这种兄弟情结早已刻骨铭心了。

1966年8月22日，一群红卫兵冲进八道湾，砸了周母的牌位，他们已经忘却这位伟大的母亲，也是"无产阶级旗手"鲁迅的亲娘。24日早晨，红卫兵宣布对周作人实行"无产阶级专政"，将房子查封。周作人80多岁了，蜷缩在后罩房的屋檐下，过了三天三夜。后来，周作人儿媳张菼芳求情，才在漏雨的小厨房的北角搭了个铺板床，让他睡在上面。

周作人心灵悲苦，常说"寿多则辱"，但终没有勇气自绝于人民。周作人深味到"生不如死"的苦境，曾恳求政府施与"安乐死"，他屡次不想活了，对儿子说："我不如死掉还舒坦一些，也不想连累你们大家了……尤其是菼芳。她是外姓人，嫁到周家，跟着咱们受这份罪，实在对不起她……"多么善良的人啊，人之将死，其言也善。末了，他又添上一句："我是和尚转世的。"佛教视自杀的罪过超过杀人，一生佛缘甚佳的周作人岂敢自我了断呢？

1967年5月6日，一代大师周作人在寂然中悄无声息地离开了人世。周丰一夫妇匆匆销了户口，迅速火化，连骨灰匣都没敢拿回来。

生前，周作人为许多人作过挽联，死后，却无一人作联来挽他，更不用说来遗体告别了，做人的起码尊严都丢失殆尽。

第二年，在台湾的梁实秋写下《忆启明老人》，这是周作人去世时代留给他的唯一纪念文字。

舒芜说："周作人的身上，就有中国新文学史和新文化运动史的一半，不了解周作人，就不可能了解一部完整的中国新文学史和新文化运动史。"

郑振铎曾说："鲁迅先生和他（周作人）是两个颠扑不破的巨石重镇，没有了他们，新文学史上便要黯淡无光。"其实，周氏兄弟的成就又何止是在文学上呢？鲁迅被尊为中国现代伟大的文学家、思想家、革命家、教育家，但是，我们在高扬鲁迅旗帜的同时，总不能遗忘了周作人这位也值得怀想的文化老人。我相信，他在散文、文学理论、文学评论、新诗创作、翻译领域、中国民俗学、思想界的巨大成就和影响，任何历史的云烟也无法湮没其耀眼的光芒，它也将会照耀着一代又一代中国人的心灵。

# 陈寅恪：卓尔不群的名士风骨

对于"陈寅恪"这个名字，许多人感到陌生，特别是这个"恪"明明读"kè"，古今词典，诸如《说文解字》《康熙字典》《现代汉语词典》等，都如此标注，而偏偏有人读成"què"，为什么呢？

我读过一些考证文章，结论只有八个字："没有理由，没有原因。"最多只能算方言变迁引起的误读。20 世纪二三十年代，在清华园，人云亦云，习惯成自然罢了。后来，陈寅恪自己也说，应该读"kè"，"恪"是他们陈家的辈分字，别无深意。

我想提醒大家的是，听到这两种不同的读音，既不要简单肯定也不要简单否定，如是而已。

陈寅恪究竟给我们留下了什么？作为顶尖级的历史学家，其艰深的学术成就让后世几百年的学人仰望，这是毋庸置疑的。但是，作为有个性思想的大学者，其自由的思想和独立的精神，更能激励一代又一代追求真理的人不惮前驱。

"自由之思想，独立之精神"是陈寅恪为沉湖的王国维题写纪念碑而发出来的振聋发聩之声，更是陈寅恪一辈子用生命来捍卫的学者尊严。

"自由之思想，独立之精神"，说起来容易，做起来难！要饱受种种凄风苦雨的打击，特别是经历时代的更替而不变色，古今文人学者有几人欤？陈寅恪就是这样难得的铮铮傲骨！

## 四代五杰的陈氏家族

我第一次到凤凰，朋友带我参观陈宝箴故居，才知道陈寅恪是其孙子。

对高贵的名门之后，我顿生敬畏和好奇，探究的欲望开始了。

陈宝箴，我是清楚的，维新变法的先锋人物，湖南巡抚。陈宝箴虽只是个举人，但文才武略超凡，被曾国藩视为"海内奇才"，为曾国藩幕僚，曾为席宝田策划生擒太平天国幼王洪天贵福、干王洪人玕，立下汗马功劳。他曾接受光绪皇帝的"问对"，表达维新变法思想，使龙颜大悦。

陈宝箴坐镇湖南，高举湖湘文化"敢为人先"的精神，大胆实行新政和改革，支持各种宣传新思想的学会和团体的活动，与黄遵宪、梁启超等有志之士结为"同志"，寻求"强国之梦"，并向光绪帝推荐林旭、刘光第、谭嗣同、杨锐等四人为军机章京，可谓名垂"清史"。

陈宝箴是湖南的骄傲，却不是湖南人。陈宝箴，江西义宁（今江西九江修水县）人，江西修水陈氏家族从陈宝箴开始名扬海内外。

陈寅恪的父亲陈三立，正宗的"进士及第"，中进士后在吏部任职。其才学、诗名和政绩卓绝，扬名九州，跻身名流，理所当然。

陈三立和谭嗣同、吴报初、丁惠康等一起被称为"晚清四公子"，可谓文化名人。他才气逼人，牛气冲天，讨他的墨宝，是一件很不容易的事情。当年，张作霖被日本炸死后，张学良出巨资求陈三立撰写墓志铭，殊不知，这陈三立高调得很，看不惯张作霖的所作所为，拒绝得干脆利落，不留任何情面。无奈之下，张学良只得转求于国学大师章太炎。

我们都知道，维新变法最终失败，慈禧太后大发雌威，软禁光绪皇帝，斩杀"戊戌六君子"。明眼人一看就明白，这下，陈宝箴摊上大事了，"六君子"中有"四君子"是他的人啊，他能安然无恙吗？

1899年，陈宝箴去世，陈三立留下"以微疾卒"的记录，但是，戴远传《文录》记载："太后密旨，赐陈宝箴自尽。"谁是谁非，后来的研究者各执一词，终成谜案。

父亲走了，陈三立无处可逃，被就地免职后，"永不录用"，永别了官场。这时的陈三立，乐得逍遥，自号"乾坤袖手人"，交游文坛，以诗歌自遣，一派名士风度。

1937年，"卢沟桥事件"爆发，平津沦陷，陈三立表示："我决不逃难！"当听闻有人哀叹中国必败，他忍无可忍，大声呵斥："中国人岂狗彘耶？岂贴耳俯首，任人宰割？"一腔爱国热情，可以天鉴。

等到日军慕名来"招安"，这位爱国老人"是可忍孰不可忍"，立马叫唤佣人，拿起扫帚赶人。为此，陈三立忧愤数日，引发重病，他发誓不做亡国之奴，绝食绝药五天而终，享年 85 岁。这就是一生多才而伟岸的陈三立，傲然挺立的名士风骨！

陈三立从青年政治家到古体诗人的转变，对陈寅恪的人生轨迹产生了很大影响，使他逐步养成以学术和诗歌为主兼擅评时政的名士作风，变成大牌的"清流一族"。

陈寅恪出生在湖南长沙，祖籍江西修水对于他只是遥远的梦，难得有几次梦回的时候，他在那里生活的时间，非常有限，但江西陈氏家族名震天下，陈寅恪是陈氏家族杰出人才之一，为江西修水立了一块永不倒的丰碑。

陈家更有杰出的两父子，他们是陈衡恪和陈封怀。

陈衡恪，又名陈师曾，为陈寅恪同父异母兄长，民国初年著名美术家、艺术教育家、艺术理论家和诗人。

如果我们阅读有关民国大师的书籍，免不了会看到"陈衡恪"或"陈师曾"这三个字，请记住，这就是一个人，陈寅恪的长兄。

如果你对他还是陌生，我就给你说说他的三位知交，让你以"物以类聚，人以群分"的原理来揣度这位被埋没在尘埃里的文化名人吧！

鲁迅，他是陈衡恪在矿务铁路学堂的同窗。之后，两人又同赴日本留学，鲁迅在东京筹办《新生》杂志，衡恪是积极的支持者和赞助者。周氏兄弟翻译的《域外小说集》，封面设计就是陈衡恪的杰作。

回国后，两人一起共事，同怀着对新知识、新思想的热烈追求，交往密切。老同学志同道合，他们一起逛市场，收购古籍和金石拓片，把玩艺术。陈衡恪向鲁迅赠画多幅，为之刻印多枚，北京鲁迅纪念馆现存 10 幅赠画，有9 幅就是陈衡恪赠送的。一个是大文豪，一个是大艺术家，友谊不分彼此。

陈衡恪另有一位志同道合的朋友，那就是李叔同。陈衡恪与李叔同结识于日本，两人志趣相投，一见如故，彼此探讨诗词、绘画、书法、篆刻等艺术，互赠作品，互写文字，遂成莫逆之交。1918 年秋，李叔同在杭州出家为僧前，曾将十多种民间工艺品赠给陈衡恪留作纪念，陈衡恪亦将这些赠物画成一条幅，题为"息斋玩具图"（李叔同曾用过"息翁"的署名），挂于室内，以示不忘旧友。

韩愈有篇著名文章《马说》，开篇即感叹："世有伯乐，然后有千里马。千里马常有，而伯乐不常有。"篇末又哀叹："呜呼！其真无马邪？其真不知马也!"

是的,千里马要遇到伯乐,才能驰骋天下。如果没遇到伯乐陈衡恪,齐白石就是这样一匹险些"骈死于槽枥之间"的千里马。

1917 年,齐白石从湖南北漂到北京,摆地摊,租门面,卖画刻印,像个江湖老艺术生,但画风不为人欣赏,生意寥寥。一次,陈衡恪在琉璃厂南纸店见到齐白石的刻印,忙到齐白石的住处寻访,与之探讨艺术,并提出中肯意见,鼓励齐白石自创风格,不求媚于世俗,一番言语,使逆境中的齐白石得到莫大的鼓舞。后来,齐白石创红花墨叶画法等,得之于陈衡恪的影响。

1922 年,陈衡恪应日本画家之邀,赴日参加中日绘画联合展览会。在这次展览中,他携带的齐白石画作深受好评,轰动中外,从此,齐白石一举成名。

可惜,天不假年。1923 年,陈衡恪继母俞明诗(陈寅恪生母)去世,他赶回南京处理丧事,因悲伤和操劳过度,引发旧病,一个月后,英年早逝,年仅 47 岁。

作为艺术家的陈衡恪,遗著有《陈师曾先生遗墨》(10 集)、《陈师曾先生遗诗》(上下卷)、《中国绘画史》、《中国美术小史》、《中国文人画之研究》、《染仓室印集》等。

母兄去世之时,陈寅恪正在德国柏林大学梵语研究院学习,家里怕影响他的学业,把这事给隐瞒了。后来,陈寅恪谈及此事,倍加伤感,格外伤痛。

我历来相信,优秀是可以遗传的,果不其然,陈衡恪把优秀基因传给了次子陈封怀。

陈封怀是我国著名植物园专家、植物学家,中国植物园创始人之一。他与三叔陈寅恪年龄相差不大,关系素来融洽,给寂寞中的陈寅恪以很大的宽慰。

陈封怀,作为陈氏家族第四代传人,名士遗风不改,倔强依旧。1948 年仲夏的一天,庐山植物园忽然闯进四位彪形大汉,陈封怀不知其为何方神圣。来者自称是"美庐"(蒋介石行宫)所派,要挖植物园中鲜艳如丹的红枫来装饰"美庐"庭院。

陈封怀正任庐山森林植物园主任兼中正大学教授,中正大学教授才不管什么蒋中正呢,他挺身而出:"红枫不能挖,树木是植物园的,我的责任是保护树木。"等到第 30 集团军总司令兼江西省政府主席王陵基出面劝说,陈封怀还是不依不饶，一定要保护这棵极为珍贵的红枫。蒋介石知道陈氏家族人的个性，只得作罢。

陈封怀血脉里的爱国情愫也是祖传的。1934—1936 年，陈封怀在英国爱丁堡植物园留学，师从当时世界著名植物学家史密斯，获硕士学位，深得师长与同行的赞赏，英国专家以植物没有国界、植物学也没有国界为由，劝说陈封怀留在英国工作，研究报春花，陈封怀的回答毫不含糊："植物学没有国界，而我有国籍。报春花发源中国，我的根也在中国。"这就是以研究植物来报国的陈封怀！

我给大家数数陈寅恪这一代的龙兄虎弟们，知道名门望族是这样炼成的：二哥陈隆恪曾留学日本，从东京帝国大学财商系毕业，回国后在财经界发展，新中国成立后，任上海文物管理委员会顾问；大弟陈方恪毕业于复旦公学，工诗词，擅长目录学，新中国成立后，任南京图书馆编目主任及研究员；小弟陈登恪北京大学毕业后，前往法国巴黎留学，钻研法国文学，学成回国后，创作了一本反映留学生趣事的小说《留西外史》，流行一时，后长期在武汉大学外文系和中文系任教，曾被誉为武汉大学中文系"五老"之一。

我仰望陈寅恪，原因是多方面的，陈氏家族血脉的奋进精神和学者气质，是我艳羡的主要原因之一，他们是文化世家，或多或少地影响着中国文化。在此，我不由自主地用这么多的文字来叙说这个优秀的家族，只希望人们不要忘了这江西修水一方水土养的一家文化人。

## 不求文凭的读书种子

中国自古以来以读书为傲，"万般皆下品，唯有读书高"便是写真。古有状元郎，今有北大清华，光宗耀祖，风光无限。

陈寅恪却是偏离这轨道的人。他读书，只管埋头眼前书海，不管将来文凭，这是独立精神之始。

侄儿陈封雄曾问陈寅恪："您在国外留学十几年，为什么没有得个博士学位？"陈寅恪说："考博士并不难，但两三年内被一个专题束缚住，就没有时间学其他知识了。只要能学到知识，有无学位并不重要。"

关于这点，同是读书天才的俞大维这样评价："他（陈寅恪）的想法是对的，所以是大学问家。我在哈佛得了博士学位，但我的学问不如他。"

名门望族，历经多世，长盛不衰，家庭教育，功不可没。进士出身的文化名宿陈三立推崇"名师出高徒"，对子女的教育大气磅礴，非常人所能及。

小小年纪的陈寅恪，在南京的家塾教育，延请的就是学术大腕、著名的国学大师柳诒徵。柳诒徵大家又可能比较陌生，什么大人物？值得我下这样的定语？

柳诒徵，少年得志，17 岁中秀才，后就读于三江师范学堂，学历不高，学问忒高，后来成了中国著名学者，在历史学、古典文学、图书馆学、书法等方面自成一家，是中国近现代史学先驱，中国文化学的奠基人，现代儒学宗师。先后任南京高等师范学校、清华大学、北京女子大学和东北大学、中央大学（1949 年更名为南京大学）教授。

柳诒徵著述颇多，旁征博引，信手拈来皆文章，其中《中国文化史》70 多万字，引用资料从六经、诸子、廿五史、历代名家著述、国外汉学家论著到近代杂志、报纸、统计报道等高达 600 余种。

当年，清华建立国学研究院，吴宓极力推荐他为中国最早"研究生导师"之一，只是未过曹校长这一关。这等人物，仅用"学富五车"这"泛泛之词"能形容出来吗？

这陈三立也真是的，为了陈氏家族的希望，为了亲友孩子的茁壮成长，干脆在家中创办了现代化的思益学堂，校长又是一代名儒陶逊（宾南），教师有周大烈等宿儒。我不给子孙们钱财，但我给子孙们办家庭学校，这是陈三立与现世有钱人不同的表现。

这学校专供陈氏子弟和亲友子女（如茅以升、茅以南兄弟等）接受现代教育，时任两江总督的张之洞心生羡慕之情，对陈三立创办的学堂深表赞许，非常佩服陈三立眼光的高远。

创办私人学堂，就够威够猛了吗？不，好戏在后头呢！陈三立站在制高点，仰望远方，手一挥：只有把孩子们送到国外深造，才有更大作为。

1902 年春，12 岁的陈寅恪跟在兄长陈衡恪的后面东渡扶桑，同行的还有兄长同窗鲁迅。1904 年归国，陈寅恪考取官费留日生，同行的除二哥陈隆恪外，还有后来名震天下的李四光、林伯渠等。一时，陈氏三兄弟留学日本，被传为佳话。

留日四年，陈寅恪没有像鲁迅那样留下惊人的文字，甚至低调得连回忆文字也少，让人无法做过多的考证。

陈寅恪后因脚气病回国，不再去日本了，他也不管什么毕业文凭，眼光投放到了更遥远的欧美。

为了这次欧美之行，陈寅恪准备充分，专门到上海复旦公学主攻英语，兼及德语、法语等。蛟龙要出海，总要沉潜下来，沉潜得越深，爆发力越大，陈寅恪就是这样的蛟龙，苦熬了两年半，学了这么多种语言，想来，凭他超人的智商，语言完全可以打通关了。

1909 年，陈寅恪再次离家万里，远涉重洋，来到德国柏林大学就读，两年后，又转瑞士苏黎世大学。都是世界一流大学，在这里沐浴知识的洗礼，岂不快哉？

青年陈寅恪，意气风发，从头到脚都是新的，新思想来了，他穷源究理，跑到图书馆，捧起了德文原著《资本论》，这一年，他 22 岁。

1912 年，辛亥革命成功，国内局势动荡，陈寅恪归国暂居，躲进书斋，把头埋在经史古籍中。

1913 年春天，饱览诗书的陈寅恪又整装出发，一路向西，先入法国巴黎高等政治学校学习，后游学伦敦。

1914 年秋天，欧洲爆发第一次世界大战，陈寅恪陷入经济危机。恰在这时，贵人来相助，江西省教育司副司长符九铭以江西省留学官费为条件，请陈寅恪回国阅留德学生考卷。这卷子啊，一阅就是三年。

这时候的陈衡恪已从日本留学归来，任北京师大和美专教授，名满天下。有这名人哥哥罩着，陈寅恪的日子很好过。

陈衡恪带着陈寅恪，会晤了矮个子周树人。这家伙整天埋头抄古碑，读古书，苦闷得很，有点现在"矮矬穷"的模样儿，谁也不会想到，这矮小的周树人日后会长成中国的参天大树，成为中国乃至世界顶天立地的巨人。这就是所谓的"海水不可斗量，人不可貌相"。

这时，陈寅恪也结识了北大学生傅斯年，有了傅斯年，陈寅恪的学术生命更勃发出生机。

这期间，陈寅恪拜访了京城许多名流，担任过全国经界局局长秘书。这局长啊，来头不小，一表人才，英气帅气，他就是后来挟一名叫小凤仙的绝色妓女逃出京城，在云南起兵讨伐袁世凯的蔡锷将军。陈寅恪给蔡锷当秘书，算是"书虫"进了机关，沾了革命气，当上了公务员。

陈寅恪的政治潜力如何，谁也无法揣测。陈寅恪到湖南交涉使署任过交涉股长，与留日同学林伯渠同过事，如果陈寅恪政治热情高，跟着林伯渠闹革命，说不定又成一个学养深厚的政治家，也未可知。

这四年，在一个学术大师的一生中，是可以忽略不计的，只在打发无聊的时光和增加一点人生阅历而已，没有多大的人生意义，研究者们和他都很少提及。

特别值得一提的是，从陈寅恪留下的诗文与回忆文章中，几乎看不到他与鲁迅的交往经历。即使在特定的时期，他也从来不抬出鲁迅这面旗帜来保护自己，而是不着痕迹地轻轻抹去。

为什么呢？曾有人问起晚年的陈寅恪，他解释说，鲁迅的名气太大，最后以"民族魂"的大旗覆盖棺木，继而成为"先知先觉"和"全知全觉"的圣人，他怕提及交情被国人误以为自己像鲁迅所说的那样成为"谬托知己"的"无聊之徒"，"既以自炫，又以卖钱，连死尸也成了他们的沽名获利之具"。这就是一辈子坚守清洁精神的陈寅恪。

1918年，归国四年的陈寅恪获得江西省官费资助，海外求学的美梦再次浮起，何去何从呢？同是读书种子的表弟俞大维来了，哈佛好，读哈佛吧，表兄兼同学，多美好的事情呢！

哈佛大学，我来了！陈寅恪跟了东方史学大师兰曼教授，学什么呢？梵文与巴利文，兼及印度哲学与佛学，都是不赚钱的学问，这就是大师之所以成大师的原因。

在哈佛，陈寅恪成了中国留学生中一道特别的风景，有关陈寅恪的留学文字特别多，其购书之多，读书之勤，选课之冷，学问之深，衣着之随意，在留美学生中传为奇谈，人称"哈佛三杰"之一。

学术界"哈佛三杰"，说法不一。较为普遍的有两种：一为吴宓、汤用彤、陈寅恪三人，一为梅光迪、吴宓、汤用彤三人。梅光迪、吴宓、陈寅恪、汤用彤四人都是学界大鳄，且关系非常密切，早年同为哈佛同学，归国后又结为"学衡派"。众口所传，发生以上混淆，亦可理解。

1921年，陈寅恪与表弟俞大维又进入德国柏林大学哲学系学习，与后来转入柏林大学的傅斯年相遇。据说，傲视群雄的傅斯年来柏林大学，不为别的，就为奔这两个读书种子来的。

陈寅恪这一次海外求学竟达八年之久，直到 1926 年回国，被清华研究院聘为国学导师。

陈寅恪海外游学 16 载，曾就读于世界著名高校，拜于世界大师门下，竟然没有戴到半顶学位帽回来，在我们俗人看起来，的确是一件憾事，实在不可思议。

罗家伦回忆："朋友中寅恪从哲学、史学、文字学、佛经翻译，大致归宿到唐史与中亚西亚研究，又供他参考运用的有十六七种语言文字，为由博到精最成功者。"

陈寅恪究竟懂多少语言，涉足多少研究领域，海内外有许多说法，至今仍然是一个谜。而陈寅恪又低调得很，曾经在"懂何种外语"的履历表中，只写着"德语"二字。

学生季羡林曾用"泛滥无涯"四个字来形容陈寅恪老师所懂得的语言数量。他曾研究过老师遗留下来的海外笔记，留有 22 种语言记录，且很多是世人读不懂了的中古文字，如果包括后来作为研究对象的语言，合起来有 30 多种。陈寅恪在世时，海内外学者遇到读不懂的文字，都请教他，这有许多史料为证。

后来，季羡林留学德国，专修梵文、吐火罗文等中古文字，终成"国宝"级人物，与陈寅恪老师的示范引导作用是分不开的。

五四学生领袖傅斯年，亦是学界呼风唤雨的人物，一生对陈寅恪关照有加，推崇备至。

抗战期间，傅斯年到昆明后，住在陈寅恪楼下。当时陈寅恪右眼失明，左眼患病，视力模糊，身体羸弱。每当日机轰炸昆明，空袭警报响起，众人纷纷跑向楼下，傅斯年第一个想起的就是保护好这"陈国宝"，马上冲上三楼，将陈寅恪扶下楼，一起躲进防空洞。

国民政府建立中央研究院，这是国家最顶尖的研究机构，相当于现在的中国科学研究院，可以授予"院士"这一最高学术称号的地方，蔡元培是院长，傅斯年是其手下得力干将，曾经任过总干事、史语所所长。你想，这样的学术机构，网罗来的人才不是顶尖级行吗？

"史语所"，顾名思义，"历史语言研究所"是也。当今天下，谁是历史学界盟主，谁是语言学界霸王，傅斯年瞄准的就是这样的人！这个问题，在当时是没有悬念的，历史陈寅恪，语言赵元任，舍我其谁呢？

傅斯年眼馋的就是这两个巨人，而这两人又同在清华任教。如果多开点工资，能纳入自己麾下，那是傅斯年朝思暮想的事情。史语所有明确规定，所有研究人员都不得在外兼课。而我们这两位"巨无霸"的学术大鳄，才不吃你那一套呢！拉我加盟可以，大学教授的金饭碗不能丢，不然，墙上挂竹帘——没门儿！

万般无奈之下，傅斯年的出路只有一条：唯有屈服，给他们俩开绿灯。怎么摆平所里的其他研究人员呢？很简单，一句话摆明："你们有他们俩的学问，都可以兼职。"从此，陈寅恪、赵元任挂名史语所，这成了傅斯年一辈子最得意的事。

傅斯年与陈寅恪，中国学术史上流芳后世的两位大家，一位是"人间最稀有的一个天才"，一位是"三百年来仅此一人"。他们间的情谊，是"英雄惜英雄"的碰撞，是中国文化史上的佳篇。

我要说明的是，傅斯年和陈寅恪一样，在"许多留学生都以求得博士学位为鹄"的世俗风气中，他留洋七年，连个硕士学位也没拿到。但是，海内外没有人不佩服他的渊博学识。可以说，傅斯年与陈寅恪是中国学界的一对"奇葩"，一对"活宝贝"。

傅斯年的血脉里，流着清朝第一状元的基因，虽然他一直以这个状元先祖傅以渐为耻，认为他没有骨气，沦落成异族名相，以至于后来，他对任过伪职的周作人等，采取"零容忍"态度，绝不含糊。

当年，刘半农任教北大，没有学位，被人瞧不起，他愤然离国，捞了个洋博士帽回来，终于让人"刮目相看"。而在陈寅恪的身上，文凭是俗物，不值半文钱。

你看，同样是"海归"，别人西装革履，头戴博士帽，招摇过市，无不引人侧目，而我们的陈寅恪呢？灰褂长袍，"土鳖"模样，没揣回半张博士纸，对比起来，我们的陈寅恪先生，的确有点汗颜。说不定还有人"寄言纨绔与膏粱，莫效此儿形状"。

当海内外学界顶礼膜拜这位罕见的国学大师的时候，陈寅恪自嘲，说自己所谓的学问，是"不古不今"，"不中不西"，这八个字，与季羡林誉之的"泛滥无涯"四字，有异曲同工之妙，或许，这才是大学问家的人间正道，这才是大师之所以成为大师的根本。

# 辉煌自由的清华时代

当陈寅恪揣着聘书，来到清华国学院，曹校长心里是忐忑的，这36岁的老留学生，功底若何？谁能保证呢？曹校长好不容易才听从了吴宓等人的建议，咬牙下了聘书。

当年，清华建立国学研究院，和国际接轨，正式招收研究生，邀请胡适来做院长。胡适低调，不敢接招，推荐了梁启超、王国维、章太炎等三位做教授。他们都是众望所归的大儒，当个"硕导"，即使是破天荒的事，也算大材小用，小菜一碟。

章太炎不肯来，把聘书摔在地下，踩了一脚，为什么呢？章太炎曾与"康梁党"水火不容，梁启超恼怒之际，扇过他的耳光，岂可同事？章太炎看不来甲骨文，认为甲骨文是假的，而王国维偏偏又是研究这玩意儿的权威，实在是道不同不相与谋。

而王国维呢？之乎者也，磨磨唧唧，犹犹豫豫，曹校长来了，胡适来，胡适来了，吴宓来，给足了面子，他依然举棋不定，怕被同化。直到拿着废帝溥仪的任命诏书，又见国学院主任吴宓进门行三鞠躬礼，才深受感动，拖着他的小黄辫子，来到了清华。

梁启超、王国维，都是国内妇孺皆知的鸿儒，为新时代的需要走到了一起，国学要走向世界了，国际视野大开。这时候，两个西装革履的哈佛博士来了，一个是赵元任，一个叫李济。

首先，我来简短播报其人其事：赵元任，汉语言学之父，会说33种汉语方言，精通英、德、法等多国语言。世界罕见的通才，文理兼修，"文艺复兴式的智者"。美国康奈尔大学数学学士，数学课程获得过两个100分，一个98分，保持了多年该大学平均成绩的最高纪录。哈佛大学哲学博士，曾在芝加哥大学、加州大学等著名高校学习和研究过，并选修物理、音乐。在康奈尔大学、清华大学、夏威夷大学、耶鲁大学、哈佛大学、加州大学等世界一流高校任教过数学、物理学、逻辑学、中国音韵学、普通语言学、中国现代方言、中国乐谱乐调和西洋音乐欣赏等课程。美国语言学会主席，美国东方学会主席。1982 年去世后，加州大学为他设立赵元任基金会。

1973 年，中美关系正常化不久，赵元任、杨步伟夫妇回国探亲，中央政府高度重视，周恩来总理亲切接见。1981 年，丧妻不久的赵元任受中科院之邀，回国探亲，受到邓小平的热情接见，并接受了北京大学授予的名誉教授称号。

赵元任的听觉相当灵敏，能在很短的时间内学会一种方言，此后终身不忘。其语言天赋世界罕见，因此有"赵八哥"的绰号。

赵元任的祖父在北方做官，年幼的赵元任随家人在北京、保定等地居住期间，从保姆那里学会了北京话和保定话。5 岁时，赵回到家乡常州，学会了用常州方言背诵四书五经，后来，又从大姨妈那里学会了常熟话，从伯母那儿学会了福州话。

15 岁时，赵元任在南京江南高等学堂学习，全校 270 名同学中，只有 3 个南京人，他马上学会地道的南京话。在一次宴会中，赵元任居然用 8 种方言与来自四面八方的同桌客人交谈。

1920 年，罗素来中国演讲，赵元任在全国随同翻译一年，每到一处，都用当地方言来翻译，口齿清晰，知识渊博，使罗素的讲学比杜威的效果好得多。从此，赵元任的语言天才得到公认，他自己也决定将语言学作为终身的主要研究方向。

到了世界任何地方，当地人都认赵元任做"老乡"。二战结束后，他到法国参加会议。到巴黎车站，他对行李员说巴黎土话，行李员以为他是土生土长的巴黎人，于是感叹说："你回来了啊，现在可不比从前了，巴黎穷了。"后来，他到德国柏林，用柏林方言与当地人聊天，一个老太太贴心地说："上帝保佑，你躲过了这场灾难，平平安安地回来了。"

大学时，我曾选修过"方言调查与研究"，学用国际音标标方音。为了提高我们的辨音能力，教授给我们播放国际音标录像，并一再强调，现在世界上能把这些音标读准的人没几个了，这录像中的老教授就是世界级的语言学家，最权威，专程回国录制。我们顿时肃然起敬。

现在想来，这录像中播音的老教授应该就是赵元任。有史料为证：1981 年 5 月 21 日，赵元任应中科院之邀，回国录制国际音标。录制时，他发了四百多种元音、辅音和声调，连非常细微的差别都十分确切，发音辨音能力与他在 20 世纪 30 年代时一样，在座者无不惊讶，非常钦佩。要知道，这时候的赵元任已年近 90 岁！也许，只有他的发音最标准，不然，中科院何以专门邀请他回国来录制呢？

赵元任的天赋，还表现在音乐上，他也当过音乐教授。一次在清华同乐会上，赵元任任取十多只茶杯，然后敲打倾听音调，七音调正后，他用茶杯奏出一首乐曲，四座皆惊。更有一次，赵家家宴，饭毕，赵元任不让把盘子、筷子和碗收走，他拿起一只筷子，一个一个地敲，从餐具中挑出 do、re、mi、fa、so……的音来，但找来找去，就差一个音。赵元任抬头看见了玻璃灯罩，灵机一动，取下来敲了一下，说也巧，正好补上这个缺音，一套乐器自然天成！

为了响应胡适的白话文运动，刘半农写过一首非常著名的白话诗，意象丰富，亲切动人，曾风靡一时，并且创造了一个字"她"，这首诗名曰《教我如何不想她》。其实，这首诗的轰动，更与赵元任的推动有关。赵元任给它谱了曲，使之成为音乐史上的经典，红遍了祖国大地，几十年盛唱不衰。20 世纪 70 年代，赵元任回国，唱起这首歌，唱得热泪盈眶。

赵元任曾为徐志摩的《海韵》、刘大白的《卖布谣》、胡适的《他》、陶行知的《小先生歌》、施谊的《西洋镜歌》等新诗谱曲，为老同学胡适的白话文运动助了一臂之力。

至于赵元任的国学功底，自不待言。他进清华国学院非常顺利，哈佛博士的光环足以耀人耳目了。

说完了赵元任，再讲李济博士。李济不在"四大导师"之列，只有"讲师"名分，千万不要以为这是学识上的差距。李济在国学研究院任教的时间和精力有限，分得一个"讲师"身份，与学问深浅无关。李济的主要精力在考古。考古是那个年代的新名词。李济在哈佛就读的博士专业为世人所不知的人类学，硕士期间，他在麻省克拉克大学攻读心理学和社会学、人口学，这些学问为他日后成为人类学家、中国现代考古学家、中国考古学之父奠定了坚实的基础。

李济在国外留学时，在"自撰简历"的最后写道："要是有机会，还想去新疆、青海、西藏、印度、波斯去刨坟掘墓、断碑寻古迹，找些人家不要的古董来寻绎中国人的原始出来。"有梦的青年，才是有为的青年，果不其然，中国第一个考古学家就这样炼成了。

1926 年，李济主持山西夏县西阴村仰韶文化遗址发掘，成为第一位挖掘考古遗址的中国学者。1928—1937 年，李济主持了震惊世界的河南安阳殷墟发掘，使殷商文化由传说变为信史，并由此将中国的历史向前推移了数百年。1930 年，他主持济南龙山镇城子崖遗址发掘，让龙山文化呈现于世人面前。

如今，仰韶文化、龙山文化和殷商文化已成为中国远古历史的标志性术语，这里面的丰功伟绩，都离不开李济博士。可悲的是，现代大多数人对李济这位历史巨人竟然闻所未闻。

这样的学术巨子，岳南在《南渡北归》中给了他较大的篇幅，浓笔重彩地描绘了他考古的艰辛和成就。如果你对考古感兴趣，千万别忘了读读李济。

赵元任和李济，都是陈寅恪要好的朋友，他们情谊深厚，英雄惜英雄，不是简单的同事关系。和赵元任、李济比较起来，同为"海归"、学问同样高深莫测但没有遮羞布的陈寅恪只能寒伧地来到清华国学院。

陈寅恪的学术研究，始于清华，一切都来得那么迟，那么猛，这一年，他 36 岁。所谓"不飞则已，一飞冲天；不鸣则已，一鸣惊人"，陈寅恪是也。傅斯年惊叹："陈先生的学问，近三百年来一人而已！"

1926 年 7 月，陈寅恪走上清华讲堂。他一上课，出手不凡，绝活是"西人之东方学之目录学"和"梵文——《金刚经》之研究"两门，指导学生研究的学科，竟然是"年历学""古代碑志与外族有关系者之研究""摩尼教经典回纥译文之研究""佛教经典各种文字译本之比较研究""蒙古、满洲书籍及碑志与历史有关系者之研究"等，玄之又玄，学生们望而生畏了，普通教授们都去流虚汗了。

庄子有句话："水之积也不厚，则其负大舟也无力。"陈寅恪积累的岂止是普通的水？分明是汪洋大海。

陈寅恪太厉害了！他对宗教、历史、语言、人类学、校勘学等均有独到的研究和著述，思想深邃，又挑战自己，不断更新知识。传说，他曾大胆向学生宣告"四不讲"："前人讲过的，我不讲；近人讲过的，我不讲；外国人讲过的，我不讲；我自己过去讲过的，也不讲。现在只讲未曾有人讲过的。"

纵观古今，天下之大，能做到这"四不讲"中任意"一不讲"的能有几人呢？正因为他学识的浩瀚无际，许多著名教授，像朱自清、冯友兰、吴宓、北大的德国汉学家钢和泰等都风雨无阻地来听他的课，他也不推辞，大摇大摆地当起了"教授之教授"。

国学研究院解散后，陈寅恪被聘为中文、历史两系教授，成为清华大学唯一的"两系教授"，又被北大抢去兼课，名动一时。

他的研究领域不断拓宽，开设"佛经翻译文学""唐诗研究""《世说新语》研究""魏晋南北朝史研究""隋唐五代史研究"等课程。

清华时代，是陈寅恪一生学术事业最辉煌、身心最自由的时期，他活得有思想，也活得快乐、充实，是他一辈子难得的美好记忆。

陈寅恪常年漂泊在外，用心苦读，无暇顾及个人事情。他"愿意有个家，但不愿成家"，故而不愿住在清华工字厅的单身宿舍，而与赵元任夫妇一起住在南院，在赵家搭伙吃饭。

时间久了，赵元任夫人杨步伟累了，都是高级知识分子，天天管你吃吃喝喝，凭什么啊？再好的朋友，也应该有自己的家啊！禁不住暗示他："寅恪，这样下去总不是事。"陈寅恪倒逍遥自在，想将"电灯泡"当到底。这时，赵元任来了，打抱不平："你不能让我太太老管两个家啊！"

这家伙不"识趣"得很，竟然拿出霍去病的气魄："匈奴未灭，何以家为？"赵元任夫妇可急了，这"铿锵三人行"的日子，何时是一个尽头呢？最当紧的事，莫过于把他"嫁"出门。

说来有缘，做媒的对象是台湾巡抚唐景崧的孙女唐筼。唐景崧是历史名人，甲午海战失败，中日签订马关条约，割台湾给日本，唐景崧拒不受命，宣布成立"台湾民主国"，自任总统，组织军队和义勇军与日对抗。

陈寅恪有个舅舅俞明震，非常有名，进士出身，是唐景崧的亲密战友，内务大臣，抗日失败后，与其同渡厦门。

小时候，陈寅恪从舅舅那里听说过唐景崧，很仰慕唐景崧的骨气。等到陈寅恪在体育老师唐筼家里欣赏诗词字画的时候，才发现唐筼是唐景崧孙女，两人一见如故，一见钟情，就在情理之中了。

陈寅恪祖父陈宝箴晚岁执政湖南，唐筼祖父唐景崧理政台湾，同为巡抚，省部级高官，双方家庭算是世家，两人结合更可谓门当户对。对崇尚中国传统文化的陈寅恪来说，唐筼闯进他的怀里来，岂一个"喜"字了得？

又加上胡适的父亲和许地山的父亲同为唐景崧的部下，陈寅恪与胡适、许地山情同手足。1940年，蔡元培去世，中央研究院院长空缺，胡适身在美国，亦是候选人之一，深居简出的陈寅恪不远千里，来重庆，公开宣称就为胡适投上神圣一票。陈寅恪沦陷香港期间，许地山给予了他很大帮助，让他终于度过了最艰难的岁月。

陈寅恪长女流求、次女小彭、三女美延，没有用陈家的字辈取名。想来应该是对妻子的尊重，长女用台湾的别称流求命名，次女用台湾临近岛屿澎湖列岛，取名小彭，意在纪念唐筼的祖父，是能够肯定的。至于美延之名的由来，我无力证明。

1969 年 10 月 7 日，陈寅恪在凄风苦雨中离开人间，45 天后，唐筼撒手人寰，追随陈寅恪而去，怕他在天国寂寞。陈去世后，唐筼曾对人说："待料理完寅恪的事，我也该去了。"这就是真命鸳鸯的天数！

陈寅恪遇上唐筼，是陈寅恪的幸运，更是中国文化界的幸运。唐筼是陈寅恪的精神支柱，红颜知己，没有唐筼，或许真没有一生傲岸而不屈服的陈寅恪。

清华国学研究院的性命不长，与两位导师的相继离世有关，1927 年，王国维沉湖自杀，1929 年，梁启超病故，四根顶天柱倒了两根，国学院岂能立挺？牛人傅斯年瞅准机会，把赵元任、陈寅恪、李济挖到自己麾下，特赦赵、陈兼课，从此，史语所天下无敌。

关于王国维的沉湖自杀，陈寅恪认为，1924 年冯玉祥逼宫是侮辱，王在遗书中说"义不再辱"，是不想第二次受冯玉祥之辱，支持"殉清"说。后来，陈寅恪作《王观堂先生挽词》，在序中第一次提出"殉文化"说。

陈寅恪这样解读他的"殉文化"说："凡一种文化值衰落之时，为此文化所化之人，必感苦痛，其表现此文化之程量愈宏，则其受之苦痛愈甚；迨既达极深之度，殆非出于自杀无以求一己之心安而义尽也。""盖今日之赤县神州值数千年未有之巨劫奇变，劫尽变穷，则以文化精神所凝聚之人，安得不与之共命同尽，此观堂先生所以不得不死，遂为天下后世极哀而深惜者也。"

王国维有"书籍可托陈、吴二先生处理"的遗言，王国维临终把陈寅恪当成知己，而陈寅恪情可以堪？"唯有泪千行"啊！

"高山流水，知音难觅。"陈寅恪遇到王国维，便引之为师为友，坚信自己的感觉，独树一帜，认为王国维是为文化而死的。从此，《广陵散》绝矣！

当王国维纪念碑在清华园落成的时候，陈寅恪再以悲天悯人的大情怀、大心愿，为其写了光照千秋、永垂不朽的碑文，赞扬王国维的"独立之精神，自由之思想""历千万祀，与天壤而同久，共三光而永光"。

陈寅恪为王国维撰写的碑文，是王国维的精神写照，更是陈寅恪与王国维心灵的对话。1953 年，汪篯揣着郭沫若的亲笔信来劝说陈寅恪，他一身硬骨头，毫不服软，再次提起王国维的这碑文：

> 碑文你带去给郭沫若看。郭沫若在日本曾看到我的王国维诗。碑是否还在，我不知道。如果做得不好，可以打掉，请郭沫若做，也许更好。郭沫若是甲骨文专家，是"四堂"之一，也许更懂得王国维的学说。那么我就做韩愈，郭沫若就做段文昌，如果有人再做诗，他就做李商隐也很好。我的碑文已流传出去，不会湮没。

王国维的死，陈寅恪几十年难忘，追随的心志不改，这就是倔强而真实的陈寅恪！

与其说"独立之精神，自由之思想"是王国维的品格特质，倒不如说是陈寅恪用一生来追求的学术境界和思想高度。事隔几十年后，这十个字成了陈寅恪的墓志铭，题写者黄永玉。

清华十一年，陈寅恪的学术环境是自由的，是学术的勃发期，身心为之愉悦，他在《中央研究院历史研究所集刊》《清华学报》等刊物上发表了四五十篇极有分量的论文，成为享誉海内外博学而有见地的史学家。

## 颠沛流离的战乱苦旅

1937 年，卢沟桥的炮声打破了中国人的迷梦，中国军队不堪一击，京津沦陷。我到过卢沟桥，溜过宛平县城，城墙犹在，弹孔宛存，心灵的震撼不堪言说，它无时无刻不在昭示着这段悲壮而又不忍直视的历史。

覆巢之下无完卵，恓惶之中，逃，逃，逃，逃才是唯一的出路，逃得过，就有命，再有名的大师，性命亦如蝼蚁，顾不得优雅，管不了风度，三十六计走为上计。

陈寅恪来不及处理完父亲的丧事，急着夺门而逃，匆匆忙忙，前颠后倒，挈妇将雏，大包小包，北京、长沙、桂林、蒙自、昆明，一路狂奔，此处不留爷，自有留爷处，幸亏有西南联大师生和史语所同仁做伴，他才冒着敌人的炮火奔到昆明。

惊魂甫定，长沙那边即传来惨痛消息：寄存的书，大箱大箱地随着战火当风扬其灰了。陈寅恪一听，欲哭无泪，他知道，悲苦命运开始了，挡也挡不住！书是读书人的粮食，犹如战士手里的钢枪，枪丢了，有再发的时候，书丢了，就不能再回来了。读书人丢书，丢的是立身之本，丢的是第二生命。这些书来得不寻常，专业性强，来得远，日本、美国、欧洲，在国内无论如何是买不到的，其间的辛酸只有嗜书如命的人才能体会到。

屋漏偏遭连夜雨，书生经不住折腾，双双病倒，互相支撑，初步尝试到相濡以沫的滋味，苦痛无以言说，唯有潸然泪下。

战乱的岁月啊，偏居一隅的昆明，也放不下一张安静的书桌，敌机狂轰滥炸，警报声起，陈寅恪拖着病体，跑不动，肥胖的傅斯年来帮忙，常常死里逃生。读书人急中生智，请人挖了一个大土坑，上面盖着木板，警报一响，搬把椅子坐进这特制的"防空洞"，还自嘲为"闻机而坐，入土为安"。

历经战乱奔逃、书籍被焚之苦，陈寅恪情绪低落，万般苦楚，一言难尽，无人能解。家中可怜的妻女，眼巴巴地望着这位傲岸的书生，希望能找到生命的力量。可是，祸不单行，陈寅恪读书太勤，伤了眼睛，眼睛开始反抗了，右眼走向失明，左眼视力模糊起来。你想，一个学人，以书为伴，如果眼睛不给力，生命的价值又如何体现呢？

陈寅恪的书生梦还长着呢，他要靠这双眼睛去打开更多的知识之窗！

1939 年春，牛津大学向陈寅恪伸来了橄榄枝，聘请他为汉学教授。这是牛津大学建校三百多年来第一次聘请中国学者为专职教授。同年，陈寅恪当选为英国皇家学会通讯院士。即便如此，陈寅恪也心如止水，他不想离开战乱中的中国，誓与哭泣中的中国同呼吸共命运，曾两度辞谢。

在病情加重、生活处境更加困难的情况下，唐筼滞留在香港患心脏病，夫妻无法团聚，先生的左眼视力越来越差，到英国可以借机治疗，牛津那边随时准备迎接这位病苦中的文化巨人。

陈寅恪满怀希望来到香港，等船赴英。可惜，天不遂人愿，人皆有情，战争无情，欧洲的战火在蔓延，烧到了地中海，船只绕不过去了，一等再等，陈寅恪的船，只存在那飘渺的梦中。

在这样的环境里，陈寅恪没忘记学术。经许地山推荐，陈寅恪当上了香港大学教授。许地山病逝后，陈寅恪接任港大中文系主任，并以惊人的毅力，克服物质和精神的双重困难，完成了他一生中最重要的著作之一《唐代政治史述论稿》，这就是不屈的书生陈寅恪。

在"珍珠港事件"爆发的同日上午，日军开始陆空并用，集中兵力攻击港岛。陈寅恪等船事小，被陷香港事大，这一去，一家困在了香港。

就在香港面临灭顶之灾的时候，国内高层在部署抢运政府要员和文化精英。傅斯年为抢救陈寅恪归国，忙得上蹿下跳，终于让陈寅恪接到政府密电，务必抓住最后一线生机，乘坐最后一架特派专机回重庆。

12 月 18 日，陈寅恪携家带口匆忙赶到机场，却被无情得挡在圈外。不要说一介书生，就连国民党元老廖仲恺夫人何香凝、国民政府监察院副院长许崇智、研究院故院长蔡元培夫人和文化大佬郭沫若、茅盾等均在圈外之列。

人在生死攸关的时候，命皆如微尘，哪管你高官还是巨人呢？逃命，逃命，逃出去才是硬道理。这政府最后一架救命的飞机，是大家的救命稻草，得之我幸，不得我命。

一幕登机争夺战，在香港机场拉开了序幕，令人触目惊心，而我们的陈先生是不在其中的，连观赏的权利也没有。

你看，这飞机明明是政府特派救人的，而到了机场，谁也做不了主，被孔祥熙的二小姐孔令俊捷足先登，据为己有。她不男不女的装扮，腰里别着手枪，忙着安排自己的高级马桶、香料板床、宠物狗狗、保姆娭毑、随从保镖等等入座，全然不顾党国要人和文化巨子的安危！

这时，国民党中央常委、一级陆军上将陈济棠来了，他拿着政府令，带着保镖，急匆匆赶来登机。等到这堂堂"南天王"陈济棠入机来，发现座位被宠物狗占了，自己这粤军统帅没被放在眼里，怒不可遏，当场对孔二小姐大加斥骂。想不到，这孔二小姐听不得任何人摆谱，我爸是孔祥熙，你知道吗？你个常委算个球，"南天王"算个鸟，还装什么长辈？嗖的一声，她从腰间拔出左轮手枪，直抵陈济棠的脑门，大声一喝："滚下去！"

陈方保镖不是吃素的，见主子命悬一线，一个娘们儿，敢在大将军面前如此嚣张，那还了得？当兵的怕谁？你以为我没枪啊？就这样，两方保镖在机舱持枪对峙，各不相让。就在千钧一发之际，陈夫人怕丈夫遭遇不测，忙流着眼泪答应下机，示意同行服输。

可怜这位昔日不可一世、手握重兵、纵横疆场、称霸一方的"南天王"，竟因少带了几个保镖而遭此奇耻大辱，还差点送了老命！

飞机在众人的痛骂和呼叫声中腾空而起，直插烟雾弥漫的天空，甩下一群站在圈外，于凄雨寒风中悲愤交加、捶胸顿足的党国大员和文化名流！

在重庆机场等待已久的党政要员，等来的不是国民党中央常委"南天王"陈济棠，不是许崇智、何香凝，更不是陈寅恪、郭沫若或蔡元培夫人，而是孔祥熙一家的恶少连同携带的老妈子、洋狗、马桶、板床，接机者和新闻记者目瞪口呆。

内地误传来陈寅恪命丧香港的消息，西南联大愤怒了，重庆愤怒了，全国上下愤怒了，声讨孔祥熙、悼念陈寅恪的文字铺天盖地而来！

一场风起云涌的学潮闹腾起来了："著名的史学教授陈寅恪导师，不能乘政府派去香港的飞机离港，命运似不如一条洋狗……"傅斯年暴跳如雷，大声疾呼："杀'飞狗院长'孔祥熙以谢天下。"

蒋介石被这学潮闹得焦头烂额，一方面又不能强压学生，另一方面又恨孔祥熙不争气，专门添堵，但碍于是连襟兄弟，不敢下手，只得派人到处扑火息怒。

日军攻陷香港，到处烧杀掳掠，奸淫少女，时有暴行传出，陈家有三个女孩，为此，唐筼整天战战兢兢，担惊受怕，忙着剪掉女儿的长发，涂黑脸，穿男装，打扮成男孩模样，尽管如此，仍是凶多吉少，暗夜难明啊！

等到香港大学土崩瓦解之际，陈寅恪一家身临绝境，生活无着落。忽然，有人给他家送米送油，来历不明，陈寅恪爱惜羽毛，怕被日本军国主义利用，忙把这些令全家垂涎三尺的"雪中炭"，坚决地扔到了门外，与不受美国救济粮而宁愿饿死的朱自清有得一拼。

有一次，日军端着枪，强占陈寅恪所在居民地，要求居民拎包走人。居民们大恐慌，陈寅恪知道后，不畏生死，下楼交涉，其流利的日语和不凡的气度震慑了日军，日军终于答应延长时日，以留出居民搬迁的空隙。

沦陷的香港，战乱中的人，被驱不异犬与鸡。陈家女儿流求清楚地记得："那天早晨母亲含着眼泪，拿一块淡色布，用毛笔写上家长及孩子的姓名，出生年月日及亲友住址，缝在4岁的小妹美延罩衫大襟上，怕万一被迫出走后失散，盼望有好心人把她收留。如此情景，不仅全家人眼眶湿润，连正在告辞返乡的保姆也哭了。"

1942年，滞留香港的难民太多，日军不得已开始了所谓的内地难民返乡运动，并开放了已经关闭一年的通商口岸。陈寅恪一家，如听敕命，忙拖着病体，取道广州湾，一路逃难，经桂林，任教广西大学，赴李庄，因身染沉疴，不敢停留，直达成都，接受燕京大学（迁到成都）校长梅贻宝（梅贻琦胞弟）的聘请。

困窘的时候，为了生计，有名的部聘双薪教授陈寅恪，卖掉了脚上穿的皮鞋；在政学两界能够呼风唤雨的傅斯年，在李庄的生活，也以喝稀饭、卖书度日。

1944 年 12 月 12 日，这是一个悲情的日子，早晨起来，陈寅恪发现眼前一片黑暗，知道唯一有点作用的左眼出问题了，不能到学校上课，第一件事，忙请大女儿到学校请假。

这时候，唐筼心脏病复发，小女正患病，陈寅恪恐慌不已，咀嚼着人生的悲凉。几天后，陈寅恪到医院就诊，医生诊断，视网膜剥离，必须迅速手术。可惜，手术效果极差，医生警告天天跑来照顾的吴宓，陈寅恪可能要失明，这一消息，不啻为海内外学界的一次震动。

按现在的医学水平，视网膜剥离不是一个难处理的手术，简单快捷，无后遗症。可在 20 世纪 40 年代，情况就不同了，你想想，一个全身心靠研究来激活的大师，眼睛失明意味着什么？

世界在关注这位国际大师的眼睛，牛津大学仍在翘首盼望，汉学教授职位正虚位以待，陈寅恪的心情十分沉重，不甘心自己的眼睛就此失明。

等到抗战胜利，陈寅恪悲欣交集，再次接受牛津大学治疗眼疾和讲学的邀请，会同几个赴英的教授，远涉重洋。英国再次实施手术补救，用电针贴合视网膜，但由于网膜皱在一起，无法复原。

万般无奈之下，一息尚存须努力，陈寅恪向美国的朋友胡适、赵元任伸手，欲赴美国治疗。听闻胡适来信，美国也无良策，陈寅恪情绪低落，黯然神伤，没心思登岸见朋友，只在船上与赵元任夫妇黯然相向。

据赵元任夫人杨步伟回忆："他（陈寅恪）睡在船舱床上，对我说'赵太太，我眼虽看不见你，但是你的样子还像在眼前一样'。这是（我们）最后一次的见面。"此情此景，令赵元任夫妇潸然泪下，也回忆了几十年！

从此，一代国学大师告别身边缤纷多彩的世界，坠入茫无边际的黑暗之中，其悲苦之状令人浩叹。陈寅恪写下"眼昏到此眼昏旋，辜负西来万里缘"之句，表达了自己悲观茫然之心境。

陈寅恪年已 56 岁，刚刚饱尝十年颠沛流离之苦，又兼双眼失明，心中的悲苦，是常人难以想象的。就在陈寅恪海外求医之前，他在写给朋友李济、傅斯年的信中，如此表白过心迹：

> 终日苦昏眩而服药亦难见效，若忽然全瞀，岂不大苦，则生不如死矣。

陈寅恪一语成谶，双目失明是命运的捉弄，是祸躲不过，只留一点感光效能。胡适在美国亦这样哀叹：

> 寅恪遗传甚厚，读书甚细心，工力甚精，为我国史学界一大重镇，今两目都废，真是学术界一大损失。

就在学界扼腕伤痛之余，陈寅恪没有倒下，毅然以坚韧的意志力站起来了，目光如炬，喷射出两束熊熊燃烧的光芒，照亮着万千学人前行的路，这就是世界级大师的伟岸和不屈。

牛人傅斯年，不嫌弃失明的陈大师，把中央研究院史语所历史组主任的位子，擦拭得一尘不染，然后做个请入座的谦恭姿势。正为清华复原奔波的梅贻琦，不甘人后，他深知大学非大楼之谓也，大师之谓也，清华不能没有大师，忙匆匆登门来，恭送教授聘书。

感动之余，陈寅恪选择了重返清华，任了中文、历史两系教授，更兼燕京大学研究院的导师，讲台依然是他魂牵梦绕的地方，只有在这小小的三尺之地，陈寅恪才能焕发出不竭的青春激情。再密切的挚友，再热诚的傅斯年，也只能回馈给无限的失落与惆怅。

清华鉴于他病弱目盲的实际困难，要他休养一段时间，工资照发不误，待遇高标准，但国学大师坚守古训，"无功不受禄"，立志挑战自己，随即找来两名弟子王永兴和汪篯做得力助手，认真开起课来。

在这艰难困苦的环境里，陈寅恪的研究没有停歇，在这两位弟子的帮助下，他以惊人的意志力出版了《隋唐制度渊源论稿》《唐代政治史论稿》《元白诗笺证稿》等著作，其研究的深度和广度又让国内外许多学人大冒虚汗。

学问家，往往只问学术，不问政治，一生追求思想自由、学术独立的陈寅恪更是如此。但是，人世间的事情是不能以你的意志转移而转移的，你不问政治，政治却要来问你。

1948 年底，北平已经不再太平，共产党兵临城下，国民党摧枯拉朽，何去何从，是每一个学人不得不面临的选择。

国民党的"抢运学人"重点在北平，陈寅恪"名属教坊第一部"，国民党的飞机飞来又飞去，陈寅恪却始终不肯走，他不愿与国民党官方沾上任何关系，直等到大学者胡适亲自来接，才一家子飞抵南京。想不到，一下飞机，就受到了王世杰、朱家骅、傅斯年、蒋经国等官方高规格的迎接。更没有想到的是，这一次，竟是他与北京的永诀，从此，陈寅恪没有再踏进这方魂梦牵系的土地。

陈寅恪一家来到南京，在俞大维家过了一晚。他不听胡适、俞大维等朋友到台湾、到香港或到美国的劝说，快刀斩乱麻，立即一路向南，永别了这些真情的挚友，接受私立岭南大学校长陈序经博士之聘约，此后，这潮湿的南国，因为有了这位"巨无霸"而增色不少。

陈寅恪的骨头比鲁迅还硬，能够饱受任何风雨的打击，始终坚挺着"举世皆浊我独清，世人皆醉我独醒"的傲骨，怀抱着"不自由毋宁死"的决心，傲然挺立在士林中，铸成了一棵让人永久仰望的月亮树，哪里寻得着一个微软的骨分子呢？

## 目瞀腿瘸的孤苦晚年

我想，陈寅恪悲情的命运，来自于他从王国维那里吸取来的倔强个性和独立精神。

如果陈寅恪稍微能顺应一下历史潮流，或许，人生就会少些苦痛，可惜，陈寅恪就是陈寅恪，威武不能屈，贫贱不能移，江山易改，禀性难移，可谓"撼山易，撼陈先生难"！

直到现在，还有人看不惯陈寅恪，说他是个"端共产党的碗，骂共产党的娘""端起碗吃肉，放下筷子骂娘"的忘恩负义之徒。如果单从共产党待他的好来说，是有这点嫌疑，但从陈寅恪的精神追求来说，是人们无法走近大师的精神境界。

新中国成立后，陈寅恪的故旧门生，如掌管清华大权的吴晗、叶企孙等，力劝陈寅恪重返清华，而这位陈先生却很淡定，以"畏寒"等不成理由的理由拒绝了。

1952 年，全国高校院系调整，私立的岭南大学收归国有，并入中山大学，校长陈序经贬为普通教授，陈寅恪的自由也随之慢慢失去。

由于陈寅恪崇高的学术地位，人们始终没敢忽视偏居一隅的一代大师，不断传递希望陈北返的信息。早先有中国科学院副院长陶孟和托岭南大学梁方仲投石问路，邀请他任中科院历史所所长。陈寅恪拒绝前往，并写下"催归北客心终怯，久味南烹意可嗟。闭户寻诗亦多事，不如闭眼送生涯"的感伤之句，心境的悲凉和无奈可见一斑。

随着中科院的扩大，历史研究所分一、二、三所，已经拟好郭沫若、陈寅恪、范文澜分别任其所长的决定，万事俱备了。

正在一筹莫展之际，我前面说过的那个北大才子汪篯，勇敢地站出来，毛遂自荐，一副绝不辱使命的架势，大有"不归老师终不还"的雄心壮志。汪篯带着郭沫若、李四光的两封亲笔信，美滋滋地出发了。

汪篯风尘仆仆，从京城赶到广州，和以往一样吃住在老师家，师生见面，亦亲如一家。可惜，这汪篯自信得不靠谱了，根本不理解老师的精神追求，以为一切事情，靠感情就能完成。他忙着激情满怀地给老师"洗脑"，竟然不小心，在老师面前，用了"教育开导的口吻"，汪篯惹火烧身了！陈老师勃然大怒，拍案而起，大骂汪篯"不是我的学生"，马上命令师母唐篔将其扫地出门。如此情势下，汪篯只得灰溜溜地住进了中大招待所。

僵局形成之后，陈寅恪夫人唐篔、好友冼玉清等从中劝说，中大校方竭力挽救和斡旋，陈寅恪终于答应托汪篯给中科院捎一封信，老师口述，学生记录，算作"对科学院的答复"。这封信大胆得惊世骇俗，傲骨铮铮，明显地对远在千里之外的科学院高层进行挑战，我摘录如下：

> 我提出第一条："允许中古史研究所不宗奉马列主义，并不学习政治。"其意就在不要有桎梏，不要先有马列主义的见解，再研究学术，也不要学政治。不止我一人要如此，我要全部的人都如此。我从来不谈政治，与政治决无连涉，和任何党派没有关系。怎样调查也只是这样。
>
> 因此，我又提出第二条："请毛公或刘公给一允许证明书，以作挡

箭牌。"其意是毛公是政治上的最高当局，刘少奇是党的最高负责人。我认为最高当局也应有和我同样的看法，应从我说。否则，就谈不到学术研究。

教授冼玉清劝他不必这样提，他说："我要为学术争自由。我自从作王国维纪念碑铭时，就持学术自由的宗旨，历二十余年而不变。"

学术的独立，思想的自由，是陈寅恪毕生的追求，容不得半点含糊，即使目盲，心地也分明，伟岸风骨丝毫不见减少，这就是永不屈服的陈寅恪！

李白有句诗"古来圣贤皆寂寞"，晚年的陈寅恪就是这样一个寂寞的圣贤。

陈寅恪是"资产阶级大文人"，是"反动学术权威"，"黑云压城城欲摧"，病弱之躯的陈寅恪无处可逃。

随着政治运动一步一步升级，"宅男"陈寅恪的朋友越来越少，心中的孤愤越来越多，封闭的心扉越关越紧，只能常常借用晦涩难懂的古体诗来寄心曲，送给或寄给极少数可以交心的朋友或学生。我们的校友余嘉锡便是这少数的朋友之一。吴宓、向达、郑天挺、陈序经、姜立夫、冼玉清、蒋天枢、周一良、刘节、王永兴、助手黄萱等或许就是他在 20 年孤寂岁月中，获得的一缕缕暖人的阳光。

冼玉清，是画家，著名文献学家，杰出诗人，岭南第一位女博学家。她为岭南文化研究献出毕生精力，在历史文献考据、乡邦掌故溯源、诗词书画创作、金石丛帖鉴藏等方面功昭学林，被誉为"千百年来岭南巾帼无人能出其右"的"不栉进士""岭南才女"。

冼玉清曾任岭南大学（后合并入中山大学）教授，与陈寅恪同事，在研究领域有很多交叉之处，崇尚学术独立与思想自由。

冼玉清一生未嫁，她自称"以事业为丈夫，以学校为家庭，以学生为儿女"，后来，晋升为部聘一级教授，也是"国宝级"的人物。如果说陈寅恪有红颜，冼玉清便是他最难得的"红颜"，不关儿女情怀，为"高山流水"般透彻肺腑的相知。

陈寅恪的倔强，冼玉清懂。冼玉清是陈家常客，陈家阳台是他们谈古论今的天地，每每陈寅恪固执、愤懑得出奇的时候，都是唐筼找来冼玉清劝说。冼玉清与陈家的感情，无论是从所谓阶级、学识、精神，还是从人品、遭遇、观点等方面来说，都是有很深厚基础的。他们是心灵互相依靠的战友，这种伟大而崇高的友谊，是非常难得的。

人间自有真情在，正因为有了冼玉清这样的战友，陈寅恪晚年的生命之光才不至于过分黯淡。

偏居重庆的吴宓，也没有忘了挚友陈寅恪，书信不断。人生暮年，竟然不顾几千里的跋涉和劳顿，只身探望老友，着实激动了陈寅恪。陈寅恪的回信，细致得出奇，絮絮叨叨把到广州后的路线啰唆得不厌其烦，并一再叮嘱白天到达。

等到吴宓到广州的那天，火车遇暴雨，路基被冲毁，火车误点严重，彼此无法联系，陈寅恪焦急得很，早早派女儿女婿到火车站去迎接。而我们的陈寅恪呢？则固执地坐在客厅，等候着老友的到来，忘却了目盲病弱之苦。

深夜12点多，吴宓才见到这位"双目全不能见物""以杖缓步""由小彭搀扶而行"的学界"大鳄"。老友相见，自是一番感慨，一腔热泪。两人推心置腹的交谈，在吴宓的日记里有些体现，半个世纪过去了，这两个文化巨人的真挚情谊依然感动着许多人。

告别之际，吴宓表示一定再来探访，哪知，世事难料，这一次成为陈寅恪与吴宓哈佛同窗以来50年中所见的最后一面。吴宓回去后，泥菩萨过河——自身难保，几欲南下寻友，终不成，但他没有忘记对陈寅恪的思念。1971年，身抱病残之躯的吴宓在接受劳动改造之时，由己及人，念叨着朋友的安危，情不自禁地给中山大学的朋友写信，探听陈寅恪一家的消息，信件泥牛入海。他亦没有料到，此时陈寅恪夫妇双双离世已经一年半。

七年后，即1978年，挨整受怕的吴宓，目盲中神经偶尔错乱，在"我是吴宓教授，请给我水喝，我是吴宓教授，请给我饭吃……"的悲切叫唤声中离开了人世。

朋友们对陈寅恪的支持和关怀，近在眼前的冼玉清是如此，远在天边的吴宓也是这样。限于时间和篇幅，向达、郑天挺、陈序经、姜立夫等好友对陈寅恪的真情，我不再一一赘述。

文化名人，总有一些对他顶礼膜拜的学生，这是为师者永久的骄傲。在陈寅恪众多的优秀弟子中，我总忘不了一位伟大的人物——著名历史学家刘节。

刘节是陈寅恪清华国学研究院的学生，毕业后，几经转折，在20世纪

50 年代初，担任了中山大学历史系主任，成了老师陈寅恪的顶头上司。

据说，这位当时已负盛名并过天命之年的系主任、教授，逢年过节到陈宅看望老师，不仅恭敬地执弟子礼，而且虔诚地行传统的叩头大礼，一丝不苟，旁若无人。老师、师母亦不阻拦，或许，他们觉得真的传人，就该如此保护中国的传统文化。

1958 年，陈寅恪遭受"厚古薄今"的批判，刘节站出来针锋相对，作惊人语："科学是求真，无所谓厚今薄古。""历史的精义也是求真，人类历史之'真'，并无古今截然对立之分，同为人类社会共同的宝贵财富。"这就是坚守真理的刘节。

两天后，中山大学历史系举行声势浩大的批判大会，旨在"敲山震虎"，火力瞄准陈寅恪的"徒子徒孙"，刘节首当其冲。开会前，有人暗示刘节，只要转向批判陈寅恪，他就会顺利过关。

这些人实在小瞧了这位可亲可敬的历史学家，在刘节身上，"真理、师谊、人格"比生命更为重要。刘节在批判会上，发言更加升级，不啻为一个惊天的炸雷："批判（陈寅恪）有如大兴文字狱。清朝乾嘉时代的学者不敢讲现代，只搞考据，因为当时大兴文字狱，讲现代者要砍头……"

结果，我们可想而知，与会者愤怒地认为，刘节已站在敌对的立场上，完全与人民为敌……

刘节，不愧为陈寅恪的真弟子，一脉相传，我禁不住要为他大大地点赞。"岁寒然后知松柏之后凋也"，此之谓也。

"学术之独立""思想之自由"，这是陈门弟子用生命恪守的学者风范。此前，当胡适的儿子与父亲划清界限，知识界齐斗胡适之时，刘节公开表示："批胡适搞坏了学风，百年后自有定论。""大跃进"时，有人问他意见，他明目张胆地说："什么人人大跃进，人人意气风发，人人'一起发疯'倒是真。"

"文革"来了，陈寅恪的灭顶之灾不可避免，眼睛瞎了，腿也瘸了，红卫兵们都不放过他，坚持用板车拖他去批斗，师母唐篔出来阻拦，被推翻在地。这时候，刘节来了，表示要批要剐，他愿意代老师挨斗。会上，有人问他，代老师挨斗有何感想，刘节仰头答："我能代表老师挨批斗感到很光荣。"得到的是一顿暴打。

你要知道，这是在 1968 年，陈寅恪"譬如在死囚牢里"，刘节年已 67

岁，以老病之躯为老师抵挡拳棒，这就是名如其人，有气节，有"殉道"精神的刘节！

除刘节外，蒋天枢、周一良、王永兴等陈氏弟子也有动人故事，在此处我只好忍痛割爱了。

作为老师，最痛苦的事莫过于自己喜爱的学生背叛了自己，陈寅恪就经受过这样极大的刺激。陈寅恪出离愤怒，向校方提出两个要求：一、坚决不再开课；二、马上办理退休手续，搬出学校。

1958 年 7 月，中大历史系召开了批判资产阶级历史学大会，矛头直指陈寅恪。陈寅恪被描画成非常可笑的"假权威""伪科学"，甚至被学生说成"误人子弟"。在这乱箭乱枪中，让他痛得滴血的，还是他的学生金应熙。

金应熙，一个公认才华横溢的人，官僚家庭出身，在香港大学读书时，绝对的学霸，考试常常第一名，被誉为港大"四大天王"之一。金应熙是文史系主任许地山的高足，以至于 20 年之后，金应熙还表示，等到香港回归，他要回港大读完许老师的全部遗著，在宗教史上有所建树，以报答师恩。

等到陈寅恪来港大当客座教授时，许地山把金应熙介绍给了他，金应熙即有了陈寅恪弟子一说。陈寅恪、许地山的治学精神对金应熙影响很大，有学者预言，如果金应熙专心追随陈寅恪，历史也许将是另外一番样子。但历史没有"如果"，要作为党员干部的金应熙追随"资产阶级史学权威"，这简直是天大的笑话。

陈寅恪曾说，他最好的学生还是共产党（员）的学生。不知道金应熙是否属于这"最好"中的一员？

与众多的港大同学相比，金应熙是个真学者，同学们大学毕业后，或经商，或从政，只有这位公认的才子终身从事清贫的学术研究。从读书与治史的趣味来看，金应熙与陈寅恪有不少相似之处。

金应熙记忆力惊人，懂三四门外语，博览群书，学识渊博。20 世纪 50 年代，能听懂陈寅恪课的人，寥若晨星，为什么呢？做他的学生，最起码的条件便是熟读《全唐文》和《全唐诗》，陈寅恪讲课，常常随手引来提问，令学识不深厚者直冒冷汗。当年，中大历史系超过北大历史系，就是因为有这大师和这大师的一批弟子在。那时候，有人问金应熙懂多少首唐诗，金淡然地说"大概两万多首"，也没有任何人怀疑。

俗话说："山不转水在转。"这话真极了，历史的巧遇无处不在。金应熙大学毕业后，在澳门等地过了几年自由撰稿人的生活，1945 年，转到岭南大学任讲师，几年后，陈寅恪老师来岭南，与这学生异地重逢了。

新中国成立后，金应熙入了党，作为大学出名的才子，曾被调进广州市委宣传部，当了干事，三年后，又被中大抢了回来，年纪轻轻做了副教授，不久，又被升为系副主任、系党总支副书记，从此，金应熙失去了学人应有的"宁静致远"的治学心境。

据金应熙的学生回忆，金老师上课，深入浅出，博古通今，"金粉"不计其数。金老师是"大好人"，无架子，甘做人梯，的确算一位非常优秀的教师。多年后，后学者非常怀念这位博学多才的教师。

1958 年，正在北京开会的金应熙，风闻有了"最高层"的密旨，北大历史系准备批判陈寅恪。喜欢"跟风"的金应熙，忘记了师恩，回广州便连夜组织对陈寅恪的批判，并且亲当"刀笔吏"。这一年，金应熙 39 岁，陈寅恪 68 岁。

这年 10 月，金应熙在广东理论刊物《理论与实践》上，发表洋洋洒洒一万言的论文《批判陈寅恪先生的唯心主义和形而上学的史学方法》。陈寅恪听读后，勃然大怒，说"永远不让金应熙进家门"。对于一生最重品行、重操守的陈寅恪来说，没有什么伤害比此事来得更痛心。

运动风头过后，金应熙在陈序经的带领下，来陈家负荆请罪，用了最传统的方式——跪在老师面前请求宽恕，请求还做陈的学生。陈寅恪不改初衷，淡淡一句："你走吧，免我误人子弟！"

可惜啊，一代学人，被政治冲昏了头脑，毁了自家学术前程。更可惜啊，一代大师陈寅恪，从此告别教坛，躲进书斋，在历史的故纸堆里，寻找他难遇的红粉知己。而那陈家阳台的特殊教室，终不见了求知若渴的学子！

在中山大学，陈寅恪是学术高峰的一个标志，凡到中大的达官贵人、学者名流，能登进陈宅门，就是一种无比的骄傲和幸福。

自古以来，都是领导接见布衣，而我们的陈寅恪，一介书生，颠倒过来，成了布衣接见领导。当年，康生红极一时，为毛泽东的"贴身秘书"，是举国公认的大才子，阅读广泛，文笔极好，书画俱佳，艺术品位高，大奸大恶还没有暴露。这样的人物，习惯中，只接到无尽的谄笑和奉承，想不到，到了中大，却吃了这糟老头子的"闭门羹"，碰了第一颗软钉子，又不敢发作，只得在讨论陈著《论〈再生缘〉》出版事宜时，轻飘飘来一句顶一万句的反对意见。

陈毅、陶铸、胡乔木、周扬等中央领导人，都先后去看望过陈寅恪，但获得的礼遇有所不同。陈毅和陶铸，虽然不是严格意义上的读书人，但文人气质浓，如陈毅的诗《梅岭三章》《青松》，陶铸的散文《松树的风格》，都曾选入中小学语文教材。陈寅恪与他们的相见，谈得来，很敬重，甚至给陈寅恪"肃然起敬"的感觉，陈毅和陶铸也引以为傲。

胡乔木，毛泽东又一位秘书，曾是清华学子。1962年，在陶铸的陪同下，他以学生见老师的礼节走到陈寅恪跟前，陈寅恪剑指国家经济困难："为何出现了那么多失误？为何弄到经济如此困难？"胡乔木小心解释，恭敬作答。当陈寅恪问他的著作何以迟迟不能出版，以八字发问"盖棺有期，出版无日"，胡乔木当即表态："出版有期，盖棺尚远。"胡乔木在陈寅恪面前，忘了官位，只有师生。

周扬的待遇比康生稍好，看了陈序经的面子，陈寅恪的态度是挑战式的，见面后就争论起来，弄得辩才多学的周扬几无招架之力，但总算见了一面，周扬很高兴，只是感觉陈寅恪"有点怪"。

陈寅恪待人的态度与党派无关，与地位无关，只与道德、人品、气节等有关。

郭沫若更知道陈寅恪的分量，1958年6月，郭沫若在《人民日报》发表文章，公开宣战陈寅恪，"在史学研究方面，我们在不长的时期内，就在资料占有上也要超过陈寅恪"，出现一阵学术上"大跃进"的笑话，给全国"批评陈寅恪的运动"火上浇油。

1961年3月，郭沫若南下广州休养，特意拜访了老对手陈寅恪，或许想表示和解。郭沫若姿态高傲，吟出上联"壬水庚金龙虎斗"，陈寅恪巧妙对出下联"郭聋陈瞽马牛风"表达心志，郭沫若深表感动和愧疚。

这副对联，非常有情味，我解释一下，来解其中味。

郭沫若的上联，暗含玄机，既有自嘲，又有显摆。他巧妙地将陈寅恪与自己的生辰、生肖之属和五行镶嵌在联中：郭沫若壬辰年出生，属龙，壬为水；陈寅恪庚寅年出生，属虎，庚为金。大意可以这样理解：我们俩啊，一个属龙，一个属虎，一个是"马克思主义史学代表"，一个是"资产阶级史学代表"，我们的见面还是一场龙虎斗吗？你这昔日"教授中的教授"啊，如今不过为一孤独的在野士人。我呢？你看怎样呢？我们俩还是和好如初吧！

你猜，这陈寅恪答语又如何呢？会败下阵来吗？我固执地认为，这大师的境界，就是如日中天的郭沫若，也无论如何达不到的。

郭聋子啊，陈瞎子，我们两个都是老头子了，我和你曾经斗过吗？我们还会继续斗下去吗？这简直是个天大的笑话，真是风马牛不相及啊！

就这样，陈寅恪一句下联，把如风的往事像蜘蛛丝一般地抹掉，轻淡得像没有发生任何事情一样。

为此，在经济特别困难时期，郭沫若给陈寅恪解决了稿纸问题。据说，20世纪60年代，这两个阵线分明的史学大师另有几次相见，郭沫若有日记记载。

陈寅恪与郭沫若的友谊是真诚的，如果去掉政治上多方面的因素，仅靠学术上的纽带联系，他们之间的友情就有着旁人无法企及的深厚基础。在史学研究领域，陈寅恪是伟大的，郭沫若同样也是伟大的。

1962年7月，72岁的陈寅恪不慎摔倒在自家浴盆里，右腿股骨颈折断，因年老病弱，不能手术治疗，只能采取保守的物理疗法。这事情，引起了广东省委甚至中央的高度重视，陶铸特意给他安排了三名护士。尽管如此，陈寅恪的悲情命运已无法挽回。

先夺其目，再夺其足，陈寅恪顿觉人生的悲苦，他十分悲观地说："一个人没有了眼睛，等于没有了百分之五十的生命，没有了腿，等于连另外的百分之五十也少了一半。"甚至对护士他也这样悲切地交代："如我生命终结之时，你们还在我身边护理，你们一定要制止医生们抢救我，不要延长我的生命，不要延长我的痛苦。"他未能料到，这样的生命又延长7年，更悲切的是，最后3年竟然生不如死！

陈寅恪就是陈寅恪，悲观过后，依然是晴天。在助手黄萱的帮助下，他以惊人的意志力和毅力，躲开政治风云，把自己的人生命运寄托在两位历史红颜中，继《论〈再生缘〉》之后，写下洋洋洒洒八十万字的文言大著《柳如是别传》，回首平生沧桑世事留下《寒柳堂记梦》残本。

"文革"伊始，陶铸第一个想到的就是这位"避世独存"的病残老人，指示"批评要报中央"。旋即，陶铸被揪上"斗鬼台"，一切关照皆如梦幻泡影。

1966年7月，中山大学的大字报正式"火烧"这位风烛残年的老人，造反派们瞄准了这位重量级的人物。陈寅恪所受的沉重打击，一言难尽：被断药物供应，被停工资待遇，被恶毒咒骂，被交代罪行，被人代替挨斗，被划清界限，被赶出住地，被高音炮轰，被吓尿裤子，被震破耳膜……这一桩桩的旧事，件件是悲惨的境遇，我实在不忍详述。

陈寅恪在生命的最后时刻，始终保持着人的"尊严"，没有精神崩溃。他的病弱夫人唐筼也始终和他战斗在一起，是他强有力的支撑。唐筼多次心脏病发作，濒临死亡，陈寅恪以为夫人会先他而去，曾预挽爱妻："涕泣对牛衣，卅载都成肠断史；废残难豹隐，九泉稍待眼枯人。"这对相濡以沫四十年的苦难夫妻，随时都做好了生死离别的准备。去世前夕，陈寅恪瘦得不成人样，一语不发，唯有眼角不断流泪……

1969 年 10 月 7 日凌晨 5 时，一代鸿儒含冤而逝，45 天后，唐筼撒手人寰，随夫去了，没有卷起尘世的任何风沙。

他们的骨灰飘零了 34 年，直到 2003 年，才合葬于江西庐山植物园（陈家侄儿曾管理的天地），一代大师终于入土为安了。

书画家黄永玉，为纪念陈寅恪傲岸不屈的风骨，在墓碑旁的一大石上镌刻上"独立之精神，自由之思想"几个大字，以昭示世人。

陈寅恪走了，他给中国文化留下的财富，犹如一座尚未充分挖掘的矿藏，在历史学、宗教学、语言学、考据学、文化学以及中国古典文学等领域，永远闪耀着迷人的异彩。同样，陈寅恪给中国文化留下的巨大空寂，在相当长的未来时期也难以弥补，我们唯有谛听着他渐行渐远的空谷足音，徒留无限的感伤……

# 胡适：民主自由的文化领袖

多年来，在中国大陆思想和文化的天空中，几代人只仰望着一面永远不倒的旗帜——鲁迅，却有意忽视着另一个永远无法击垮的文化领袖——胡适。

今天，我站在这里自由地给大家讲胡适，不能不说是一件非常幸福的事情。当然，年轻的你们感受不到。

我读高中的时候，曾在一个同学的留言本上看到一句"轻轻的我走了，正如我轻轻的来"，我好佩服这位留字的同学，仅仅用几个极为通俗的字，写出了极不平凡的情韵。要知道，在当时，我不知道中国有个徐志摩！

奇怪吗？我承认，身处蛮荒之地的我们，没有你们的广闻博见，难免孤陋寡闻；不过，那个年代，作为"资产阶级反动文人"的徐志摩，尽管才华横溢，无论如何也挤不进中小学教材和大众化书籍的，他的"公众知名度"实在太低。

徐志摩尚且如此，何况是被扣着"反革命""汉奸""走狗""卖国贼"等帽子的胡适呢？如果时光倒流几十年，你要讲胡适的话，只能放肆地批他，骂他，什么恶毒的语言都可以，但绝对不能像我今天这样来讲胡适。

20世纪50年代初期，胡适成了中国大陆头号被批判的"反动文人"。一时，"胡适思想批判"的大运动在全国风起云涌。

滑稽的是，此时的胡适早已旅居美国，天天隔岸观火斗，翻阅着攻击他的"奉命"文字，绝不相信他的亲人、朋友和学生会出卖他，会对他口诛笔伐，仅仅一笑了之。

中国曾出版了一套《胡适思想批判》的文集，厚厚的八大本。有人说，这套书，能认真把它读完的，可能只有胡适自己。是鄙夷，还是嘲笑？随你猜！

不过，在这场运动中，最糟殃的要算胡思杜了。胡思杜是胡适的小儿子，父母离开北平时，他坚持留在北平。运动来了，首当其冲当然是胡思杜，谁要你是胡适的儿子呢？

这个胡思杜啊，自有他的御人招数。运动一开始，他就非常积极，立马与这个"十恶不赦"的父亲一刀两断，并公开发表文章《对我父亲——胡适的批判》。

在文章中，胡思杜撕破了父子的脸面，痛骂父亲是"反动阶级的忠臣""人民的敌人"，更是"我自己的敌人"，指责父亲"出卖人民利益"，"蒙蔽人民"，"助肥四大家族"，"某心为美国服务"，表示要在父亲的问题上"划分敌我"。身在美国的父亲，看到美国《纽约时报》上的这篇文章，依然是胡适式的微笑："儿子被人蛊惑了。"

在那激情燃烧的岁月，胡思杜的积极态度是无法熄灭人们怒火的。1957年反右，胡思杜在劫难逃，"右派"帽子不是你想甩就能甩掉的，他多次被拉出去示众，接受革命群众的批斗。羞辱和恐惧之余，他上吊自杀，用当时时髦的话说，是"自绝于人民"。

因为是胡适的儿子，胡思杜一直没交上女朋友，自杀的时候，三十老几的人了，是可怜兮兮的"单身狗"。他一直努力工作，尽量乐观，希望能被新社会容纳。

更悲剧的是，胡思杜自杀的消息，从香港传给了胡适，胡适始终不敢相信他的儿子死了，遗嘱里依然给这小儿子留了遗产。直到1980年11月，也就是胡思杜死后23年，胡思杜才被组织重新审查，以错划右派而平反昭雪……

一个时代的悲剧已经结束，胡适骄傲而又无奈地蹚过了历史的烟云向我们潇洒地走来。

我想说："男神"胡适，是任何政治、任何时代的风云都不能埋没其光华的。其民主自由之声，犹如天籁，永远会在飘渺无际的天空中悄然回响，只要你静心仰望，就一定能听见。

我的教育"偶像"李镇西这样说："只要中国人对自由、民主、理性、科学的追求不死，胡适思想就有它不死的时代意义。"

学者熊培云如是说："错过胡适，中国错过了100年。"

## 儒雅温和的书生本色

在我的第一感觉里，"胡适"这两个字，扑面而来的是"书生"气息，接着飘来的就是温文尔雅。

胡适祖居安徽绩溪县上庄。祖父做茶叶生意，在上海有分店，富有，但算不上土豪。父亲胡传是秀才，字铁花，后来以贡生身份出来做官，官也不大，做到县太爷一级，曾调台湾。

胡适曾倡导用文学的笔调来写传记，他身先士卒，写了一本《四十自述》，开篇《我的母亲的订婚》即用小说的笔调，叙写母亲嫁给父亲的故事。我读起来，总有一种沈从文笔下的湘西风味：山野清新，民风淳朴，人情美好。可惜，这种笔调，胡适坚持不下去，第二篇《九年的家乡教育》就换了笔头。

胡适母亲冯顺弟，多么土的名字啊，你读读，"顺弟顺弟"，顺便带个弟弟。顺弟出生前，父母想的是掌门人，出生后，还是寄个希望。这顺弟啊，出身贫寒，标准的农家女孩。

一个简单而贫苦的村姑，何以嫁给了县太爷呢？这事，我告诉你以后，就不奇怪了。县太爷中年第二次丧偶，心虚了，在台湾写家信，想找一个壮实的农家女来续弦。有好事者帮忙游说，于是，17岁的冯顺弟嫁给了47岁的胡传，做了填房。

1894年，甲午海战，中国失败，割台湾给日本，台湾民众在台湾巡抚唐景崧的领导下，建"台湾民主国"反抗，胡传随老将刘永福立志报国，竟以书生作战，因脚气病发，被护送到厦门，于1895年夏天去世。

是时，胡适母子离台回家才五个月，胡适三岁零八个月，母亲不到23岁。

又是典型的孤儿寡母，在大家庭里，难得说上话，幸好顺弟脾气温和，一家子也不至于闹出大的矛盾，胡适兄弟之间还能和睦相处。

胡适曾经这样著文："如果我学得了一丝一毫的好脾气，如果我学得了一点点待人接物的和气，如果我宽恕人，体谅人——我都得感谢我的慈母。"

一个伟大的人物背后，必有一个伟大的母亲，孤儿寡母尤甚。古有孔子、孟子、王维、欧阳修，近有胡适、李叔同……

胡传去世前，给顺弟和四个儿子都留下遗言，说胡适天资聪明，一定要他读书。这就是胡适从父亲那里拿到的"尚方宝剑"，日后得以读书成人。

胡适母子在台湾时，胡传教他们母子识字，小胡适一下子识得 700 多字。胡传对这个么儿很看重，认定他是个读书的高手，可谓"知子莫若父"，"三岁看老"的本领算是学到家了！

母亲视父亲为偶像，极尽崇拜之能事，偶像已逝，希望就寄托在偶像的亲骨肉上。

母亲对胡适的管教极严，她全然不懂现代的赏识教育，只牢记"棍棍棒棒出好人"的古训。顺弟的教子，常在夜深人静后，在胡传的遗像下，罚跪，责骂，拧肉，逼着胡适学他老子的志气。

胡适读书，从读父亲的文字开始，父亲留下来的四言韵文《学为人诗》《原学》便是教材。父亲的世界，他虽然不懂，情感倒是贴心。文字有了特殊的情感，还能不亲近吗？还能不学有所成吗？

胡适后来在一篇长文《我的信仰》里，第一句无不骄傲地说："我父胡传，是一位学者，也是一个意志坚强，有行政才干的人。"这就是所谓"亲其父，信其道"者也！

年少的胡适，因为喜爱读书，身体瘦弱，举止文绉绉，像个小先生，村里人称"糜先生"（原名嗣糜）。一次，小胡适在家门口和小伙伴们掷铜钱玩，一位路过的长辈见了笑道："糜先生也掷铜钱吗？"胡适一听，羞得面红耳赤，从此，他真把自己当"先生"了。你看，赏识教育又在发挥作用了！

在父亲精神的导引下，母亲持家节俭，但给村塾先生的学费，比别人要多三倍。教育投资大，胡适享受"小锅小灶"式的"另餐"也就比旁人多，赢在了起跑线。

《孝经》《小学》《四书》《五经》，一一成诵，又从司马光的《资治通鉴》里，接受了"无神论"思想，书读懂了，读多了，阅读和思考的兴趣就被点燃了。

1904 年，13 岁的胡适，告别了母亲和家乡，随三哥来到上海求学。从此以后的 14 年，直至母亲去世，胡适为了学问和真理，只探望过母亲三回，一共和母亲住了大约七个月。但母亲的鼓励伴随着他一生，胡适曾这样自述：

"我在这广大的世界中，独自求我自己的教育和发展，所带着的，只是一个母亲的爱，一个读书的习惯，和一点点怀疑的倾向。"

上海是教育的新天地，从头到脚都是新的，胡适初来乍到，如鱼得水。在父亲旧友张焕纶创办的梅溪学堂，胡适连跳几级。一年后，梅溪学堂推荐他参加上海道衙门考试，他不喜旧式学校，即入澄衷学堂。在澄衷学堂又打抱不平，离校考入中国公学。中国公学没毕业，家中经济有难，他急着赡养母亲，被聘留校任教。上海七年，文凭没捞到一张，倒当起了真正意义上的"教书先生"。

"中国公学"是一所什么样的学校呢？我觉得有讲的必要，它在中国教育和文化史上，都有着突出的地位和影响。

1905 年 11 月，为反对日本文部省颁布的《取缔清国留日学生规则》，东京 8000 多名中国留日学生罢课抗议，3000 多名留日学生退学回国。

1906 年 2 月，因大批留日学生返抵上海，没有着落，留学生中的姚洪业、孙镜清等各方奔走，募集经费，在上海北四川路横浜桥租民房为校舍，筹办中国公学。1906 年 4 月 10 日，中国公学正式开学。两江总督端方每月拨银 1000 两，派四品京堂郑孝胥为监督。校务实际由王抟沙主持。著名革命党人于右任、马君武、陈伯平等任教员。

毫无疑问，中国公学建校伊始，就打下了"爱国"和"革命"的烙印，师生中有不少人参加了革命活动，如女英雄秋瑾、黄花岗七十二烈士之一的谬德潘等。

1908 年 9 月，因为学潮，胡适随着激进的同学离开公学，自办新公学，继续学业，同时又兼了新公学低级班的英语教师、兼批改作文（饶树人、杨杏佛、严庄、张奚若便是这时期他的学生）。1909 年 10 月，中国新公学与中国公学再次合二为一。

民国成立后，中国公学在孙中山、黄兴的扶持下发展成为综合性大学，并增设中学部。1915 年，梁启超曾任董事长。1928 年，胡适出任中国公学校长，中国公学在其任内获得了一定发展。1930 年，胡适愤然离职，离职不到半年，学校即发生大的风潮，胡适在中国公学创造的成就也随之昙花一现了。

中国公学几经迁徙和变革，1951 年与正阳法商学院等合并为重庆财经学院，后调整入四川财经学院。

从中国公学走出了如冯友兰、吴晗、何其芳、罗尔纲、吴健雄、王莹、杜宣、石西民等文化名人和不计其数的革命者。

在新式教育的环境下，新思想冲击着胡适的头脑，笛卡尔、边沁、卢梭、赫胥黎、达尔文、康德等都成了胡适崇拜的偶像。因喜爱《天演论》的"物竞天择，适者生存"这一句，二哥给他改字"适"，用"适之"二字，他很高兴，竟然拿出作家派头，开始用"胡适"名来发表文字，学名"洪骍"到官费留美时正式废除。

懵懂少年，喜爱阅读，梁启超的《新民论》《论中国学术思想变迁之大势》、邹容的《革命军》，激起他心灵的共鸣；中国国民的劣根性，西方民族的美德，中国式的学术思想，革命的种子，犹如醍醐灌顶，心胸亦为之豁然。

胡适的书生性格和气质，是一辈子也改变不了的。抗战期间，北平图书馆将数百部善本运往美国，委托美国国会图书馆代为保管。美国方面为慎重起见，请驻美大使跟胡适同往书库查看。哪知胡适一进书库，如获至宝，天性爆发，竟然席地而坐，旁若无人地读起书来，一读便是一个多小时，完全不顾外交礼仪，将同行的外交人员和图书馆馆长晾在一边，一时传为笑话。

教书先生的胡适，只有18岁，要赡养远在家乡的母亲，有段时间，有点颓唐了，喝酒、打牌、进戏园、逛窑子，一副落魄文人的穷酸相。经过一次醉酒打架风波后，为人师表的他无颜再登讲台，决定换个活法。

"天无绝人之路"，正彷徨间，朋友劝他报考官费留美。第一场考国文，题目是"不以规矩不能成方圆说"，标准的议论文，而我们这位自小有考据癖的胡适先生剑走偏锋，引经据典，考证起"规矩""方圆"来。他啊，走起运来，那是城墙也挡不住，偏偏遇到了一个喜欢考据的阅卷先生，获了个满分100。幸亏这满分，他在70个官费名额中得了个第55名，能够和赵元任、竺可桢等光荣地成为第二批留美学生。

话又说回来，胡适出国深造的成功，除了运气外，主要是靠着他博览群书的功底。套用一句老话，就是"机会只会青睐那些有准备的头脑"，不是吗？

胡适初进康奈尔大学，二哥要他来点实用的，一不学文学、哲学这些谈不上正路的东西，二不学做官的政治、法律，当官有风险。这胡适啊，真不愧为听话的好弟弟，选了别人都不学的农科。他以为，中国是农业大国，回国应该有用武之地，于是，踌躇满志地进了农学院。

殊不知，大二的时候开始上果树学。美国的苹果有四百多种，在一次实习课上，老师要求学生对几十个苹果进行分类实验。美国学生二三十分钟就完成了，而我们的胡适在实验室里忙了大半天，依然错误百出。这件事，严重地打击了胡适的自信心。他终觉自己不是学农的料，"亡羊补牢，未为晚矣"，立马改了文学院的文学和哲学。

也许，这就是胡适的宿命，躲是躲不掉的，文学和哲学会缠着你。幸亏胡适天资聪明，没按常规年限读书。1914 年 6 月，他毕业于康奈尔大学，随即进入研究院学习，第二年 9 月转入哥伦比亚大学攻读哲学，师从实用主义哲学家杜威。胡适在美国求学七年，农学院混的一年多不算，包括本科在内，博士就攻得差不多了，可谓"学霸中的学霸"。

说起来，你或许不相信，1917 年，胡适到北大应聘教授，却是一个冒牌博士！但胡博士的名气，天下皆知，他著书立说也自称胡博士，谁会怀疑他的学位呢？何况，蔡元培聘请教师，是不管学历的！

国外的学籍管理非常严格，胡适急着回国当教授，博士论文没来得及打印存档，学位证书拿不到。直到 1927 年，胡适回母校讲学，交了博士论文，才得以正名。

他一生拿到的博士头衔有 36 顶（其中 35 顶是荣誉博士），那些世界名校啊，都争先恐后地给胡适送博士帽，并以此为骄傲，而胡适又不好拒绝，这在世界文化史上都是难得的奇迹。"胡博士"的美名实在太响了，响得有点不正常，似乎全世界的博士帽都是为他订制的，但是，这也成为论敌攻击他浪得虚名的一个口实。

胡适的少年和求学时代，以自在的书生气质生活着。他没有辜负母亲的期望，从读书开始，坚持无神论，敢思敢想，敢说敢写，在中国公学做学生时，作家派头十足，用笔名写稿，撰章回小说《真如岛》，写白话文章，作诗，接手《竞业旬报》编辑等，文化先锋的因子展露无遗。

## 敢想敢拼的文化闯将

胡适对中国文化最大的贡献，不在学术研究的博大和精深，恰在敢于"第一个吃螃蟹"，这足以让他成为一个大大的英雄。很多年以后，有人提议送给胡适一个伟大的称号——"中国文艺复兴之父",这个与但丁比肩的赞誉是否恰当,得要接受一定历史时期的评说,我不敢妄言,但我更愿意相信,几十上百年之后,甚至千年之后,"胡适"这个名字,将会永远镶嵌在世界历史文化的天空中,即使群星灿烂,亦会熠熠生辉,大放光芒。对于胡适,有一句话说得很经典:"他什么都没完成,却开创了一切。"

胡适留学美国时,官费管理员邮寄月费时总要干点私活,顺便宣传他的所谓思想,诸如"废除汉字,取用字母"等,胡适很反感,写信大骂其不懂汉文,并开始主动探寻汉语生存之路。

1915 年夏,胡适与任叔永(鸿隽)、梅光迪、杨杏佛、唐钺等几个留学生朋友在美国聚会,讨论中国文学的发展走向。这场唇枪舌剑的争论,激起了胡适改良中国文学的斗志,从而改变了中国文学的未来。

这几位都是胡适的挚友,身在美国,心系祖国,思考着中国文化的方向。胡适提出,白话是中国的活文字,古文是半死的文字,中国文学的改革,要走白话文道路。

出乎意料的是,胡适的观点一抛出,立即遭受到这几个好友的强烈反对和争论。特别是任鸿隽和梅光迪两位朋友,不断写诗、著文与之争辩,丝毫不让步。

随着论争的不断升级,胡适的革命精神得到激发,斗志更加昂扬。胡适被逼上梁山,一不做,二不休,干脆写就一篇比较低调的《文学改良刍议》,寄给主编《新青年》的朋友陈独秀,公开提出文学改良的八大主张:须言之有物;不模仿古人;须讲求文法;不作无病之呻吟;务去滥调套语;不用典;不讲对仗;不避俗字俗语。关于这八大主张的顺序,他都几经琢磨,几番更改,慎之又慎的,所以它一横空出世,就是劈天炸雷。

就这样,几个美国留学生的课余讨论,引爆了一场声势浩大的讨论,从美国到中国,从留学生群体到文人学者……胡适决心大得很,打算用二十年时间,来积极倡导,大力呼吁,用心实践,实现自己的理想,让白话文在祖国的每个角落大放异彩。这就是中国新文化运动的先行者,谁也无法替代他"第一个吃螃蟹"的位置!

先知先觉者,必定是孤独的。留美的胡适,朋友热嘲冷讽,甚至弟子杨杏佛都在公众场合大骂其改革,梅光迪退一步后,坚持白话可入小说,决不可入诗文。为此,胡适一反陆游"尝试成功自古无"之意,庄重宣告"自古成功在尝试"，写成中国第一本白话诗集《尝试集》。

有一首著名的诗，名叫《朋友》，后来，改作《蝴蝶》，道出的是这位文化觉醒者不被朋友理解的心灵寂寞和痛苦：

> 两个黄蝴蝶，双双飞上天。
> 不知为什么，一个忽飞还。
> 剩下那一个，孤单怪可怜；
> 也无心上天，天上太孤单。

不要笑话这首著名的诗。它现在看起来，像打油诗，上不了台面，但好歹也是个开天辟地之作啊！

1917 年 8 月，不满 26 岁的胡适俊朗飘逸，披着欧风美雨，当上了北大教授，学生们和他年龄相差无几。一上课，胡适就甩开膀子，从周宣王开始讲中国哲学史，腰斩了陈汉章老先生讲了一年还没讲完的三皇五帝哲学。

"陈粉"不满了，聚起来想炒胡适的鱿鱼。"胡粉"为首的顾颉刚见势不妙，挺身而出，找来朋友傅斯年。他是北大学生领袖，后来的五四运动领袖，是个振臂一呼、应者云集的英雄，学养丰厚，在学生中享有很高声望。

国文门的傅斯年来了，听了几次课，听出了些门道，问了胡适几个问题，宣告说："这个人读书不多，但路子是对的，你们不能闹。"一句话，谁也不能闹了！这就是傅斯年。

年少的胡适在北大站稳了讲台，傅斯年、顾颉刚也成了胡适亦师亦友的终身铁杆"粉丝"，几十年不变，他们都成了中国重量级的文化名人。

一年教完，胡适的讲义《中国哲学史大纲》出炉了，由上海商务印书馆出版，校长蔡元培给予高度评价，亲自写序，鼓励这个年轻后生。后生可畏，这书让胡适"暴得大名"，北大讲台对他来说已是小菜一碟，中国学术史上也有他的一席之位了。

关于这本书，还有一件特有趣的事，值得一提。

1922 年 3 月，著名国学大师梁启超应邀到北大演讲，论题就是《评胡适之〈中国哲学史大纲〉》，专门来找这本书的茬，有备而来。

其实，两个人并没有什么过节，相反，是英雄惜英雄。早在 1921 年，梁启超出版《墨经校释》，看得起新派人物胡适，专请他作序。

这个胡适啊，做事就是认真，不顾前辈学者的威望，着实考证一番，书中优点缺点和盘托出，不歌功颂德，不留情面。这梁启超更有情趣，特意写文"答辩"，作了序言，把胡适的文章垫了底，这就是文化巨人之间的憨直和率真。

这次，梁启超来北大，专讲胡适，广告满天飞，名人效应，能不轰动吗？更有趣的是，胡适并不怯场，前来助阵，而我们的这位梁任公啊，看见胡适在场，来神得很，高兴处，为了学问，全然不顾及胡适的情面。胡适坐在那里，依然微微笑，安然听讲，虽对梁启超的演讲心存非议，仍不失君子风度。这就是中国真正大师级人物的宽阔胸怀！

胡适到了北大，"文学革命"之风也随之吹到了北大，北大成了"文学革命"的主阵营。大旗一拉开，陈独秀、李大钊、钱玄同、刘半农、周氏兄弟、傅斯年等就成了胡适忠实的合作伙伴，纷纷撰文响应胡适的革命主张。鲁迅以白话小说《狂人日记》显示了文学革命的实绩。胡适提倡的"活的文学"（白话形式）、"真的文学"（写实主义），和周作人倡导的"人的文学"（以人道主义为本），指引着新文学发展的方向。

所谓革命，自然少不了被革命的对象。守旧派固守中国几千年的文化，像鲁镇的鲁四老爷一样，大骂新党。国学大师黄侃，学问深，脾气大，痛恨白话，直呼胡适为"黄蝴蝶"，讥讽胡适的名字应该改成白话"到哪里去"。著名翻译家林纾，写文言小说《荆生》《妖梦》，极尽粗鄙、刻薄之能事，极力讽刺挖苦新派人物，甚至污蔑胡适等人的人格。一代宗师"文圣人"章太炎，瞧不起胡适的学问，而胡适生性忍让温和，著了《中国哲学史大纲》，特意送章一本，章竟然破口大骂。后来，这本书没有出版下册，章太炎讥讽为"著作监"。著名政论家章士钊，也发表文字侮辱胡适，胡适不以为意，后来与他见面吃饭合影，还题字"但开风气不为师"以表心迹。

有一次，黄侃在课堂上举例赞美文言文的简洁明了，竟然说："假如胡适的太太死了，他的家人用白话文发电报，必说：'你的太太死了！赶快回来啊！'长达11字。而用文言文则只需'妻丧速归'4字即可，仅电报费就可省三分之二。"诸如此类对胡适的公开挑衅和侮辱太多太多了，而我们宽大为怀的胡适总能泰然处之，从来没有脸红脖子粗的时候，胡适宽厚的伟大就在这里。

胡适在课堂上这样捍卫着白话文的优点，举例说："前几天，行政院有位朋友给我打来电报，邀我去做行政院秘书，我不愿从政，决定不去，为这件事我复电拒绝。复电是用白话写的，省字省钱。请同学们根据我这一意愿，用文言文编写一则复电，看看究竟是白话文省，还是文言文省？"学生课堂练习结果，最简洁的也有 12 个字，而胡适的答案却是五个字："不干了，谢谢。"这就是胡适温柔的一刀，杀人不见血，怎么样？

又是一个出乎意料，原本准备要 20 年才完成的白话文运动，4 年间就基本完成了。瞬时间，古文土崩瓦解，民国中小学教材"旧貌换新颜"，白话文呈现一片欣欣向荣的景象。

在这场此起彼伏的新文化运动中，胡适始终是坚定不移的推动者和维护者。在 20 世纪 30 年代，当文言又呈卷土重来之势时，胡适不惜著文冒犯"党国"，给国民党扣上"反对"的帽子，从"全盘西化"向"折中论"过渡。

1935 年，天才演讲家胡适南下港大演讲，三句不离本行：谈教育，谈新文化，提倡白话，反对文言，反对尊孔读经。又刮起一阵新文化的旋风。

得意非凡的胡适离港后，意气风发，满以为又可以飘到广州再刮一股清风，中山大学正热情地等待着他的到来呢！这时，广东军阀陈济棠一听到那个宣传新文化运动的家伙要来了，满脸不高兴，忙下逐客令，一闷棍打过来，看你知道疼不？这陈济棠要恋古读经呢，你敢在他的地盘胡言乱语！

反正，胡适的胡说是有名的。当年，胡适在某大学演讲，引用孔子、孟子、孙中山等人的话，随即写下"孔说""孟说""孙说"等。等到自己要发表观点了，又在黑板上写下"胡说"二字，学生笑翻，他一本正经：胡说就胡说，我是胡适，谁怕谁？

即使惶惶如丧家之犬，胡适也有"此处不留爷，自有留爷处"的洒脱。广东拒绝了他，广西却欢迎他，一机飞往广西，看到的是广西军阀白崇禧的笑脸，听到的是近乎谄媚的柔语："我们的孔庙早已移作别用了，我们要祀孔，还得造个新孔庙。""打倒孔老二"，随你胡适说！风雨过后，便是晴天，尴尬过后，再获殊荣，胡适卷起袖子，开起坛，布起道，将新文化运动进行到底。这就是我们不屈不挠的文化闯将——胡适！

自从有了胡适，我们的文字才爆发出了几千载岁月的青春活力，千古文化的鲜活生命才根植寻常百姓家。我们一起来感谢这勇于开拓的胡适吧！

## 小心求证的偶像学者

北大的胡适，翩翩年少，是新派学子的偶像。丰仪的外表，儒雅的谈吐，温和的个性，渊博的学识，新潮的思想……哪一样，不值得学人们亲近和仰望呢？

胡适这人，学问大，脾气不大，与学生平等相处，喜欢做各路学生的朋友，也喜欢交往不少后来在政界、学界和文艺界鼎鼎有名的青年。

那时代，有一句话，说出来就是时尚："我的朋友胡适之。"管他认识与不认识，这话说出来就大气，就上层次，就有人脉。据说，这句话最早出自傅斯年之口。胡适的晚年弟子唐德刚先生曾就此语出处问过胡适本人，但素有"考据癖"的胡适却说："实在不知道，实在不知道。""考据不出来，考据不出来。"我要告诉你们的是，在那个"追文曲星"的年代，普天下的追星一族都喜欢把这句话扛在口头。

胡适的朋友遍天下，一点不假。胡适交友，不分高低贵贱，他曾骄傲地说："王公贵胄固我友，贩夫走卒亦我友。"厨师是他朋友，卖烧饼的是他朋友，拉板车的也是他的朋友，卖大白菜的更是他的朋友……

傅斯年在北大帮胡适稳住了阵脚，胡适好多年之后才知道。胡适爱才，多次鼓励和帮助傅斯年出国留学，使之终成一代学术大师。曾经，胡适被卷入官场漩涡，傅斯年向胡适直言，期待老师不做官，去努力创造学术上之大风气。

抗战后，国民政府把北大校长的担子交给胡适，胡适躲在美国的温柔乡里，不愿回国，国内没人敢接这个烫手的山芋。关键时刻，师生协议，傅斯年该出手就出手，站出来，代了一年北大校长，帮老师做事。政府高兴，人民满意，一片乌拉声！

外文系学生罗家伦，口才出众，曾与胡适交往深厚，一起解救五四被捕学生，他出国留学时，胡适作诗相送，回国后，曾任国立中央大学、国立清华大学校长。南京大学今天的校训"诚、朴、雄、伟"，就是由罗家伦提出。

学生杨杏佛，是民主人士，支持孙中山的联共政策，支持共产党的罢工罢课运动，而胡适推行的是改良主义，反对暴力，杨杏佛不敢苟同，多次在公开场合批评胡适，被记者添油加醋。他觉得对不起老师，胡适知道后，反而劝慰他，为他开脱，表示不怕骂，就怕骂人者受损。

康白情、俞平伯、汪静之等不是胡适的学生，但都崇拜胡适，追随胡适，以胡适为师。他们写新诗，支持胡适的新文化运动，胡适给他们鼓励，夸他们做到了真正的"解放"，有新鲜风味……

《环球人物》2015年第4期封面人物选定胡适，配了一幅"帅呆了"的照片，标题"潮"得很："新文化百年'男神'胡适"。百年之后，思想在解放，权威杂志纪念这位新文化运动的发起人，用"男神"来吸人眼球，肯定的也是胡适的偶像地位啊！

中年后的胡适为人低调，在演讲中，他多次告诫学子，要埋头做学问，不要像他那样，想做学者而不得，最终一无所成，什么名堂都没研究出来。

曾有人看不惯胡适整天飘着，不潜心做学问，到处凭着口舌之劳"招摇撞骗"，认为他无论如何是算不得大学问家的。

诚然，胡适比起梁启超、陈寅恪、钱穆等人的学问来，还差些距离。但我想，"学者"的帽子送给他，是绰绰有余的，就他的学术成就来说，在当今，获得个"大师""国宝"称号，谁也不应该有异议。

在中国文学史上，小说是不能登大雅之堂的，小说研究更算不上学问。而胡适，这位特立独行的先行者，偏不信邪。白话是他推崇的活文字，白话小说就是他要开垦的学术天地，没有这样的学术勇气和胆识，还算胡适吗？

学术界有幸，胡适来了，经史之学乖乖投降，忙挪出一个座位，让给小说考证和研究。从此，小说研究坐稳了这把椅子，与传统经学、史学平起平坐，成了学术研究的好哥们儿。

为了更有效地与守旧文化作斗争，胡适喊出"整理国故"的口号，协调旧文化与新文化的矛盾，创办《国学季刊》，开创以近代科学方法研究国故学的新局面。

考证小说，是胡适整理国故的重要事业。胡适从考证《水浒传》开始，考证了《三国演义》《西游记》《三侠五义》《儒林外史》《红楼梦》等十二部古典小说，著述六十万言，后来结集成《中国章回小说考证》出版。

胡适考证《红楼梦》，费尽了心力。1921年，他以《红楼梦考证》一文开创了红学研究的新时代，得出《红楼梦》是"曹雪芹的自叙传"的结论。

在胡适的引领下，弟子顾颉刚和俞平伯添了对《红楼梦》研究的兴致，三人频繁通信，研讨《红楼梦》，1922 年，俞平伯完成《红楼梦辨》的学术名著，终于形成了以胡适为开山祖师的"新红学"。

"新红学"是向"旧红学"的一次大胆挑战，对索隐派牵强附会的各种臆说是一个沉重的打击。

胡适师徒搜集了大量可靠的材料，考证曹雪芹的家世和生平，研究各类红楼版本，论证作者与贾府宝玉的"绝似"，终于推翻了旧红学索隐派一百多年来所谓的"明珠家事说"（也称纳兰性德家事说）、"清世祖与董鄂妃故事说"（亦称福临与小宛情事说）、"排满说"等学说。也对其他诸如评点派、题咏派等红学研究方法是一次抨击。

考证派的"新红学"开创了红学研究的新方向，对后代红楼研究专家们产生了不可磨灭的影响。

你们可能不知道，胡适更有一位非常体己的"红粉知己"，有人渲染过他们之间的情感故事。这位知己啊，在上海，在美国，胡适与她交往密切，而且互相信赖。胡适去世以后，这位知己在美国沿着胡适的考据方向，研究起《红楼梦》来，一研究就是十年，终于写成一部《红楼梦魇》，用她自己的话说就是"十年一觉迷考据，赢得红楼梦魇名"，迷的是考据吗？依我看，迷的或许还是胡适吧？

著名红学大师周汝昌曾感叹"只有她才堪称雪芹知己"，我也在此八卦一言：只有她才堪称胡适知己。这人是谁呢？猜得着吗？她就是大名鼎鼎的才女张爱玲。

凡研究《红楼梦》的人，都知道"周汝昌"这三个字的重量。周汝昌，新中国红学研究第一人，享誉海内外的考证派主力和集大成者，堪为当代"红学泰斗"。

说起来，周汝昌的红学研究，直接原因与胡适有关。1947 年，周汝昌就读于燕京大学，一直进行《红楼梦》版本研究的四兄周祜昌在亚东版《红楼梦》卷首读到胡适的一篇考证文章，其中有敦诚与敦敏皆系曹雪芹生前挚友的新论说，来信嘱托周汝昌去燕大图书馆查证。

周汝昌查遍燕大图书馆，终于在敦敏诗集中发现了那首《咏芹诗》。兴奋之余，周汝昌将这一发现挥笔成文，在《天津民国日报》副刊发表。

看到文章的胡适放下名人架子，当即复信给周汝昌，自此，胡适与周汝昌书信不断，切磋讨论《红楼梦》，成了精神上的忘年交。据周汝昌回忆，围绕《红楼梦》，胡适曾给他7封书信，除1封遗失外，另外6封都在前几年公之于众。你看，这就是学术大师对普通学子的深刻影响，哪怕不是嫡系学生，几封信决定着学生的人生方向。

不知大家注意没有，前几年，央视"百家讲坛"栏目，有个人专讲《红楼梦》。这个人就是著名作家刘心武。1977年，他靠着短篇小说《班主任》，掀起"伤痕文学"的巨浪，一举成名天下知，后有长篇小说《钟鼓楼》获茅盾文学奖。20世纪90年代后，他开始研究《红楼梦》，2005年应约央视，开讲《刘心武揭秘〈红楼梦〉》，到2010年共计播出61讲，2011年又出版了《刘心武续红楼梦》。大家有空了，可以仔细听，认真读，看看是否还在受胡适考证派的影响。至于台湾学者蒋勋讲红楼，厚厚八大本，也是否脱不了胡适的干系，在此，我不敢多说。

话说回来，九十多年过去了，我们对《红楼梦》的许多理解实在难逃胡适与俞平伯定出的"调调"。不信？你可以拿来《红楼梦考证》，买本《红楼梦辨》读读！

《红楼梦考证》的影响如此之巨大，其他的国故整理自不待言了。我总认为，胡适在学术研究史上，亦是一个不按常规出牌的创新者，这种独立的学术精神，永远值得我们仰视。

1915年，胡适进哥伦比亚大学研究院，师从约翰·杜威。这时候的杜威，是年近60的老头子，满肚子的学问，但上课不敢恭维，慢条斯理，上一个单词讲完，下一个单词要等半天，学生都跑得差不多了，只有我们的胡适先生，脾气好，耐性足，依然慢慢听，竟然也听出了些道道，成了杜威亲密的嫡系学生。从此，杜威的实用主义哲学在胡适的头脑里占了一席之地。

胡适曾这样说："我的思想受两个人的影响最大：一个是赫胥黎，一个是杜威。赫胥黎教我怎样怀疑，教我不信任一切没有充分证据的东西。杜威先生教我怎样思想，教我处处顾到当前的问题，教我把一切学说理想都看作结论的假设。"

因此，胡适毕生宣扬自由主义，提倡怀疑主义。胡适把他的治学方法，归结为"大胆的假设，小心的求证"十个字，把他的严谨作风凝成"有几分证据说几分话，有七分证据，不能说八分话"的经验，这就是胡适提倡的科学实证方法。

　　胡适做学问如此，为人亦如此，他曾经发出"做学问要在不疑处有疑，待人要在有疑处不疑"的人生感言，这就是书生气十足的胡适。

　　胡适严谨的治学态度和高尚的人格魅力，深深地影响着那些接受过他教育的学生，特别是那些作为学者的学生。

　　顾颉刚自是受胡适的科学实证方法启发而治学有成终成大家的一个榜样。顾颉刚的名字，在中国学界如雷贯耳，至少几百年不会磨灭。顾颉刚是中国现代著名历史学家、民俗学家，古史辨学派创始人，现代历史地理学和民俗学的开拓者、奠基人。1980年顾颉刚去世后，国内外专题研究顾颉刚的著作都有十大几部了。

　　世界著名女物理学家吴健雄，曾是胡适在中国公学当校长时的学生。吴健雄11岁时，在苏州第二女子师范求学，就加入了"追星一族"，追胡适这颗"文曲星"。胡适来校演讲"摩登的妇女"，吴健雄有幸被校长指定坐前排做记录员，第二天，胡适到东吴大学演讲，吴健雄又获准赴东大任特派记录员。这就是那个年代，一个小女孩的"追星"。

　　1962年，作为中央研究院院长的胡适，召集海内外院士来台赴会，吴健雄积极响应，听从老师的召唤，不远万里赶来，来看这位平生最佩服的偶像老师。

　　可是，就在2月24日下午，院士会议结束，酒会开始，胡适依然面带微笑，招呼院士们吃点心，忽然面色苍白，然后仰身倒下，后脑勺碰到桌沿，摔到地上，再也没有醒来。吴健雄亲眼目睹这一惨剧，"悲痛万分，泣不成声"。第二天，吴健雄到殡仪馆瞻仰胡适遗容时，"全身发抖，悲伤尤甚"。

　　说了半天，大家了解吴健雄吗？百度一下，简单信息如下：吴健雄（1912年5月31日—1997年2月16日），江苏苏州太仓人，美籍华人，核物理学家，"东方居里夫人"，在 β 衰变研究领域具有世界性的贡献。

　　详细一点，信息如是：美国加利福尼亚大学博士，曾任世界名校哥伦比亚大学和普林斯顿大学教授，曾以一个外籍女科学家的身份参与制造原子弹的"曼哈顿计划"，曾任美国物理学会第一任女性会长，美国科学院院士，中国科学院首批外籍院士，美国最高科学荣誉——国家科学勋章获得者。

　　就是这样一位杰出的女性，在有人为她未能获诺贝尔奖而鸣不平时，她风轻云淡地说："对比胡老师的度量，我的回把奖不发，是个小事体。"更有人讨教她成功的秘诀，她毫不隐晦："是胡院长的'大胆的假设，小心的求证'教育和鼓舞了我。"

著名太平天国史研究专家罗尔纲，也是胡适在中国公学当校长时的学生。清华毕业后，他没有找到合适工作，求助于老师。无奈之际，胡适请他来自己家"工作"，一方面做两个孩子的"家教"，一方面整理胡适父亲遗稿。

想不到，这一住，就是五年。罗尔纲哪里是来工作？分明是老师给他无偿家教！管吃，管喝，管住，还管钱，这就是胡适老师的所为，只有温和而与人为善的胡适才能这样。当然，这也与胸怀开阔的胡夫人有关。在胡适老师面前，我们永远是微不足道的小学生。

老师毕竟是名人，名流满座是常事，胡适怕罗尔纲自卑，每有客人来访，必要夸奖罗一番。有时家中有特别的宴会，他便让堂弟胡成之将罗请去做客，让罗也高兴一天。

胡适对这位住家的学生心细如发，书"不苟且"三字，挂在罗尔纲的书房兼卧室，要他明白，人与人是平等的，不要有自卑心理。

罗尔纲在胡家五年，受胡适影响，跟着学术研究，以卖稿补贴生计，曾发表的文章考据不足，胡适读到后，非常生气，给予了严厉批评，警告他作为新式史学的人，不可胡乱概括论断，急于求成。

罗尔纲后来能够成为治学严谨的大学者，不能说没有胡适的一份功劳。多年后，罗尔纲写成一本《师门辱教记》的自传，回忆这五年的"师徒"生活，1958 年，胡适在台湾得到这本书，为求人的平等，把书名改为《师门五年记》，自印出来，作馈赠之礼与人。

而就在这之前的 1954 年，身处大陆的罗尔纲，在全国胡适思想大批判中，怕危及己身，忙写了题为《两个人生》的表态文章，与胡适划清界限。大洋彼岸的胡适见到后，又是满脸"胡适式"的微笑，一笑而过，只可怜学生的被逼无奈。

待到思想解放，大陆对胡适的评价渐趋客观的时候，罗尔纲广泛搜集整理有关胡适生平及学术的研究资料，93 岁高龄了，提笔再写《胡适琐记》，以寄托怀念，肯定胡适是"开创一代风气的伟大历史风云人物"。这就是胡适老师在学生心中永不倒的偶像地位。

胡适是学识渊博的学者，在文学、哲学、史学、考据学、教育学、伦理学、红学等诸多领域都有深入的研究。1939 年，胡适还获得过诺贝尔文学奖的提名呢！一个人在某个方面有点造诣就不容易了，何况还多方面呢？我历来这样认为：胡适作为一个杂家学者，他是有骄傲资本的。

胡适做学问很专情，他的学生季羡林曾这样评价老师："是一个书生，说不好听一点，就是一个书呆子。"并举一小事证明：胡适在一次会议前声明要提前退席，参加一个演讲，会上忽而有人谈到《水经注》，胡适立即精神抖擞，眉飞色舞，口若悬河起来，乃至忘了提早退席这件事。

我不知道，胡适后来是如何向等他演讲的人交代的，我只知道，胡适从1942年起就开始研究《水经注》，在十几年内，胡适搜集了四十多种《水经注》的版本，抄写了一百多篇长篇文章和一些考证文字，用了千百个证据，推翻了"几成定律"的所谓戴震抄袭赵一清《水经注》校本的冤案。

研究哲学的人，特别是研究中国哲学的人，不研究佛学，就不算一个哲人，胡适也不例外。

胡适写过一本《中国禅宗史》，在写作过程中接触到神会与北宗辩论的记载，感到如果不写神会，就无法写好禅宗史。1926年8月间，胡适借到英国参加中英庚子赔款全体委员会会议之机，特意到大英博物馆与巴黎国家图书馆寻找被斯坦因和伯希和偷走的敦煌遗卷里的禅宗史料，那时正在德国柏林大学研究的傅斯年，专程赶来和老师一起研究，从而肯定北宗神秀的"渐修"学说而否定南宗慧能的"顿悟"说，并且证明所谓"六祖坛经"里"五祖弘忍传慧能法衣"的故事只是慧能的弟子神会和尚为了和北宗争夺皇室的供养所编造出的神话。

作为学者的胡适，作品以民主自由的个性思想而著称，不为任何党派和团体所左右。胡适的学术个性，特别推崇古人做官的"勤、谨、和、缓"四字要诀，他在多年的演讲中，都提及这四个字，并把它提升到做人、做事、做学问的高度。

所谓勤，是不躲懒、不偷懒；谨是不苟且、不潦草、不拆烂污；和是虚心、不武断、不固执成见、不动肝火；缓是不性急，不轻易下结论。这四个字，不仅养成了胡适科学严谨的学术精神，更重要的或许是养成了胡适终生温和勤勉的心性。

# 处乱不变的婚恋生活

胡适大名垂宇宙，"胡博士"的呼声漫天飞舞，标准的高富帅。当年，追捧胡适的青年男女不知有多少，我相信，在那个年代，只要有胡适出场的地方，呐喊声、尖叫声、口哨声，一定不会亚于现在明星的气场。

如果胡适仅仅如此，也就罢了，偏偏他又是个性格温和、待人宽厚、乐善好施、谦逊有礼的谦谦君子。用现在的话说，是一个可以当情人、当知己、当丈夫，更可以当伟人的极品男人，天下无双。

谁都知道，胡适是新文化运动的先驱，但是，胡适不敢承认，却说，急先锋不是自己，而是陈独秀。将己功推为他功，这就是真实的胡适。

清华国学院设立时，曹校长想请胡适出任院长，胡适当即推辞："非一流学者，不配做研究院导师，我实在不敢当。你最好去请梁任公、王静安、章太炎三位大师。"后来，章太炎请不来，那两位果真当了研究院导师。

胡适骨子里就没有"文人相轻"的积习，他曾在日记中这样自我解剖："一方面不能有独秀那样狠干，一方面又没有漱溟那样蛮干，所以我是很惭愧的。"

有一年，胡适、马君武、丁文江、罗隆基到桂林旅游，名人荟萃，所到之处，被"粉丝"们包围，胡适见状，幽了一默："他们是来看猴子的！"

美国《展望》杂志将胡适推举为一百位当前世界最具影响力的伟人之一，理由是胡适"发明简体语文"。胡适对此不认可，这就是不图虚名而憨直的胡适。

胡适对朋友、对学生掏心掏肺，赤诚，真心。林语堂在美国留学时，生活极为窘迫，胡适知道后，给他寄去 1000 美元，后来，又寄去 1000 美元，说是北大资助留学生计划拨的款。待到林语堂学成归来，受聘北大教授，找北大教务长蒋梦麟致谢时，才发现是胡适自掏腰包，与北大无关。

至于他资助学生，帮朋友和学生找工作求人的事，就太多太多了，以至于后来认识和不认识的人都来求他帮忙，他不得不告饶。这就是我们难得的"老好人"胡适。

曾经有一次，胡适答应资助一位学生100元，并交代夫人办理，结果夫人忘了，胡适知道后，勃然大怒，闹得要与夫人离婚，后经族人调和，逼着夫人接受"我要给学生50元，你不准付49元"的训词才肯罢休。

李敖在其困难时也接受过胡适的资助，2005年，李敖访问北大，感怀胡适恩惠，向北大捐款，希望在北大树立胡适铜像。

你看，这样一个学品、人品兼佳的胡适，不引人瞩目、不讨人喜爱吗？可是，这样一个集万千"粉丝"于一身的胡适，偏偏是一个小脚女人江冬秀伴随着一生。

胡适的婚姻和鲁迅一样，都是母亲做的主，不同的是，一个是媳妇被母亲看上，一个是自己被岳母看上。

胡适13岁时，随母亲到姑婆家看社戏，岳母娘一眼看中这位小女婿，胡母不满意，嫌江冬秀年长胡适1岁，属虎，命硬，而江母不依不饶，托人说动了胡母，合了八字。

胡适17岁时，江家就催着完婚，而胡适以学业未就为由，推辞了，这一推就推到了上海，推到了美国。胡适终究拗不过母亲，从美国留学归来，母亲逼着他完婚。胡适和鲁迅一样，也是个十足的孝子，十多年在外求学，母亲寡居在家，自己无暇顾及，心里自责，感谢江冬秀的陪伴，更想着将来自己云游四方，母亲有了江冬秀，又可以多活几年。

胡适没有鲁迅的固执，既结婚就同房生子。可惜的是，母亲终究没有抱到大孙子，就离开他们而去。胡适的孝心落空，留下无限的感伤，给儿子取名"祖望"，以表达对母亲永远的怀念。

我们甚至可以这样设想：如果母亲在他婚前去世，胡适还会不会选择江冬秀？这也是谁也无法破解的谜。

在外人看来，胡适娶江冬秀，的确不般配。江冬秀，长相平平，短腿，小脚，没有文化，而胡适名扬天下，仪表堂堂。才子没有配上佳人，有点不可思议。

江冬秀自有她的驭夫术。胡适好客，高朋满座是常事，家里住外人更不稀奇。像徐志摩这样的人，很多，在胡适家，混吃，混喝，混住，高谈阔论，闹闹腾腾，也许，只有江冬秀这样的主妇，才能招架。

江冬秀热情大方，搓得一手好麻将，陪着胡适的这些朋友玩，更重要的是，还弄得一手好菜，让胡适这些"狐朋狗友"吃得满嘴流油，给胡适撑足了男人的面子。

农家女子江冬秀，读书不多，见识却不一般，知道丈夫非池中物，怕摊上大事，时刻叮嘱丈夫"千万不可做官"。这正合了胡适的想法，胡适更敬重起这乡下女来，愿意与她厮守一生。

在民国大师中，最怕老婆的有两个人，一个就是胡适，一个是周作人。胡适怕老婆更为出名，在外喝酒，有人力劝，他就拿出老婆给他的大金指环做挡箭牌，上面刻着"戒酒"二字，夫在外妻命还是照从。

不仅如此，胡适研究"怕老婆"的哲学，居然得出"凡是有怕老婆故事的国家，就是自由民主的国家（像德国、日本、苏联）；凡是没有这种故事的国家，就是独裁或集权的国家"的"科学"结论。

胡适曾经接到朋友自巴黎寄来的十几枚法国铜币，因钱上有"PTT"三个字母，胡适就谐音译为"怕太太"，并戏赠好友，成立"怕太太协会"，以铜币作为会员的证章。

我们都知道，古时候，女子有"三从四德"。可是，你们知道男人也有"三从四得"吗？不知道吧？听胡适来告诉你："三从是：太太出门要跟从；太太命令要服从；太太说错了要盲从。四得是：太太化妆要等得；太太生日要记得；太太打骂要忍得；太太花钱要舍得。"

其实，胡适怕老婆，有深刻原因，是一次婚外情引起的后遗症，永远也治不好。

有人说，没有绯闻的名人不是真正的名人，何况胡适是万众瞩目的新派偶像？胡适究竟有多少红粉知己，只有当事人知道。胡适的女性朋友之多，给后人留下了许多想象和探究空间，写下来大多是"女追男"，缠绵悱恻。据说还有追胡不成，而发疯以致自杀身亡的女子。

即使孤傲的张爱玲、冷漠才女陈衡哲，也都是胡适难得的知心朋友。至于其他知名或不知名的女性朋友，实在难以考证。不过，胡适生命中有两个女人，对胡适一辈子痴情，而胡适却辜负了她们，使她们终身未嫁，郁郁而终，感天动地！

胡适留学康奈尔大学时，靠着帅气，靠着才学，结识了地质系某教授的女儿韦莲司，两人相处甚欢，谈艺术，谈政治，谈生活，林间小道，柳湖岸边，茵茵草地，留下了他们牵手和相偎的身影。

在胡适心目中，韦莲司"人品高，学识富，极能思想，高洁几近狂狷，读书之多，见地之高，诚非寻常女子所可望其肩背"。你看看吧，韦莲司早成胡适心目中的女神了，难得啊！

我看过韦莲司的照片，真漂亮，如果能和胡适结合，倒真是天造地设的一对可人儿。

但是，胡适是个胆小鬼，是个情感懦夫，他怕，怕什么呢？怕远在万里的未婚妻！怕违背母亲给他订下的婚约！

1917 年，蔡元培催他回国任教，家里催着完婚，都怕出现变故啊，一个大才子，北大想要，美国不想要吗？一个大帅哥，江冬秀想要，韦莲司不想要吗？

无奈啊，无奈！胡适一步三回头，离开了心爱的人儿。而这可怜的韦莲司，偏是个痴情的种子，把爱洒在了胡适的心窝，再也无处可栖息。

在以后近 50 年的时光里，胡适与韦莲司书信不断，交往不断，胡适始终把韦莲司当成最可信赖的朋友。后来，胡适闹婚外情，女朋友到美国留学，托付关照的人就是韦莲司。

1962 年，胡适去世，在大洋彼岸，韦莲司把绵绵无绝期的思念，织进了美丽的文字，她买了打印机，将胡适写给她的每一封信重新打过，捐给胡适纪念馆，伴随胡适墓旁。

我想，胡适如果在天有灵，应该心满意足了，有这样一个女人，即使相隔万里，为他 50 年痴情不改，他还希求什么呢？

1960 年，韦莲司伤心地离开美国，她知道，胡适再也不来美国了。她搬到加勒比海的一个小岛独居，1971 年去世，享年 86 岁。遗物里竟然完好无缺地保存了胡适的书信和稿件。

胡适的这场异国之恋，彼此动了真情，前前后后熬了半个世纪，终归一场空。对于这场痴心不改而无果的爱情，谁不感叹唏嘘呢？

如果说韦莲司是胡适刻骨铭心的初恋，那么曹珮声就是胡适热烈奔放的婚外恋了。

曹珮声小胡适 11 岁，是胡适三嫂的同父异母妹妹，胡适结婚时，曹珮声是江冬秀的伴娘。

1923 年夏天，胡适到杭州养病，曹珮声正走出家庭，到杭州师范读书，与汪静之同学，这时候，汪静之正对曹珮声加紧爱情攻势。

我前面提到过汪静之，这个人，大家可能还是陌生。他和胡适是老乡，安徽绩溪人，是我国现代著名的作家、诗人。就读师范时，受五四运动新思潮的影响，他与潘漠华发起并成立了有柔石、魏金枝、冯雪峰等参加的，由叶圣陶、朱自清为顾问的"晨光文学社"，后又与潘漠华、应修人、冯雪峰等成立了我国现代文学史上最早的新诗团——湖畔诗社。胡适和鲁迅都非常赏识他的诗作，他的诗集《蕙的风》，1922 年初版，在全国风靡一时。

即使是这样一位才华横溢的年轻诗人，在老大的胡适面前，魅力也逊了几分。他们两人相约来看胡适，曹珮声主动留下来，照顾胡适，两个包办婚姻的受害者互诉衷肠，缠缠绵绵。汪静之没戏了，只得伤心地走开。

这时候，胡适的胆子撑大了，筑起了"烟霞洞"爱巢，两人同吃同住，做了神仙眷侣。他携着佳人，和杭州的文人朋友荡舟西湖，饮酒赋诗。艳羡不已的徐志摩戏说爱情力量之伟大，让胡适"返老还童"了。曹珮声也豁出去了，斩断旧式婚姻，等着和胡适生死相依。

等到要向江冬秀摊牌了，胡适鼓足勇气，期期艾艾了好一阵，终于喝了雄黄酒，吃了豹子胆，把与曹珮声的恋情和盘托出，明确宣告"生米已经煮成熟饭"，只等离婚了。他忘了，江冬秀是属虎的，不容欺负，她立马奔进厨房，操起菜刀，说离婚可以，要先把两个儿子杀掉。

"忽闻河东狮子吼，拄杖落手心茫然。"我们的文弱书生胡适吓破了胆，哪还敢提离婚的事？原来这雄黄酒啊、豹子胆都是假的！

胡适有句怕老婆的名言："太太年轻时是活菩萨，怎好不怕！中年时是九子魔母，怎能不怕！老了是母夜叉，怎敢不怕！"

胡适这"害人精"，害人又害己，刻骨的相思忘不了，胡适大病了一场了事。曹珮声呢？绝望之际，师范毕业，进了东南大学农科，后赴美留学，进了胡适的母校康奈尔大学农学院，想寻找恋人的足迹。

1937 年，曹珮声回国，先后任教安徽大学、川大、复旦等高校，好不容易遇到了情投意合的青年，都准备结婚了，这时，江冬秀该出场就出场了，添油加醋地泼脏话，侮辱人格，曹珮声欲哭无泪，万念俱灰之下，上了峨眉山，出了家。后被她哥哥劝回，又是一场大病。

1940 年，在重庆复旦教书的曹珮声难以忍受相思之苦，托熟人给美国的胡适带了一首词，含泪写下"朱颜青鬓都消改，唯剩痴情在"的诗句。

1948 年，胡适到上海，与曹珮声小聚。曹珮声力劝胡适留大陆，不要跟蒋介石走，胡适留下一句："等我回来!"潇洒地一转身，从此后，天各一方，唯有泪千行。

1950年，全国院系调整，曹珮声被安排到沈阳农学院任教。她举目无亲，孤苦一身，蜗居一室，在吞咽思念的苦果中，度过了自己的余生。

而胡适在1959年，68岁了，在为《中国语文——月刊》题字时，写下了三十多年前的旧句："山风吹散了窗纸上的松痕，吹不散我心头的人影。"

1973年，曹珮声去世，遗言葬于绩溪老家，一条胡适回家必经的小路旁。她要坚持等她的縻哥哥胡适回来，可她并不知道胡适早在10年前已离她而去，永远也不能回来看她了……

曹珮声一直珍藏的一大包与胡适来往的书信，交汪静之在她死后焚化，带去了天堂。

胡适遇上江冬秀，永远散发不出才子佳人的浪漫气息，甚至还沦为论敌嘲笑的话柄。福兮祸兮，谁道得明呢？胡适在伤害两个女人的同时，却获得了"糟糠之妻不下堂"的美誉，赢得了更多人的敬重，让他的人格魅力又添了几分诱人的色彩。不然，胡适去世，蒋介石何以亲自撰联"新文化中旧道德的楷模，旧伦理中新思想的师表"呢？

## 自由主义的忠实信徒

1919年7月，胡适在《每周评论》发表文章，发出了"多研究些问题，少谈些'主义'"的自由之声，引起了一场关于"问题与主义"的论争。

显然，胡适受老师杜威实用主义哲学影响很深，这篇文章，我们现在读起来，也有"空谈误国"的时代意义。不过，在新旧更替之时，胡适的这种观点提出来，有点不合时宜，遭到了李大钊、蓝公武等激进革命者的激烈批评。论争的结果，胡适与《新青年》分手，创办《努力》周报，明确走上不同的思想道路。

胡适原本就是个热心政治之人，在美国留学时，选课重在政治和经济，特别是对美国的政治制度情有独钟。1917年回国时，他被逼着引领"文学革命"，打定20年不谈政治，决计用20~30年的时间，完成中国的白话文运动。想不到，仅仅四年，就大功告成。

　　1918 年底，陈独秀、李大钊创办《每周评论》。1919 年 6 月陈独秀被捕，胡适接任编辑，以"问题与主义"谈政治。胡适自称是个研究马克思主义的人，肯定马克思主义的历史唯物主义学说，但不赞成阶级斗争学说，反对暴力革命。1921 年，中国共产党成立，胡适正式脱离激进主义思潮，坚持按照自由主义的信仰走社会改良道路。

　　1922 年，蔡元培领衔，胡适起草，王宠惠、汤尔和、罗文干、陶行知、李大钊、丁文江等 16 位社会名流签名，在《努力》周报发表《我们的政治主张》，提出"好政府主义"，幻想"好人政府"，直击军阀"鸟政府"，提出"宪政的政府""公开的政府""有计划的政治"等要求。这是以胡适为代表的一代知识分子追求民主自由的政治呼声。

　　大凡伟人都有自己的个性思想，胡适也不例外。胡适终身追求自由主义，不为任何个人、政党、时代所左右。这种特立独行的独立精神，或许就是伟人之所以成为伟人的原因。

　　胡适与共产党不合作的态度，是非常明朗的。但是，思想上的分歧，决没有影响胡适与陈独秀、李大钊等共产党领袖的私人关系。

　　陈独秀几次被捕，要斩立决，都是胡适靠着自己的社会影响，大力相救。1937 年 8 月，胡适赴美出任大使前，致信最高当局，要求释放陈独秀。当月 13 日，陈独秀即得以释放，可谓绞刑架下施援手，胡适立了头功。

　　李大钊被处决后，其家人依然信赖胡适，专程来北京，请求胡适等人帮忙安葬。胡适垂泪发动好友捐款，参与了对这位"共党头子"的纪念。

　　胡适与鲁迅，曾经是新文化运动的亲密盟友，1925 年，两人思想产生分歧，鲁迅在与"现代评论派"笔战时，开始捎带讽刺胡适，但胡适受自由主义观念和美国绅士作风的支配，不驳不辩，写信给周氏兄弟和陈源，劝三位不忘鲁迅《热风》里"学学大海"的文章，消除误解和猜疑。

　　追求自由主义的胡适在信中这样写道："我是一个爱自由的人——虽然别人也许嘲笑自由主义是十九世纪的遗迹——我最怕的是一个猜疑、冷酷、不容忍的社会。我深深地感觉到你们的笔战里，双方都含有一点不容忍的态度，所以不知不觉地影响了不少的少年朋友，暗示他们朝着冷酷、不容忍的方向走，这是最可惋惜的。"现在，读起这些文字，让人感觉到，胡适不仅仅追求自由，更多的有一种伟大的宽容和开阔的胸襟。

　　鲁迅逝世后，女作家苏雪林致信胡适，要求胡适领军"向鲁党挑战"，特别提醒鲁迅后十年骂胡适是"日本帝国主义的军师""出卖灵魂"等。但胡适就是胡适，绝不雪上加霜，更不落井下石，他严厉批评了苏雪林，对鲁迅的小说和小说史研究给予了充分的肯定，主动帮鲁迅洗刷所谓抄袭盐谷温案。这又是何等的君子做派！

许广平出版《鲁迅全集》遇到了困难，求助于胡适，胡适热心帮忙联系出版社。到了1958年，在台北的演讲中，胡适不顾政治环境的险恶，依然说，在"新青年"时代，鲁迅"是个健将，是个大将！"这就是真诚实在而不偏不倚的胡适！

胡适因为自己的自由主义立场，喜好不走寻常路，我行我素，常引来人们的不满和批评。

1922年5月，退位的清帝溥仪，一个十六七岁的孩子，因为安了电话，兴奋之余，拨通了胡适，要见胡适。新派人物胡适可怜这落魄的"皇帝"，居然进宫行了君臣礼，并且站在人道主义的立场同情溥仪，觉得自己做了件"很有人味儿"的事。

溥仪被赶出紫禁城，胡适致书民国政府，提出抗议，认为是"欺人之弱，乘人之丧"的不厚道行为，斥责民国政府违背协议，不讲信义，是"东方的野蛮"。

胡适尊敬孙中山，著文宣传孙中山的"建国方略"，孙中山引为知音，但后来陈炯明叛变革命，胡适发表文章赞扬陈炯明的"革命"行动，认为孙中山与陈炯明的冲突是一种主张上的冲突，明确反对孙中山武力统一的方式。这激起了孙中山及其政党对胡适的严重不满和排斥。

1925年元旦，段祺瑞政府发表召集"善后会议"的通电，特邀胡适参加。胡适明知道这是军阀政客们的分赃会议，朋友们也力劝他不参加，他却心存民主幻想，偏要试一试，出席了会议。结果大呼上当，不得不宣布退出"善后会议"，又患了一次幼稚病。

我想：胡适这些不同寻常的言行，固然与他政治上的错误观点分不开，但胡适坚持独立的观点和自由的思考，即使对孙中山也没有把他当作神来崇拜，这点中国知识分子应有的独立精神值得肯定。

1926年，胡适被选派赴欧美，管理中英庚款退款事宜，路经莫斯科，凭着真诚，感受到了苏俄的新气象，他不在乎党派观点，大加赞赏，说看到了真正的民主和自由的社会主义。

胡适来到离别十年的纽约，发现街道成了汽车的海洋，他彻底被美国的现代文明征服了，又情不自禁地赞美起美国渐进式的社会革命，认为这是纯粹社会主义和纯粹资本主义之间的"第三条路"，是对马克思主义的一种挑战。

1927 年，国内政治气候紧张，胡适回国，与新月社徐志摩、闻一多、梁实秋、饶孟侃、余上沅、丁西林、叶公超及潘光旦、邵洵美等新老社员汇集上海，创办新月书店，胡适任董事长，写就《白话文学史》出版。

1928 年，胡适母校中国公学又闹学潮，他被校董会推为校长，吴晗、沈从文就是胡适校长聘请的教员。

嘴拙而胆小的沈从文，第一次上课，被黑压压的大学生吓蒙，大脑一片空白，竟然足足站了十分钟，哑然无语，好不容易能够开讲了，结果一个小时的课程，他十多分钟便草草收场，情急之中，他红着脸，在黑板上写下："我第一次上课，见你们人多，怕了。"赶紧夺门而逃。这样一个只有小学学历的老师，胡适敢请敢用，不然，沈从文后来何以站上西南联大的讲台？

沈从文也有不老实的时候，他看上了美女学生张兆和，忙发挥其文字优势，向学生发射情书。张兆和看不起这乡下老师，拿着情书，找胡适告状，要校长帮她做主，严惩这不知天高地厚的赖皮老师。胡适却微微一笑：沈老师是单身，他有恋爱的自由，我不能干涉，你可以慢慢了解他。后来啊，张兆和终于发出"乡下人，来喝一杯甜酒吧"的邀请，胡适成人之美，可算君子了！

胡适是纯粹的自由主义者，对谁都不买账。1929 年，他在《新月》杂志上发表题为《人权与约法》的文章，炮轰国民政府、党部机关以及蒋介石本人，火力不能不说不猛烈，点爆了一场国内外关于人权问题的大讨论。

胡适倡导思想言论自由，指责孙中山取消"约法之治"的《建国大纲》，写《知难，行亦不易》专文，批评孙的"知难行易"学说。朋友们担心事情涉及孙中山，怕惹麻烦，阻止他发表，而力争自由的胡适坚持发表，果然遭到了各方面的攻击，《新月》杂志被焚，《人权论集》被查，报纸纷纷登出惩办胡适、通缉胡适的议案。

1930 年 5 月，胡适被迫辞去中国公学校长一职，埋头不问时事，做起学问来，又回到北大任教。

胡适不爱问政治，政治却爱来问他。迁居北京的胡适，言行受到当局监视。胡适名气太大了，谁都惹不起，1931 年 10 月，蒋介石放下姿态召见胡适，"垂询"大局。一个月后，蒋介石致电要胡适以"学者"名义参加财政委员会，参政议政，胡适以"北归后即病"为借口，毅然拒绝，继续与政府拉开距离，保持清高与独立。

胡适是不容易屈服的，为了发表自由之声，1932 年 5 月，胡适邀集丁文江、蒋廷黻、傅斯年等几个大腕级朋友成立"独立评论"社，创办《独立评论》周刊，专谈政治。为了彻底保持"独立精神"，社员捐款作为基金，不要任何党派津贴，不要任何老板资助，社员发文章不取稿酬。

1932 年 12 月，宋庆龄、蔡元培、杨杏佛、林语堂等人在上海成立了中国民权保障同盟，这是一个以反对国民党的法西斯统治，积极援助政治犯，争取集会、结社、言论自由为宗旨的进步团体。不久，有个性思想的胡适和鲁迅都加入同盟，胡适还被推为北平分会主席，为他的人权理想着实忙活了一阵。

俗话说："缺了胡萝卜，贩不成酒。"胡适就是这样的"胡萝卜"，国民政府老是不放过他，极力拉拢这位巨人，曾许以教育部长之位，而胡适呢？坚决不合作，态度鲜明，只做政府的"诤友"和"诤臣"，决不做官。

尽管如此，胡适这位自由主义的民主斗士，与国民政府的距离越来越近了。在国难当头的时候，为了民族大义，自由可以暂停，胡适义无反顾地走进了国民政府，这是后话。

归入国民政府的胡适，荣也罢，对衰也罢，对自由民主的追求不会罢。胡适出走大陆之时，高举"自由"大旗，与雷震筹划出版社和刊物，创刊《自由中国》，把反共和鼓吹民主自由定为刊物主调，反共赢得国民政府的欢心，民主自由却遭受国民政府的打击。

胡适一点也不识趣，国民政府败退台湾后，作为"发行人"，不管身在何处，胡适的矛头直指台湾当局，鼓呼民主和自由，大胆为《自由中国》代言，甚至鼓动雷震成立"新党"。

1960 年，雷震被以"为匪宣传""知匪不报"两项罪名判刑 14 年（执行 10 年），《自由中国》被迫停刊。这就是台湾 20 世纪 60 年代著名的"雷震案"，牵连的人不少。

在台湾争取民主和自由，雷震付出的代价是坐牢十年，胡适虽为之鸣不平，却终无济于事。

胡适知道，这是老蒋故意做给他看的，杀鸡吓猴。雷震坐牢后，胡适没去探监，有人非议：重情重义的胡适怎么了？被吓怕了？莫非一切都是伪装的？

面对诘难，胡适又是微微一笑："雷震会理解的。"果不其然，雷震出狱后，第一件事情，就是去拜谒胡适墓。

为什么呢？懂吗？好多人读不懂，只有胡适和雷震懂。胡适太了解蒋介石了，雷震的命运取决于他的态度，蒋在静观其变。如果胡适再胡来，闹得风生水起，蒋就来个逆反心理，怎么样？快刀斩乱麻，"咔嚓"一声，雷震人头落地。胡适是聪明的，不道破，装"无情"，来个"节哀顺变"，要招"曲线救命"，雷震能不感恩戴德吗？要知道，胡适晚节还是保住了的！

胡适是个理想的自由主义者，因为追求自由，故而倡导容忍，他有一句名言："容忍比自由更重要。"他曾说："我挨了四十年的骂，从来不生气，并且欢迎之至，因为这是代表了言论自由和思想自由。"

## 逼上梁山的官场斡旋

"一·二八"事变后，日本加强了攻势，中华民族到了最危险的时候。而胡适呢？在《独立评论》发表文章，坚守他的自由主义立场，宣传他的低调抗日主张，走了与众不同的路线。

有了这种不同流俗的观点，胡适遭受的攻击也够威够猛的。他任北大文学院院长，演讲"打仗三日就亡国"的过激言论，被学生辱骂，赶下讲台。从此，他很少再在北大公众场合露面。以孙科为代表的主战派元老，主张逮捕胡适，押入大牢，灌辣椒汤，老虎凳伺候。鲁迅等文化名人更是骂他为"日本帝国主义"的"军师""走狗"，与之势不两立。

是胡适犯糊涂了？不是，胡适是冷静的，非常理智。他认为，国际国内形势复杂，不愿意民众去当战争的炮灰。实质上，胡适摸清了老蒋的老底，中国军队实在太弱，无法与日军抗衡，需要较长时间的军事整顿。

国际上，一方面，中日友谊历来已久，胡适对日本军国主义心存幻想，另一方面，英美在抵制法西斯，胡适寄希望于国际的调停和援助。

在这种情势下，胡适的主张是从关注人的生命出发。胡适的爱国热情是毋庸置疑的，与汪精卫的亲日丑行有本质区别，他力主不丧主权，服从中央，积极外交，争取外援，他给大青山公墓抗战将士写白话碑文，弘扬民族精神。

1937 年，卢沟桥事变爆发，国内局势一天比一天紧张。9 月，鉴于胡适在国际上的影响力，蒋介石授命胡适以非正式使节的身份赴美国及欧洲，进行国民外交。

肩负着民族大任，胡适来了，在美国，在加拿大，在英国，在法国，在瑞士，甚至在白宫罗斯福总统府，天才演讲家激情演绎，揭露日本侵华暴行，宣传中国抗战决心，痛苦并快乐着，争取了欧美各国对中国的同情和支持。忙碌之余，胡适不忘寄诗给老朋友周作人，劝其南下，不做亡国奴，胡适的爱国之情溢于言表。

1938 年 9 月 17 日，国民政府正式任命胡适为驻美大使，当天，胡适日记中这样写道："二十一年的独立自由的生活，今日起，为国家牺牲了。"10月 5 日，胡适赴华盛顿就任。

20 年前"不入政界"的诺言被打破，国难当头，胡适情何以堪？强烈的爱国心让他再也无法逃避，他以诗明志："做了过河卒子，只能拼命向前。"

做了大使的胡适更勤奋了，更有民族责任感了。他坚决反对和谈，在给蒋介石的电文中称"和谈比战争更难百倍"。

胡适，一介书生，出任大使，没有任何外交手腕，仅仅靠着作为书生的诚恳态度和学术威望，赢得美国朝野上下的普遍敬重，这是出乎大多数人意料的，"百无一用是书生"的古训，被胡适彻底地打破了！

美国开初信守中立，不向交战双方贷款，而胡适的本事，就在于把不可能变成可能，这就是"书生大使"的特殊魅力。武汉沦陷不久，胡适成功获得美国 2500 万美元的借款，这是前任大使交涉多次也没有成功的。借款对处境困难的国民政府，无疑是一针强心剂，对国内的士气和民心，更是极大的鼓舞，全国上下的抗日斗志一路疯涨。

不久，胡适又成功获得"滇锡借款"，很明显，美国政府对中国的态度在升温，正是对这位驻美大使的极度尊重。

大战期间，美国总统罗斯福昼夜忙碌，许多盟国大使想晋见，可谓"难于上青天"，"第一霸主"，你想见就能见？岂不太掉价了？而胡适是例外，即使是战乱中的国民，罗斯福也把特别的爱给了特别的他。

胡适拜谒罗斯福，就像老朋友聚会，想聚就聚，他们对远东战局诚心交换意见，罗斯福总统对中国的同情与日俱进。

1941年12月7日上午，罗斯福电召胡适，高兴地告诉胡适，美国拒绝了日本的谈判要求。胡适刚回使馆，罗斯福总统又亲自打来电话，说日本轰炸珍珠港了。这等军事机密，胡适第一个知道，可见，罗斯福把胡适视同密友。有了美国的加入，中国的抗战就看到了希望的曙光。

胡适驻美期间，办事效率高，供职之余，演讲不断，博士学位领不完，国内议论更不停。太平洋战争爆发以后，宋子文任外交部长，常驻华盛顿，成了胡适的顶头上司。"人不可有傲气，但不可无傲骨"，胡适受不了宋子文的闲气，对这官位不再留恋，使命已经完成，何不躲进书斋，"漫卷诗书"呢？1942年8月，胡适被蒋免除大使职务，移居纽约，重回学术，进行"《水经注》案"的考证。

胡适这一呆，又是欧美十年。1940年，蔡元培去世，中央研究院群龙无首，学人渴盼胡适回国。抗战胜利，北大校长又急需胡适这样的高人。

而我们的胡适呢？欧风美雨的自由日子还没享受够呢！你急，他不急，他怕人心惟危，他怕身心不自由，任命书漂洋过海来了，他优哉游哉，和政府讨价还价，直到1946年，才回国执掌北大。

胡适安心学问，政界却不让他心安。也不知道胡适走了什么狗屎运，国民政府和美国政府都大力捧他。

内战刚打响，蒋介石召开"制宪国大"，亲自电邀胡适来撑面子，一来就是大会主席团主席。

蒋介石再次想要胡适出山，担任国府委员兼考试院院长，但胡适的书生脾气蒋公也怕，专门派傅斯年去劝，想不到，当着蒋介石的面，胡适竟然耍起怕老婆的招数，说老婆不准他做官，做官了就不好相见。蒋介石只好笑着说："这不是官！"放他而去。

可是，安静的日子想长也长不了。1948年，国共两党决战，国民党大势已去，气数已尽，美国总统杜鲁门对蒋介石彻底失望，提议中国召开国民大会，另选总统，密诏的候选人竟然又是胡适这个书生！

蒋公惊讶之余，为给自己找个台阶，立意胡适当选总统，自己任行政院院长。

这天底下最大的官，大得太吓人了，其他的官，胡适尚且坚辞不受，何况这提着脑袋走的总统之位呢？你说，胡适能不明白？凭他文弱书生，有蒋介石在，胡适就是再吃豹子胆，也不敢接受啊！更何况，政坛老江湖多如牛毛，老奸巨猾，岂是一个信奉自由主义的书生能驾驭的？

在国民大会召开前几天，蒋公托外长王世杰做工作，动之以情，晓之以理，又以国家要义相逼，让胡适"屈就"。谈了几天，软硬兼施，死缠乱磨，胡适勉强答应。

胡适想明白了：自己当总统对蒋公是再适合不过的，一个有威望不贪官位，一个想实权不构成威胁，总统是虚位，是花瓶，绝佳搭配。

哪知，两天觉一睡，胡适又反悔了！这下，蒋公急了，亲自上阵，约见胡适。胡适犹豫，情急之中，蒋干脆说，要不，我们两个交换，你得实权，我换虚位。这一军将得胡适实在不轻，他冷汗直冒，不答应是不行了。

第二天，即1948年4月4日，在国民党临时中央全会上，蒋介石宣布自己不参选总统，并按照胡适的条件列举了参选者的五个条件。结果，袁世凯式的闹剧出现了，整个会场痛哭流涕，纷纷劝说蒋公参选。

胡适被调戏了，蒋公收获不小，一石三鸟：一遵从了美国意愿，二牵制了李宗仁，三获得了"让贤"美名。之后，蒋公过意不去，专请胡适来吃饭，胡适一脸坦然，依然微笑着，他本来就没想当什么总统，正好顺水顺风，只是希望新总统来点民主政治。

1949年1月，蒋介石宣告"引退"，4月，胡适逃到他的美国老巢——纽约，开始了困窘的流亡生活。

曾经盛极一时的胡适，失业了，坐吃山空，一下坠入困顿，变成了"老来穷"。一年后，胡适才在普林斯顿大学谋得个图书馆管理员的职位。

1954年，胡适被蒋介石召回，再任国民大会临时主席，主持蒋介石的第二任总统选举，颁发总统证书。1958年4月，胡适飞回台湾，正式接任给他留了18年的正位子——"中央研究院"院长，成了台湾最高学术长官。

胡适的烦心事总是摆脱不了，一不小心，他与陈诚、王世杰、蒋梦麟一起被称为"商山四皓"，卷入了1959—1960年的总统连任的政治漩涡中。

蒋介石年事已高，按新宪法，总统六年一任，不能连任三届，但蒋介石不想退位，坚守民主自由的胡适天不怕地不怕，大胆发表言论，不赞成蒋介石连任，坚决反对修宪，并在日记里写着："这种方式，对蒋先生是一种侮辱，对我们老百姓是一种侮辱。"把蒋介石得罪到底。

胡适婉拒大会主席之后，在主席团会上，与蒋介石公开叫板：蒋介石力主记名投票，胡适豁出去了，坚决要求无记名投票，保障投票的自由，以免受到政治威胁。这下，蒋介石恼羞成怒，拍案而起，一声断喝："谁威胁谁了？"胡适毫不示弱，正待誓死捍卫，坐在旁边的学生罗家伦扯住了他，递来纸条："容忍比自由更重要。""用子之话，息子之怒"的妙招，无可奈何中透着凄凉。蒋介石顺利连任了，胡适因心脏病住进了医院。难怪，蒋介石在胡适去世当天的日记中写道："闻胡适心脏病暴卒，对革命事业确实去除了一个障碍。"

1962年2月24日，在"中央研究院"第五次院士会议酒会上，胡适心脏病猝发与世长辞，享年72岁。

胡适死后，秘书王志维清点遗物，发现除了书籍、文稿、信件外，胡适生前留下的钱财只有135美元。

胡适帮人无数，自己却一辈子不置产业，驻美大使期间，居然借债过日子，一笔大使特支费，他分文未动，回国全部上缴国库。胡适曾说："金钱不是生活的主要支撑物，有了良好的品格，高深的学识，便是很富有的人了。"

从胡适逝世到出殡，前往祭吊的路祭送殡的民众达几十万人，有达官贵人，有文人雅士，更有许多布衣白丁。面对数万人自发的送殡场面，江冬秀忍不住对长子胡祖望长叹一声："祖望啊，做人做到你爸爸这样，不容易哟。"

胡适走了，胡适属于世界，其为人，为事，为官，为学，不论毁誉褒贬，早有人评说，我不敢妄议。

我只想让大家读读胡适的墓志铭，这是胡适的学生毛子水给老师的纪念，我坚信，任凭世易时移，这字、这人都会永垂不朽：

> 这个为学术和文化的进步，为思想和言论的自由，为民族的尊荣，为人类的幸福而苦心焦虑，敝精劳神以致身死的人，现在在这里安息了！
>
> 我们相信，形骸终要化灭，陵谷也会变异，但现在墓中这位哲人所给予世界的光明，将永远存在！

# 梁思成夫妇：夫唱妇随的大家风范

梁思成、林徽因，这两个名字，大家耳熟能详，最感兴趣的，莫过于刻上林徽因名字的浪漫爱情故事，美女＋才女，绝代佳人，天下男人望而却步，唯有几个多情男人，追得如痴如醉，天昏地暗，生生死死，演绎出一幕幕让后人艳羡不已的动人故事。

中央电视台曾播出八集电视纪录片《梁思成 林徽因》，不是黄金时段，晚上十点以后，可能少人关注。我觉得，这部纪录片，拍得精美，客观公正，史料性强，值得一看。

这部纪录片是这样开头的：

> 梁思成、林徽因，一对学者伉俪，在离去多年后，他们的名字渐渐进入公众的视野。人们传说着他们不寻常的家世学识，传说着她的美丽、才华、爱情，传说着他半个世纪前对一座古城的痴迷与眷恋。众多记述和传奇，让他们离我们更近，而有时，又仿佛更远。

在这里，我只想做点普及性的解说，说说我所知道的梁林故事，比起那些阳春白雪的东西，我愿意做下里巴人。如果大家能在我的叙说中敬佩起一代学人的耀人风采，我就心满意足了。

梁林夫妇，让我最感动的是他们夫唱妇随的职业选择和为这一事业奋斗不止的伟大精神。其实，他们职业选择的时候，准确地说，应该是妇唱夫随，梁思成听林徽因的，但是，从事这一工作后，林徽因长期卧病在床，梁思成为这一事业的奔波和坚持，算主要的了，夫唱妇随倒也恰当。

一个是贵族公子，一个是大家闺秀，长大后，他们成了真正的"大家"，让我们抬头仰望。我讲梁思成夫妇，除了一些八卦故事外，偏重的是他们的大家风范。

我给他们写下了这几句感言，算做我的开头语吧：

> 时代需要精神的养料，人们追慕大师的风范，梁思成、林徽因，这
> 两个闪光的名字，以其浪漫真诚、天作之合的美丽，永远放射着夺目的
> 光芒。

## 家世显赫的"超男超女"

庄子有言："初生之物，其形必丑。"梁思成就是这样的丑儿。1901 年 4
月 20 日，梁思成出生在日本东京，竟是一个两腿外撇的"残疾"儿，这就
是俗称的"外八字"，全家骇然。幸亏他老子梁启超是国际名人，能耐大如
天，不慌不忙，请来外科医生矫正。要是生在寻常百姓家，那就惨了，陪伴
终生的可能就是"外八字"。

梁思成是梁家"长子"，重要的接班人，不可小看。这两腿刚正常，又
体弱多病，牵扯了母亲的心。一日，母亲李惠仙梦见有婴儿向她啼哭，好生
奇怪，便行坐不安了，总觉得上天有什么旨意要表达。

为了梁家大业，崇尚科学的梁启超竟然也听夫人令，请人来解梦。或许，
有些事情的确无法用现有科学来解释，许多民风民俗皆如此。像民间传说的
一些巫术，如湘西的"赶尸"术等。我们这里存留的"捆同"，死人附活人
体说话，嘴是活人张，声音是死人的，我听人家说得绘声绘色，很神秘，如
临其境，如见其事。堂堂梁启超，也信了这个？可事情就是这么凑巧，解梦
人说，梁家曾夭折过男儿，这男儿要来索求长子位。梁家人一听，吓出一身
冷汗，这实在太玄妙了，梁思成真的是"老二"，从此，梁思成不敢被梁家
称为长子，弟妹们也改称二哥，他这才健康起来。

梁启超 9 个子女（除早丧的长子和二女），个个出人头地，"一门三院
士，满庭皆俊杰"，什么原因呢？仔细想来，与梁启超显赫的位置有一定关
系，但不是决定性因素，最主要的还不是遗传、教育和环境的合力所致？良

好的家庭除了有良好的遗传以外，更有良好的教育和环境。

梁启超不仅自己厉害，家庭教育堪称表率，梁门子弟"将门无犬子"与他的细心教育是分不开的。在此，我想给大家介绍梁家子弟的风采，借此表达我无限的钦羡之意，也让大家明白一些道理。

梁氏长女梁思顺，毕业于日本女子师范学校，诗词研究专家，外交官周希哲的夫人；

三子梁思永，毕业于哈佛大学考古系，为中国考古第一人，国民政府第一批院士；

四子梁思忠，美国西点军校毕业，参加淞沪抗战，25 岁在前线早逝；

三女梁思庄，在加拿大获麦吉尔大学文学学士学位和哥伦比亚大学图书馆学学士学位，著名图书馆学家、中国图书馆学会副理事长，曾任北京大学图书馆副馆长，精通英、法、德、俄等多门语言；

四子梁思达，南开大学经济系硕士，著名的经济学家；

四女梁思懿，燕京大学读书背景，后在美国芝加哥、纽约社会学院任教，1936 年加入中国共产党，新中国成立即离美回国，著名的社会活动家；

五女梁思宁，曾就读于南开大学，在梁思懿的影响下，1940 年，投奔新四军，成为陈毅手下"特殊的兵"；

五子梁思礼，在美国获博士学位，为我国著名火箭系统控制专家，中国科学院院士。

童年的梁思成，也是调皮捣蛋的、活泼灵动的。日本东京、横滨、须磨，都留下过梁氏兄弟姐妹们顽皮的足迹，都有他们永远甜美的回忆。

辛亥革命成功后，国内政界和民众都在热切期盼梁启超回国，有人甚至公开声称梁启超应该回国当总统，好像梁启超就是中国的大救星。

在人们的强烈要求下，流亡日本 14 年的梁启超挈妇将雏回到了天津，这是 1912 年 11 月的事情。

不久，梁启超被北洋政府任命为司法总长。梁思成也被接到北京居住。他 14 岁时考入清华学堂，开始了他在清华八年的求学之旅。

梁思成把清华学堂读成了清华大学，见证了清华的发展史，也是一种难得的福气。清华是美式教育，努力培养社会"绅士"，不培养书呆式的"学霸"和"考霸"。在这里，梁思成活跃得很，如鱼得水，获得了诸如"最有才华的小美术家""首屈一指的小音乐家""一个有政治头脑的艺术家"和"跳高王子"等荣誉称号，还成了"美术编辑""管乐队队长""爱国十人团"和"义勇军"等中坚分子，留下了一大堆一大堆的照片，一看就是素质教育在清华开出的绚丽花朵。

梁思成是"官二代"，也是"富二代"，他一直接受父亲"寒士家风"的培养，节俭，勤苦，好学，进取，丝毫不见其骄横之风。他的这种品质和精神，给梁启超长了脸争了光，我把中国"超男"的称号给他，大家不会嫉妒吧？

林徽因，惊艳的美女，大家期待很久了吧？从儿时照片来看，林徽因也并不太美丽。她是林长民与何雪媛结婚八年后的第一个孩子，1904 年生于杭州。

祖父林孝恂，光绪十五年进士，满腹经纶，对长孙女的出生还是有所期待的，吟哦着《诗经·大雅》"大姒嗣徽音，则百斯男"之句，为孙女取名徽音，寄愿她日后继承美誉和贤德，并为林家带来男丁，以兴家室。

从此，这个诗意的名字就与诗歌结下了不解之缘。到了 20 世纪 30 年代，也有这样一位诗人，叫林微音，与林徽音一字之差，曾追求唯美主义，与风流才子邵洵美是朋友，同被鲁迅狠狠骂过，后来帮汪伪汉奸政府效犬马之劳，还染上鸦片瘾，1949 年后失业，消失在大众视野里。林徽音有先见之明，自改名林徽因，两字均不同，登报与之划分了界限。

林徽因两岁时，父亲林长民离开了她，赴日本早稻田大学攻读政治法律。林徽因的早期教育听从祖父安排，由大姑母发蒙读书，国学、新学兼修，即表现出是一个聪颖灵秀的可爱人儿。

12 岁时，林徽因和她的表姐们一起被送到英国教会办的培华女中读书，正式接受西学，全英文教学！英国贵族式的教育，中国传统古典美和西方现代美在林徽因身上潜滋暗长。所以啊，绝代佳人是需要严格打造的，美女到处有，但是有教养、有气质、有内涵、有学问的美女寥若晨星，林徽因就是这样的闪耀星辰。

林徽因的童年，也有伤痛的时候，祖父、父亲关爱她，这没说的，关键是她的母亲何雪媛，是个悲苦之人，是个没受过教育的旧式妇女，14 岁嫁给林长民做第二夫人，得不到林长民的欢心。林长民善诗文，工书法，儒雅风流，才华超绝，与何雪媛差距太远，完全是两个不同世界的人。林徽因出生后，父亲把爱给了女儿，对何雪媛更是不理不睬，夫妻关系名存实亡。在林徽因八岁那年，父亲另娶程氏，之后生下一个女儿和四个儿子，林徽因的母亲何氏失宠。林徽因成了母亲何雪媛的救命稻草，母亲的怨恨，父亲的固执，留给林徽因的记忆是痛苦的，因而导致了林徽因急躁而执拗的性格。

林长民是活跃在中国政坛的风云人物，共和、宪政、约法，是林长民为之奔波的主题。辛亥革命后，他任过参议院、众议院秘书长，参与草拟《中华民国临时约法》，最后官至司法总长。

梁启超也当过司法总长呢，和林长民是同一职位，只不过，他们服务的对象不同罢了，梁启超在前，服务于袁世凯政府，林长民在后，服务于段祺瑞政府。缘分啊！他们俩的最高政治职位都止于司法总长，这不是奇缘吗？这奇缘与梁思成、林徽因的姻缘有关联。

1920 年，林长民被政府派赴欧洲访问考察，他决定携林徽因同游，写信给女儿。他望女成凤心切：一要增长女儿的诸国见识；二要女儿领悟父亲的胸次怀抱；三让女儿离开家庭俗务，扩大眼光以求将来改良社会。

林长民对长女林徽因的期望值是很高的，正是因为有了这位伟大的父亲，女儿才胸怀大志，走出自我，心系民族和国家。

在那个封闭的年代，林徽因走出了国门，游学欧洲一年半，长了见识，开了胸怀，给她以后的人生道路奠定了厚实的基础，使这位稀罕的"可人儿"更加光彩照人，成为名副其实的"超女"。

## 才子佳人的"黄金搭档"

才子佳人的"黄金搭档"，谁是"才子"？谁是"佳人"？究竟哪两个是"黄金搭档"？本来，这故事一点也不玄乎，但是，有好事者把它传得神乎其神，传得有声有色，传得一声而三叹，令人感叹唏嘘不已。

林徽因，这三个字，扑面而来的，是浓浓的浪漫气息。不可否认，她生就了满身的浪漫因子，这与林徽因的家庭环境和自身资质分不开，林徽因天生清纯美丽，典型的东方美人胚子，温婉动人，又加上东西方教育的熏陶，出落成楚楚动人的大家闺秀，人见人爱。

绝代美丽而又十分高贵的林徽因，就像天上那月亮，可望而不可即，世间的那些多情男子啊，望断了脖子，看傻了眼，累疼了心。

林徽因刚到英国，只有 16 岁，就是普通高中生的年龄，能懂爱情吗？懂一点，又好像什么都不懂，似懂非懂，朦朦胧胧。

不管怎么说，这林徽因呀，一到英国，就被徐志摩恋上了。徐志摩，风流倜傥，才华横溢，一首《再别康桥》，不知倾倒了多少少男少女。不过，徐志摩是个天生的多情种子，爱林徽因，是惊天动地，爱陆小曼，又是动地惊天，完全是同样模式的翻版。

徐志摩的父亲徐申如，是清末民初的实业家，是远近闻名的硖石首富。徐志摩是徐家的长孙独子，自小就是典型的公子哥儿，舒适优裕，亲戚里也有几个厉害人物，比他日后的名气不得差：沈钧儒是他的表叔，金庸是他的姑表弟，琼瑶是他的表外甥女。

徐志摩本来就心高气傲，难以服人。到北大就读时，他聆听梁启超的演讲，被"牛人"梁启超折服，意欲拜师求学。后经两位妻兄张君劢（音迈）和张公权介绍，结识梁启超，举行隆重的拜师仪式，行了磕头叩拜之大礼，正式成为梁氏入室弟子。

张幼仪与徐志摩的婚姻，就是张幼仪的四哥张公权做的媒。张公权时任浙江都督秘书，巡视学校时，发现了杭州一中的大才子徐志摩，主动向徐家提亲，待徐家答应后，立马将 15 岁的妹妹从师范学校拉回来，嫁给徐家做少奶奶。他以为，机不可失，失不再来，嫁个好人比读书重要得多。想不到，这次，他真的错了，张幼仪倒是"嫁鸡随鸡，嫁狗随狗"，安守妇道，而徐志摩呢？却不把张幼仪当回事，借口时尚得很："媒妁之命，受之于父母。"

才子就是才子，徐志摩到美国，入克拉克大学，仅仅十个月，即宣告毕业，拿到学士学位，还得了一等奖学金，随即转入哥伦比亚大学研究院，不久，又获得文学硕士学位，博士学位正向他招手。不料，他却被英国哲学家罗素深深吸引住了，他当即买舟，横渡大西洋，欲拜罗素为师。到了英国，罗素有变，徐志摩拜师落空，只得先在伦敦政治经济学院呆着，正郁闷无路之际，名人林长民来到伦敦，对徐志摩来说，这简直是天赐良机，名人自己撞进怀里来！

这徐志摩啊，生性好动，标准的"见人熟"，一见林长民，即叹相见恨晚。经林长民介绍，徐志摩认识了英国著名作家狄更生，狄更生又推荐他进了剑桥大学。

惊鸿一瞥也罢，一见钟情也罢，徐志摩见了林徽因，世界就变了。见林长民是假，见林徽因才是真。徐志摩极尽他的聊天技术之能事，谈政治，谈人生，谈文艺，谈雪莱，谈拜伦……谈得如痴如醉，谈得打开了 16 岁少女的心扉。

在徐志摩的聊天攻势下，林徽因的心动了。不知不觉地，徐志摩改了方向，聊天变成写诗。这位天才诗人写起诗来非同一般，缠绵悱恻，余味无穷。诗来诗往中，林徽因的诗兴得到激发。林徽因是诗人，作诗的引路人，当属徐志摩，这是不容否认的。

一年后，林徽因随父亲回国了，徐志摩的心也被带走了。这场火烧得徐志摩焦头烂额，单相思也好，双相思也罢，这都不重要了，问题的关键是，林徽因没有大胆地接受徐志摩的爱。你想想，一个 16 岁的清纯少女，像高中生这般大小，肯把自己嫁给一位早已结婚生子的有妇之夫吗？这男人再好，也已经是别人的了！即使自己敢于大胆走出这一步，亲朋好友能理解吗？别人会怎么看？爱情再美好，也不能当饭吃，恋爱要理智，单凭一时热情是干不成大事的！

可我们的徐志摩，被爱情冲昏了头脑，早已病入膏肓，无可救药了，仍发扬"将爱情进行到底"的精神，为了博得林徽因的爱，男子汉大丈夫，一不做二不休，他以为，无毒不丈夫，休掉妻子张幼仪才是硬道理。

我不喜欢徐志摩，他太绝情了，自私，心狠。或许，这正是他对爱情负责任的表现，只是对家庭不负责任。可怜的张幼仪，携着儿子，身怀六甲，追他来到伦敦，举目无亲。多情公子徐志摩，在这节骨眼上，见了林徽因，就完全漠视他们母子了，尽想着快刀斩乱麻。

徐志摩把苦恼诉之于朋友，有朋友狡猾得很，说只要请吃一顿饭，就能摆平这件事。这徐家大少爷，高兴极了，忙请来这三五朋友，研讨休妻方案。你知道，这时的张幼仪，是死活不肯离婚的，哭过，闹过，朋友们都软化了，他们觉得，要替张幼仪找个出路，就一切好办了。

忽然，有人提到金岳霖，说金岳霖是光棍，没有妻室，建议徐志摩把老婆转嫁给他。大家一听，言之有理，乌拉声，欢叫声，碰杯声，声声入耳，好像事情就这么解决了。你看，中国的留学生们就是这样的幼稚和率真！

可是，事情就有这么凑巧，你相信也罢，不相信也罢，金岳霖正在这家餐馆和几个朋友就餐，听到隔壁有人提到自己的名字，好生奇怪，忙跑过来看究竟，待知道事情原委后，把这几个狐朋狗友狠狠地臭骂了一顿，事情也就这么黄了，徐大少爷又白请了一顿饭！

这徐志摩，还是放不下屠刀，不能立地成佛。痴情种子，忘不了林徽因，尽管林徽因早已回国。他为表忠心，软磨硬拖，待张幼仪在柏林为他生下第二个儿子（彼得）后，还未满月，就毅然决然地与之正式离婚，又请金岳霖作证。

解除了婚姻的徐志摩，全身轻飘飘的，从英国飘回了中国，继续他的"追林"之路，"那河畔的金柳是夕阳中的新娘"，"那波光里的艳影在我的心头荡漾"，"新娘"是谁？"荡漾"的又是谁？是剑桥吗？不是，我想，不如林徽因来得更贴切些。徐志摩白日做梦也好，陈梦旧影也好，剪不断、理还乱的是林徽因，哪里是康桥呢？康桥最美好的回忆，谁说不是和林徽因漫步的时光？

诗人徐志摩太自恋了，自以为得了自由身，林徽因会别无选择。哪知，回国后，林徽因待他不温不火，不即不离，不远不近，徐志摩被折磨得心力交瘁也无济于事。

究其原因，至少有两个：第一，林家长辈对徐志摩不看好，极力反对这门亲事；第二，情敌梁思成已经现身登场，正顺从了梁林两家的心愿。也说不定，林徽因另有隐情，初恋是美丽的，但往往又是最盲目的，最好把它珍藏起来，做成寂寞时光的贡品，发酵，尘封，让它更陈更香。

当然，徐志摩是不会善罢甘休的，尽管知道林徽因已经成为恩师梁启超的儿媳妇候选人，徐志摩明人不做暗事，他热恋着徽因，在给林徽因未来的公公梁启超的信中，写得深情款款："我将于茫茫人海中访我唯一灵魂之伴侣，得之，我幸；不得，我命。"你看，公开挑战了，是不是？

1924 年的春天，印度大诗人泰戈尔来华访问，他是梁启超和林长民创办的讲学社邀请的客人。徐志摩和林徽因是陪伴泰戈尔左右的翻译。徐志摩攻势丝毫不减，而这时的林徽因少了少女时代的幻想，多了现实生活的成熟，淡然冷静。就连 60 多岁的泰戈尔也看出了两个年轻人之间的猫腻，临别时赠诗给林徽因："天空的蔚蓝，爱上了大地的碧绿，他们之间的微风叹了声，哎！"

本来，徐志摩以为泰戈尔来华，是天作之合，可以拉近自己和林徽因的距离，借诺贝尔获奖者来做媒，促成自己的好事。可是，泰戈尔的来华，不仅没有成为徐志摩和林徽因爱情的催化剂，反而让梁启超提高了警惕，怕儿媳妇又被这学生娃子抢走了，不管怎么说，儿子总比学生娃子重要，不是儿子无能，而是这学生太厉害，形势严峻得很，三十六计走为上计，惹不起还躲不起吗？我让儿子和林徽因到美国恋爱去，你还敢厚着脸皮跟着去吗？

梁启超的这一招果然灵验，徐志摩甘拜下风。于是，不甘寂寞的徐志摩又和京城名媛陆小曼来了一场轰轰烈烈的爱情剧表演，震动了京城，震动了文化界。至于详情，我实在不敢多说了。

1931 年 11 月 19 日，为摆脱与陆小曼的吵闹，为参加林徽因晚上的演讲会，徐志摩乘邮政专机飞北平而不幸罹难。一代才子英年早逝，让人扼腕而叹。

徐志摩去世以后的 1934 年，林徽因写过一首著名的诗《你是人间四月天》，有人理解为悼念徐志摩而作，有人说是喜迎儿子的出生而作，管她为谁而作，大家一起来读一读吧：

## 你是人间四月天
### ——一句爱的赞颂

林徽因

我说你是人间的四月天；
笑响点亮了四面风；
轻灵在春的光艳中交舞着变。
你是四月早天里的云烟，
黄昏吹着风的软，
星子在无意中闪，
细雨点洒在花前。
那轻，那娉婷，你是，
鲜妍百花的冠冕你戴着，
你是天真，庄严，

你是夜夜的月圆。

雪化后那片鹅黄，你像；

新鲜初放芽的绿，你是；

柔嫩喜悦，

水光浮动着你梦期待中白莲。

你是一树一树的花开，

是燕在梁间呢喃，

——你是爱，是暖，是希望，

你是人间的四月天！

　　毫无疑问，林徽因真爱徐志摩，留下的诗文可以作证。更有人说，徐志摩飞机出事后，林徽因托人从现场找来飞机残骸挂在床头。又据张幼仪回忆，1947 年，林徽因病重期间，听说张幼仪母子来北平，托信想看看他们。张幼仪是带着儿子和孙子来看她的，林徽因是想借此向张幼仪表达歉意，还是想看看旧友徐志摩的后代，我们都不得而知，我总觉得，那份真情永远如人间四月天一般温暖……

　　说了徐志摩，再来说说金岳霖。金岳霖是一位很了不起的哲学家和逻辑学家，学问之深，在清华，在西南联大，在北大，一路被捧为无可企及的泰山北斗。

　　金岳霖的学问精神，是永远值得我们学习的。抗战时期，在西南联大，艰苦的环境里，金岳霖好不容易才完成了《知识论》，一部哲学著作，七十万字呢。每每跑警报，什么东西都可以不带，这部书稿是一定要带着的。为了保险，他就席地坐在稿子上。可是，有一次，警报解除后，慌乱之中，金岳霖站起来就走，返回时，稿子却没有了，他欲哭无泪，这是他多年来的心血，重写谈何容易呢！但是，他别无选择，该重写的还得重写。

　　1983 年，时隔四十年后，这部书才由商务印书馆正式出版，这年他 88 岁，第二年，金岳霖去世。金岳霖曾感叹："《知识论》是我花精力最多、时间最长的一本书！"

　　至于金岳霖何时恋上林徽因，还有待考证。金岳霖认识林徽因，是徐志摩的功劳。在伦敦，徐志摩被林徽因折磨得神魂颠倒，金岳霖是亲眼所见，并由此认识了林徽因。这时候，他可能还不敢夺人所爱，他更想不到的是，自己也会一辈子坠入对林徽因的爱恋中。

据梁思成的续弦林洙回忆，有一次，梁思成从外面归来，林徽因哭丧着脸对他说，她同时爱上了两个人，不知道怎么办才好。梁思成经过痛苦的权衡后，才告诉她，她是自由的，如果选择了老金，他亦祝福他们幸福。金岳霖听到这话后，说："看来思成是真正爱你的，我不能去伤害一个真正爱你的人，我应该退出。"这是关于金岳霖和林徽因最经典的婚外情史料，被人津津乐道。

林徽因是可爱的，是纯真的，婚外情能够主动坦白。梁思成是大度的，是伟大的，爱人至少精神上出轨了，他考虑的还是爱人的幸福。金岳霖是感性的，又是理性的，选择退出，虽然不舍，态度也坚决。

无论如何，在这场情爱角逐中，最了不起的是梁思成。梁思成是真正的绅士，从此不再提这事，和金岳霖依然是几十年的朋友。

梁思成的伟大，来自于他对朋友的笃诚和信任，更来自于他对林徽因深沉的爱情和信任。梁思成赢得了朋友们永远的敬重——不论是徐志摩，还是金岳霖。梁思成的胸襟情怀，让俗世中的夫妻之爱和朋友之爱，达成了一种理想的境界。

也许，林徽因太完美了，金岳霖为之终身不娶，被后人誉为"情圣"。1932 年到 1937 年夏，是梁林一辈子中最欢快的时期，林太太的客厅特别出名，谈笑有鸿儒，往来无白丁，除金岳霖外，政治学家张奚若、哲学家邓叔存、经济学家陈岱孙、国际政治问题专家钱端升、物理学家周培源、社会学家陶孟和、考古学家李济、文化领袖胡适、美学家朱光潜、作家沈从文、萧乾等，都是座上嘉宾。看着这些名字，大家都很仰慕吧？随便一个，都是大师级的人物，林徽因就这样被众星捧月般地抬举着，能不幸福吗？

而我们的金岳霖先生，和梁家同住北京北总布胡同，在梁思成不在家的时候，俨然是客厅的主人。抗战后，在昆明，在李庄，金岳霖都把梁家当己家，把梁家子女当侄儿侄女，来来往往，不是亲人，胜似亲人。梁林去世以后，金岳霖没有后代，依然与梁林的儿子梁从诫同住，梁从诫持父执礼，称金岳霖为"金爸"，金岳霖去世，后事由梁从诫操办。他们之间的情分能安然传递到后辈手里，不能不说是一种罕见的美谈了。

林徽因是上帝的宠儿，徐志摩浪漫的诗意包围着她，金岳霖哲学的头脑顾念着她，许许多多的文化人都在关心着她，做她真诚的朋友，即使在病痛难熬的日子，她也不寂寞。她是幸福的天使，永远是那么诗意盎然。

梁林从相识到相爱，都是两位伟大父亲的安排和心愿。梁启超和林长民，什么时候相识，什么时候成为朋友，我实在找不出资料来佐证。前面我已经讲过，他们两个作为政界风云人物，任过相同的职务，就是缘分。震惊中外的五四运动，他们两个是直接"点火"人，一个在国外通报和会情况，一个在国内《晨报》发表警报，真个是里应外合的好战友。

梁启超和林长民，都是儒雅旷达的文人名士，社会贤达，才识超群，情趣相投，始终保持着一颗正直的心，都不堪忍受官场污浊而急流勇退，又是两个典型的"愤青"。为了延续革命的友谊，留下革命的火种，他们就开始在儿女身上打主意了。这不？正好有一对，一个是长子，一个是长女，门当户对，天赐良缘，莫非是天意？莫问它是缘还是劫，佛曰：缘到了，迎吧！

至于梁林什么时候相识的，真有不同的版本。版本的关键就是要让梁思成和徐志摩赛跑，跑在前面的才是哥哥。梁林的后代，把梁林相识的时间定得最早，就以这个为准吧，因为梁思成最终跑成了哥哥，尽管他比徐志摩小5岁，哥哥的地位还是撼动不了的。

梁林的女儿梁再冰说，父母相识在1918年，时年，林徽因14岁，梁思成17岁。一个培华女中，一个清华学堂，青梅竹马，两小无猜，你徐志摩还比得赢吗？徐志摩啊，梁思成起跑早了你2年，乖乖认输吧！

但是，我总以为，他们即使相识，也不算相恋，更没订娃娃亲，谁都还有竞争的权利！梁启超和林长民毕竟是新派人物，这意愿再强烈，也做不得儿女的主。不然，林徽因到英国，何以被徐志摩深深吸引住？这时候的梁思成，还不能成为林徽因拒绝徐志摩的挡箭牌！

我想，梁林的正式恋爱，应该在林徽因回国后，徐志摩被林家否定，为防节外生枝，梁林被迫加快了节奏。

梁思成理性多于感性，踏实多于浪漫，沉稳多于情调，和徐志摩相比，完全是不同类型的人。林徽因一下子接受另外一个不同类型的人，或许还真有点难度，梁思成要迎合她，也还得努力。你们见过那些泰戈尔访华的著名照片吗？林徽因在左，徐志摩在右的，其实，这是被人剪接过，本来，林徽因旁边，梁思成如影随形。梁思成不抓紧攻势，行吗？谁不喜欢浪漫？

梁林的恋爱，不是一帆风顺的。林徽因就是再美再高贵，梁母李惠仙也坚决反对。为什么呢？我还是给大家讲讲这李惠仙是谁吧。

话说，梁启超当年中举，显示了惊人的才气，主考大人李瑞棻慧眼识英雄，立马开悟，肥水不流外人田，将堂妹李惠仙嫁给他。这李惠仙啊，是受过传统教育的大家闺秀，典型的贤妻良母，梁家子女个个成才，与这位伟大母亲的教育不无相关。梁启超也怕这夫人三分，在外，梁启超呼风唤雨，家里的事，夫人说了算。

林徽因得不到婆婆的青睐，大约是新旧观念的冲突。传统婆婆，不苟言笑，举止有范；现代媳妇，美目盼兮，巧笑倩兮。这婆婆能把这青春飞扬的媳妇看得惯？

未来的也好，现实的也好，婆媳之间有矛盾，是常有的事。至于矛盾的加深还是有根据的，这事得从梁思成的车祸说起：

1923 年 5 月 7 日，北京的学生举行"五四国耻日"游行，梁思成和弟弟梁思永驾驶着摩托车，离家去追赶游行队伍。当他们转入长安街时，冷不防被高官金永炎乘坐的大轿车撞到了侧面，梁思成被压在摩托车下面，梁思永被甩到远处。

车祸以后，梁林恋爱迅速升温，林徽因对梁思成关爱有加，天天体贴入微地陪护，当着未来婆婆的面，给梁思成擦身擦汗，这尊崇"男女授受不亲"的婆婆，如何看得？竟放出狠话：只要我活着，林徽因就不能成我梁家媳妇！关系完全闹僵……

而林徽因呢？又恰恰相反。如果说，以前，林徽因还有所动摇的话，那么，从此以后，她确定要与梁思成厮守终生了。

事情怎么会这样？这也太离谱了吧？媳妇关心儿子，不是儿子的莫大福气吗？这里面必有玄机。不是吗？于是，一个有点八卦的版本浮出水面，在此，我想给大家播报一则新闻：

本报讯：日前，一位男青年急匆匆地骑乘摩托车到市场购物，在市场外和一辆汽车相撞，男青年身受重伤，送协和医院医治，医生称可能会留下腿部终生残疾。车祸原因正在调查中。

据知情人称，事发当日，正在西山养病的前外交次长女公子 L 小姐，和她的追求者们定下了一个赌赛：谁能以最快速度从城内买到刚上市的橘子给她，就证明谁对她最忠心耿耿。有目击者称曾见到梁思成先生的摩托车自西山驶出。在事故现场，确曾留下一包精心捆扎的橘子。显然，摩托车技术超群的梁先生拔得了赌赛的头筹，如果不是发生了车祸的悲剧……

明白了吧？暂存一说，不得外传，如果真这样，婆婆不喜欢媳妇，是不是理由更充分？

不管怎么样，公公梁启超锁定了这准儿媳妇，咬定林徽因不放松，夫人不同意，安排两人出国留学总可以吧？年轻人，要多学知识，待到生米煮成熟饭，看你还反对不成？

谁知？李惠仙一语成谶，梁林留美期间，李惠仙去世……

1927 年 12 月 18 日，梁启超在北京为远在大洋彼岸的儿子儿媳安排了别具一格的订婚仪式，全部按国内老规矩办。1928 年 3 月 21 日，梁林按西方风俗，由姐姐梁思顺和姐夫周希哲操办，在加拿大教堂举行婚礼，使中式订婚和西式婚礼完美融合。这一对才子佳人的"黄金搭档"终于修成正果。

## 比翼双飞的建筑大师

在历史的时光里，林徽因是建筑师，是诗人，是作家。写诗，作文，是林徽因的闲情逸致，即使再精美，也是业余爱好。建筑，只有建筑，才是林徽因的终身事业，才是梁思成与林徽因相依相伴的精神支柱。

在 20 世纪 20 年代，人们还不知道建筑学为何物，梁思成第一次听说建筑学，就来自于林徽因。林徽因钟情于建筑学，是游学英国的结果，至于受谁的影响，有不同的说法，这不重要。在她眼里，建筑是一门艺术，和诗歌、绘画一样，浪漫而有创造性的艺术，这种艺术的最大特点，就是将艺术创造和人的日常需要结合在一起。当梁思成问起她的未来职业选择时，她毫不犹豫地选择了建筑。

经过林徽因的解释，梁思成反观自己，觉得也喜欢绘画，学建筑是个不错的选择，将事业的选择与爱情的选择结合在一起，岂不更妙？

1924 年 6 月，梁思成和林徽因结伴前往美国宾夕法尼亚大学报考建筑系。可是，事与愿违，阴差阳错，宾大建筑系只招男生，不招女生，梁思成顺利考入宾大建筑系，林徽因被拒绝。这不明摆着性别歧视吗？因为建筑系的学生经常加夜班绘图，女同学无人陪伴不甚方便，为了女生的安全，暂不招收女生，这是宾大的规定。

在这种情况下，林徽因报考了与之接近的美术系，并选修了建筑系的主要课程。由于她在建筑方面的灵气，不是建筑系学生的她，破天荒地担任了建筑设计课的助教和辅导员。这是宾大校史上的奇迹。据美国同学回忆，大部分的中国学生都不苟言笑，只有两个人除外，他们就是陈植和林徽因。或许，她的这种东方式的活泼，赢得了宾大教师们的青睐，让她在没有女生的建筑系里占尽了风流。

建筑系不招女生的规定，并没有能阻止这位中国姑娘学习建筑的梦想。1926年，当地《蒙大拿报》对林徽因进行了一次访问，文章标题"中国女孩致力拯救祖国艺术"，林徽因在与记者的交流中，表示要带回国的是"东西方碰撞的真正含义"，她为中国原创艺术的被践踏而沮丧。她说：在中国，一个女孩的价值最多体现在家庭中，她却崇敬美国的民主精神；她会去向中国人展示，西方人在艺术、文学、音乐、戏剧上的成就，但是绝不是要以此去取代祖国自己的东西。这就是20世纪20年代，留美学生林徽因的精神追求，你若仔细揣摩，话中有话，这就是她回国后生活方式和工作精神的前奏。名人之所以成为名人，她的精神支柱往往是不平凡的，平凡就会导致平庸了。

1927年，林徽因从宾夕法尼亚大学美术系毕业，获美术学士学位，她不满足于此，又来到了耶鲁大学，进戏剧学院学习舞台美术设计。这一年，梁思成获得宾大建筑系硕士学位，又入哈佛大学研究生院攻读东方艺术博士。

梁思成在读博期间，发现国外研究中国建筑艺术资料不全，仅靠书本，难有成就，于是，向导师申请回国实地考察。

在这里，我想说说梁启超。梁启超对中国历史的影响、伟大的学术成就，大家都知晓，不用赘述，我要说的是，梁启超是一位很了不起的父亲。我曾认真地读过梁启超的家书，特别是给几个孩子的信，字字真情，句句大气，有时心细如发，有时恢弘开阔，让我们这些做父亲的汗颜。如果哪一天，男孩做了父亲，建议多研读梁启超的家书，和着《曾国藩家书》、《傅雷家书》一起读，做一个称职的父亲吧。

梁林留学期间，林长民被流弹击中去世，梁启超为之奔波料理后事，一面写信给思成：

　　你要自己十分镇静，不可因刺激太剧致伤自己的身体，徽因遭此惨痛，唯一的伴侣、唯一的安慰就只靠你。林叔的女儿，就是我的女儿，何况更加上你们两个的关系。我从今以后，把她和思庄一样地看待。

林徽因要回国奔丧，梁启超写信劝阻：

　　人之生也，与忧患俱来，知其无可奈何，而安之若命。你们都知道我是感情最强烈的人，但经过若干时候之后，总能拿出理性来镇住他，所以我不致受感情牵动，糟蹋我的身子，妨害我的事业。这一点你们虽然不容易学到，但不可不努力学习。

　　读到这些至情至性的文字，你能不受到启发吗？梁林留学四年，梁启超就给他们写信四年，这不能不说是中国文化的宝贵财富。
　　梁思成赴美期间，他的弟弟梁思永进入了哈佛大学研习考古学，妹妹梁思庄在哥伦比亚大学学习图书馆学。建筑学、考古学、图书馆学，都是那个时代的最新学科，这不能不说是梁启超的大视野、大手笔啊！
　　梁林要回国了，梁启超觉得是孩子们考察建筑的大好机会，正可谓"纸上得来终觉浅，绝知此事要躬行"。按照梁启超的安排，结婚后的梁林从考察欧洲经典建筑的目的出发，来了一次有学术意义的蜜月之旅。法国巴黎的塞纳河、埃菲尔铁塔下、巴黎圣母院，意大利的罗马古城，西班牙的阿尔罕布拉宫等，都留下了他们俩温馨浪漫的足迹，这为他们后来放弃经济实用的建筑设计，而选择艰苦卓绝的中国古代建筑考察奠定了思想基础。
　　那时候，建筑学在国内，是一片空白，就业难，即使是名牌大学留洋生。作为父亲，梁启超预防针在前：

　　现在觅业之难，恐非你们意想所及料，所以我一面随时替你们打算，一面愿意你们先有这种觉悟，纵令回国一时未能得相当职业，也不必失望沮丧。失望沮丧是我们生命上最可怕之敌，我们须终身不许他入侵。

　　读着这样的信，你还敢失望和沮丧吗？正在他们为就业奔波时，梁思成在宾大的同学杨廷宝前期回国，受邀前往东北大学创立建筑系，由于他已经加盟天津基泰工程司，故向东大推荐了梁思成。

由此，梁林在北平和家人短暂团聚后，直赴东北大学，创建了中国大学中的第一个建筑系。这年梁思成 27 岁，林徽因 24 岁。梁思成是系主任兼教师，林徽因就是建筑系专任教师。他们依照母校美国宾大的模式，创建了东大建筑系课程体系。第二年，他们宾大的同学陈植、童寯以及麻省理工学院建筑系毕业的蔡方荫归国，前来加盟，东大建筑系的阵容顿时壮大。他们为中国培养了第一代杰出的国产建筑师，如张翔、沈三陵等。

1929 年 1 月 19 日，一代伟人梁启超病逝，享年 56 岁，从此，梁思成和林徽因成了这个煊赫家族的"顶梁柱"。

关于梁启超的病，有一段感人的故事，我想多说几句，让大家更加明白伟人的伟大之处。

那时候，普通国人对西医不了解，钟情于中医，只有几个清醒的文化人看重西医。像鲁迅，就认为父亲的病是中医所误，专信西医。梁启超作为社会名流，理当是西医的倡导者，有病看西医，毫不含糊。1926 年 3 月，梁启超因小便出血住进协和医院，被诊断为肾肿瘤，医生建议切除那个"坏肾"。当时，国人对手术更是恐惧，梁启超的很多朋友都反对，但梁启超毅然决定做肾切除手术，努力做推动西医的表率。

协和医院对梁启超的手术高度重视，派著名外科教授刘瑞恒主刀，副手也是美国有名的外科医生。可是，智者千虑或有一失，想不到，关键时刻，护士标示出现错误，医生也不以为意，结果，健康的右肾给切除了，"坏肾"却留着。

众所周知，不管对谁，这都是很严重的"医疗事故"，何况是对国际名人梁启超呢？

而我们的梁启超先生，不仅拘泥于理智。事发后，协和医院很恐慌，将此当作"最高机密"，缄口不提。可天下没有不透风的墙，慢慢地，有人知道实情，为梁启超打抱不平，社会上也议论纷纷。不可思议的是，梁启超站出来了，不来维权，而来维护协和的声誉，在《晨报副刊》上发表《我的病与协和医院》一文，说右肾是坏的，医生冤枉，不仅如此，还"谎话连篇"，说动了手术，感觉好多了，病在康复中。梁启超的辩护给社会做了有力的答复，保护了医院，更保护了医护人员。据说，从此以后，"刘主刀"不动刀手术了，每每教育学生，强调的就是严谨、仔细、科学，心里的阴影一辈子也驱散不了。

当然，梁启超心底里明白一切，曾私下对家人说"这回手术的确可以不必做"，"手术是协和孟浪，错误了"。手术后，梁启超的健康每况愈下，以致英年早逝，一代伟人的生命这么早就毁在一把疏忽的手术刀下，实在可悲可叹！

伟人就是伟人，与芸芸众生不同，明明知道医院错误，不鼓动家人去闹去吵，而极力维护医护人员的尊严，维护西医的尊严。他知道，中国要腾飞，国人就要接受西方文明的洗礼，西医是西方文明的成果之一，能更有利地拯救国民的生命，不推崇西医，行吗？只要能推进科学的发展，我梁启超的生命算什么呢？撒一个美丽的谎言，算啥呢？好一个爱国爱民的梁启超！

从此，梁林居住的北京北总布胡同3号，成了梁氏家族重要的避风港。伤痛之余，梁林夫妇联袂为父亲梁启超设计并监修了墓碑，这是他们俩为了缅怀父亲，合作设计并付诸实施的第一件作品。1929年8月，他俩的女儿出生，取名"再冰"，用以纪念父亲"饮冰室老人"。

梁林留学期间，父亲曾特意寄给他们一部《营造法式》，作者为宋朝李诫，父亲题字："思成、徽因，俾永宝之。"这是一本天书，连梁思成也看不懂的天书，父亲送给他们，意在励志。父亲去世了，父亲的希望还在，待到他俩的儿子出生，又把希望传到下一代，取名"从诫"，希望儿子跟从李诫，成一代建筑大师。可惜，这儿子后来报考清华建筑系，差两分落榜，被时任建筑系主任的梁思成拒收了，改读清华历史系。

随着日本侵华战争的推进，东北危急，东北大学危急，林徽因肺病缠身，不能坚持教学，1930年下半年回京治疗，梁思成在完成1931年教学工作后回京照顾林徽因。

回到北平的梁思成又面临着一次工作选择。是自主创业，走建筑设计道路？还是学术研究，走学究型道路？这真是个问题！

在20世纪30年代的中国，实业救国，也是很不错的选择。梁思成的留美同学们，创办了中国南北两个著名的建筑工程事务所——基泰和华盖，一座座高楼拔地而起，西洋式的，中国古典式的，也赚了个盆满钵满。梁思成却做了另外一个选择，他要去做当时中国学者没有做过的事情：从头开始，研究中国的建筑历史，创建中国建筑学体系。这是一条清贫之路，更是一条艰苦之路，他没有退缩，也许，父亲给他的"天书"在激励着他。

辞去教职的梁林夫妇，加盟了朱启钤的中国营造学社，使这个民间的学术机构开始用现代科技方法研究中国古代建筑。

梁思成到美国学习西方建筑历史时，发现西方各个时期的建筑都被严谨地整理记录，有条不紊，可以追溯各个时期建筑的起源，而中国什么都没有，没有建筑历史。因为中国古代帝王登基以后，总是毁灭前朝的一切，不留任何痕迹，因此在西方建筑史中没有中国的建筑历史。作为留学生的梁思成就希望改变这一切。

在中国第一个研究建筑历史的机构营造学社成立的时候，日本学者完成了一批有关中国建筑的学术著作。营造学社成立之初，由中日学者合作研究，之前，日本建筑史学家来到中国，足迹几乎遍布中国的全境，考察了中国的建筑，包括石窟文化、佛教文化遗址等。鉴于这些成就，日本学者建议，中国方面以调查文献为主，日本方面以研究遗物为主。很明显，建议是在鄙夷中国学者的实地研究技术，这大大地刺激了包括梁林在内的中国学者，梁思成明确表示："研究古建筑，非作遗物之实地调查测绘不可。"这代表着中国学者不服输的精神。唯有不服输，才有动力和压力，才有取得突出成绩的可能。

日本学者宣称，中国境内保存最古之木建筑是辽代的，即公元 1038 年建成的大同华严寺薄伽教藏殿。

中国大地不再存有比华严寺更为古寿的木构建筑吗？三十岁的梁思成不相信，他既许下撰写梁氏中国建筑史的宏愿，不论前路多么艰辛与坎坷，他都坚信，在中国大地某个静谧的角落，一定会有比华严寺更古旧的木构建筑。

从此以后的十多年间，梁林夫妇以及营造学社莫宗江、刘敦桢、纪玉堂、罗哲文等成员对中国古建筑进行测量和保护，深入荒山野岭、乱草枯冢之间，实地考察测量，每一个数字、每一张照片、每一段描绘，都力求科学严谨，不敢妄自推断。他们的足迹遍及了全国 15 个省（市）的角角落落，发现了许多被人遗忘的古建筑，多次遭受生命之虞也依然故我。

梁思成车祸后，两腿有一厘米的高度差距，也留下了脊椎后遗症，经常靠着穿铁架子来挺直脊梁，林徽因的肺病时好时坏，这两位建筑大师，出于对祖国建筑事业研究的强烈责任感，他们照样拖着病体跋山涉水，拨开千年的灰尘，架木梯，爬屋顶，考证建筑年代，测量建筑数据，他们不畏艰苦的故事着实感人。

1932 年春天，中国营造学社第一次古建考察，在河北蓟县，发现了一座辽代木构建筑——独乐寺。经过梁思成的查证，独乐寺重建于公元 987 年，比已知的最古木建筑大同华严寺薄伽教藏殿早 51 年。这年，梁思成在《中国营造学社汇刊》发表了《蓟县独乐寺山门考》一文，日本建筑学界大为震动，中国营造学社初战告捷，打破了日本学者对中国最古寿建筑的断言，极大地鼓舞了营造学社的士气。

正定古建考察发现了与《营造法式》中所描绘的完全相同的斗拱，宝坻县广济寺也是辽构木建，应县木塔与大同华严寺同寿，作为纯木结构塔，为海内孤例……一次又一次的意外惊喜、骄傲，散落在中国各处的古建筑被这些执着的中国学者一一发现、拍摄、测量，记录在他们的考察报告中了。

有了这些发现，梁思成坚信，奇迹一定在不远处召唤着他们。

1937 年夏天，梁思成、林徽因把八岁的女儿和五岁的儿子托付给在北戴河度假的大姐思顺一家，与莫宗江等人第三次前往山西考察。他们带着敦煌六十一窟描绘的唐代山西五台山地区的大佛光寺壁画记录，希望按图索骥，在五台山实现寻找唐构的梦想。

真可谓"功夫不负苦心人"，在一个夕阳西下的傍晚，他们来到一个叫"豆村"的地方，忽然发现，在夕阳的余晖中，前方有一处殿宇，闪射着迷人的光亮——佛光真容禅寺，这就是敦煌壁画上的"大佛光寺"。他们喜不自胜，马上入住佛光寺研究，顾不得灰尘满地、臭虫放屁、蝙蝠乱飞。

工作了几天，林徽因的远视眼起了作用，她发现殿内梁底隐约有墨迹，雇人搭上脚手架，抹去千年的尘埃，惊喜之中，考证出了佛光寺的建筑年代：公元 857 年，唐代大中年间。这是一项非常伟大的发现。梁思成说："佛殿建筑物，本身已经是一座唐构，乃更在殿内蕴藏着唐代原有的塑像、绘画和墨迹。四种艺术萃聚在一处，在实物遗迹中诚然是件奇珍。"

佛光寺的发现，把中国遗存的实物木构建筑又提早了一百多年，中国学者的古建考察成绩，足以让国外学者佩服和惊叹。他们从极度兴奋中走出来，到了代县，才发现"七七事变"已经在五天前爆发了……

从 1932 年到 1937 年仅六年间，中国营造学社社员的足迹遍及河北、山西、陕西、河南、山东、辽宁、湖南、浙江、江苏，他们测绘整理了 200 多组分布于各地的建筑群，完成测绘图稿 1898 张，留下了一套中国建筑的科学完备的稀世珍宝。

说实在的，回国后的这段时光，对于梁思成和林徽因来说，是一生中最难得的幸福时光。

这时期，梁思成出版了两本书：一本是根据在东北大学的讲稿整理的《中国雕塑史》，开始从建筑学的外围对中国建筑史进行研究。一本是从破解清工部《工程做法则例》入手完成的《清式营造则例》。《清式营造则例》，是中国第一本以现代科学观点和方法总结中国古代建筑构造做法的专著，林徽因撰写了第一章"绪论"。这本书自出版以来的半个世纪，一直是中国建筑史界一部重要的教科书。它的成功出版，为全面破解宋朝李诚的《营造法式》提供了科学方法，也为梁思成的学术研究增添了信心。

这时期，林徽因的病比较平稳，能够跟着梁思成四处奔波，考察古代建筑，能够在大学里讲授英国文学，发表有关建筑的演讲，能够广交各方高朋，当上"林太太客厅"的主人，能够尽享闲情逸致，写诗写散文写小说……她那高雅的气质、敏捷的思维、自如的谈吐、灵动的诗才，在同人、学生、朋友及广大社会人士之间，赢得了不少的"粉丝"，林徽因陶醉在幸福女人的世界里。

在梁林的朋友圈里，有这样一对至真至情的朋友，他们之间的友谊，跨越国际，跨越时空，让人感动。

1932 年，两对青年在北平相遇，用那对朋友的话来回忆，他们完全是一见钟情，更没想到，他们的友谊会延续一辈子。这对夫妇曾经是"林太太客厅"的常客，曾经陪同梁林夫妇进行古建考察，梁林与这对夫妇的通信，从他们在北平相识就开始了，直到 1948 年 12 月，林徽因写了两家之间的最后一封信，从此，天各一方，他们再也听不见彼此的音讯。待到 1972 年，国际形势发生改变，这对异国朋友再来中国，寻找梁林等旧友，可惜，梁林的生命都已终结，友情阴阳两隔了，他们见到的只能是当年梁家茶座上的其他老朋友了！

伤感之余，这对朋友把梁林夫妇十多年间写给他们的信全部打印出来，译成中文，交给中方，成为研究梁林夫妇在 20 世纪三四十年代的重要资料。中央电视台拍摄八集纪录片，贯穿纪录片的主线便是这对朋友与梁林夫妇的信件交流和深情回忆，这对朋友曾经这样坦言："我们在中国（或者在世界上任何地方），最亲密的朋友是梁思成和他的妻子林徽因，两位把东西方文化相结合的人。"

这对朋友，你们知道是哪个国家的吗？1949 年，新中国与之断交，1972年两国关系解冻，历史在告诉我们：这对朋友应该是美国人。他们的名字叫费正清和费慰梅。看着这名字，你们不奇怪吗？不要以为和名人费孝通一个家族的啊，这是外国人取的中国名字，同一个姓氏，是来点夫妻间的浪漫。这浪漫名字就是梁思成给他们取的，而现在这两个名字，已经成了中美文化史上友好的符号之一。

当然，能够与世界级大师深交的人，也会成为世界重量级的人物！

在大学，特别是在国外，一些顶尖级的教授常常被聘为终身教授，永不退休，费正清就是这样的终身教授，并且是世界顶尖大学哈佛的终身教授，顶尖大学的顶尖教授。

费正清教授怎么这么牛呢？其实，他的牛劲，来自于他对中国问题的观察。他是美国中国近代史研究领域的泰斗，最牛的"头号中国通"。他致力于中国问题研究长达 60 年，他的著作绝大部分都是在论述中国问题。费正清从教职退下来时，哈佛大学东亚研究中心更名为费正清东亚研究中心。

这两对朋友的友谊一直让我感动。战乱时期，费正清夫妇从来信的字里行间读出了梁林夫妇生活的窘境，多方帮助梁思成在国外发表建筑文章以赚稿费贴补家用，有一次，竟有意无意在信件中邮寄 100 美元，多了怕伤梁林夫妇的自尊心，但在物价飞涨的当时，1 美元都是救命稻草。这种不露痕迹的资助，对几近绝境的梁林夫妇来说，真算"久旱逢甘霖"的，友情的真诚在温暖着他们，激励着他们。

1942 年，费正清作为外交官，被美国政府派遣来中国，在重庆见到梁思成，又专程来到四川小镇李庄，看望病中的林徽因，并在李庄呆了一周。后来，费慰梅被美国政府派遣到中国任职，第一想到的就是要见梁林夫妇。抗战胜利后，梁思成赴美考察，与这对外国朋友再续友情，但想不到，这就是他们最后的相聚，以后只是人去楼空的感伤。

让人感叹唏嘘的是，风月已逝，梁林不再，费慰梅依然沉浸在梁林夫妇的时光里，写成《梁思成和林徽因——一对探索中国建筑的伴侣》，以作纪念，到了 1984 年，费慰梅还在做编委出版梁思成的遗作《图像中国建筑史》。

友谊可以跨越国界，也能冲破政治束缚。这两对文化名人的友谊，在中美关系史上都成难得的佳话。研究梁林，势必要讲到费正清夫妇，同样，研究费正清夫妇，必须联系到梁林夫妇。后来啊，他们的子女也互相往来，见证和延续着父辈这种跨越国度的纯真友谊。

卢沟桥事变以后，梁林夫妇的温柔乡被打破，他们一路颠沛流离，贫病交加。长沙、昆明、四川李庄、重庆，都留下过梁林夫妇在艰难时世的足迹。

在战火中，林徽因肺结核复发，李庄五年，是林徽因卧病的五年。这时期，梁林全家陷入生存危机，他们克服了常人难以想象的困难。梁思成多次受政府命，到重庆工作，那时候，交通不便，一去就是一年半载，家里两个年幼的孩子需要抚养，小脚外婆需要安顿，病床上的林徽因更不用说，生活的艰难，可想而知，他们都力挺过来了。

有段时间，家里的顶梁柱梁思成也病倒了，这上有老下有小的，一贫如洗，急需要人来照顾。无独有偶的是，梁思成的考古学家弟弟梁思永也在李庄卧病。你想想，在战乱时期，人人自危，朝不保夕，怎能去关顾别人的生活呢？灾难啊，民族的灾难，就是家家户户的灾难！

梁家兄弟的困境，许多朋友看在眼里，痛在心里，却无能为力。这时候，傅斯年勇敢地站出来，凭借他在国民政府和学界的崇高威望，直接向教育部长朱家骅写信，要他上告蒋公，呼吁政府大力救济水深火热中的梁氏兄弟。这封信，我读过，傅斯年的大义和真情，真令我动容。梁氏夫妇知道后，也深感不安。我知道，这种文化名人之间的友谊，已经远远超出个人的情谊了，完全出于挽救中国民族文化的道义和责任了！

1943年，为了生计，著名建筑家刘敦桢含泪离开了营造学社，赴中央大学创办建筑系。刘敦桢的离开，对梁思成工作影响很大，梁林夫妇倍感压力山大，就在这样的艰难环境下，梁思成以顽强的意志力和坚强的治学精神，实地考察，研究《营造法式》，竟然在1943年完成了英文版《图像中国建筑史》，为1954年油印本的《中国建筑史》奠定了学术上的基础。这期间，林徽因始终是梁思成学术考察和研究最坚实的支持者和帮助者，这就是一代建筑大师的学术精神。

在这里，我想借机简单介绍刘敦桢。湖南大学和东南大学的建筑系，盛名不衰，一个很重要的原因，就与这个刘敦桢有关。

刘敦桢，首批中国科学院院士，现代建筑学、建筑史学家。曾创办我国第一所由中国人经营的建筑师事务所。长期从事建筑教育和建筑历史研究工作，是我国建筑教育的创始人之一，又是中国建筑历史研究的开拓者。

1930 年，刘敦桢加入中国营造学社，成为梁思成一个战壕里面的亲密战友。之前，他曾任教于湖南大学土木系，之后，他又创建中央大学建筑系。中央大学在新中国成立后改称南京大学，1952 年，全国高等院校调整，南京大学工学院独立组建南京工学院，南京工学院在高校做大做强大潮中，转去转来又转成了现在的东南大学。几十年过去了，这两所大学建筑学院都还打着刘敦桢的招牌，广纳贤才，这就是学界泰斗的魅力，这种精神财富才是永远不倒的旗帜啊。

刘敦桢是建筑教育家，梁思成也是。早在抗战胜利之前，梁思成致信梅贻琦，希望清华大学增设建筑学院，这一建议得到梅贻琦的赞赏。抗战胜利后，梁思成被教育部任命为清华大学建筑系主任，创建清华建筑系，并被派遣美国考察"战后的美国建筑教育"。

1946 年的梁思成，靠着他著述的真知灼见誉满世界，接二连三地收到了耶鲁大学、普林斯顿大学、宾夕法尼亚大学等美国著名大学讲学的邀请，正合了他想让中国建筑艺术走向世界的心意。

在把系里的工作交给林徽因后，梁思成又回到了他割舍不了的美国，四处讲学，结识新朋友，不忘老朋友，共同探讨现代建筑教育之路，并受国民政府委托参加了联合国大厦的设计工作。

梁思成在重庆工作时，曾请年轻人吴良镛担任过助手，清华创建建筑系，梁思成又请来自己的这位助手。在这一年半的美国讲学交流期间，清华建筑系的建系工作，落在了 24 岁的吴良镛身上。

吴良镛，2011 年度"国家最高科学技术奖"获得者，中国科学院和中国工程学院两院院士！

名师出高徒，此言不假。梁思成和林徽因都是他的恩师，在重庆，梁思成给吴良镛的指导自不必言说，清华建筑系创建，林徽因给他的指导和鼓励，更是让他没齿难忘。可以说，对于清华建筑系的创建，林徽因付出的努力是很大的，无论是在病床上还是在课堂上，林徽因都是那么耀眼。

清华大学建筑系第一届学生张德沛曾这样回忆林徽因：

> 我一看，一亮，她给人的感觉，你看到就知道，一看，一亮，眼前一亮。她也不施粉，也不抹胭脂，可是她一穿起衣服来，一站起来，你就感觉到，这个人很高雅，很高贵，非常有魅力。

清华大学建筑系第一届学生朱自煊也这样感叹：

> 林先生气质上还是看得出来，跟电视剧上的差距比较远。现在这批年轻人，她很难，她也没有见过林先生，很难理解林先生当时的思想、感情，所以只能说最多学到一点皮毛。她思维快得不得了，有时候要跟着她走，跟着她的思维走，有时候都很难。梁先生本来很幽默，很会讲的，但是梁林在一起的时候，中心常常还是在林，而不在梁。

当时，林徽因既不是清华的教授，也不是清华的职员，更不领任何工资。清华建筑系创建时，由于梁思成外出，专业任课教师和行政人员就是吴良镛一人。建系的各种杂务，吴良镛则和病床上的林徽因一同商议，从桌椅板凳、行政工作，到课程的设置、课堂艺术，林徽因都一一给吴良镛指点，病稍有好转，林徽因就来系里讲学，给这位年轻人撑腰，清华建筑系就这样横空出世了。

1947年夏天，梁思成回到祖国。这年秋天，清华建筑工程系开始招收第二届学生，此时他们第一次见到自己的系主任。

回国后，梁思成在清华大学进行了一系列建筑教育改革，改建筑系为营建系，增设专业方向（如"市镇规划"），调整课程设置，网罗国内外建筑专家，聘请与建筑邻近学科的各类杰出人才，更大范围内地扩大学生们的建筑视野，使清华大学建筑系在创建初期就与国际接轨。如果说，现在清华建筑学院还在世界享有一席之地，那么我就可以这样说，这与当年梁思成的建筑教育思想是分不开的。

1947年年底，在离开东北大学近二十年后，梁思成又一次站在了建筑系的讲台上。

1947年12月，林徽因比她公公幸运，成功地摘去了一个被结核病菌感染多年的肾脏，死亡的阴影暂时退去，林徽因又可以站起来，投入到她所钟爱的建筑艺术中了。

这是他们难得的暂时晴天，1948年4月，梁思成、梁思永两兄弟因其卓越的成就，同时被民国政府评为第一批院士，给盛名之下的梁氏家族再添辉煌。

梁林夫妇对政治从来不感兴趣，只想活在自己的建筑世界里，"躲进建筑成一统，管他冬夏与春秋"。可是，政治的风云，不是你想躲就能躲开的。

1948 年 12 月下旬的一个晚上，老朋友张奚若来访，并带来了两位解放军军官。他们神情庄重，要求梁林夫妇标出北京城要重点保护的文物和建筑位置，以免遭攻城部队的炮火毁坏。

解放军的造访，传递着中共对他们的信任，传递着中共对文物的保护意识，面对这些，梁林夫妇激动满怀，心潮澎湃，感激之情犹如滔滔江水，当初拒绝登机飞台湾是多么的正确啊，我们的建筑艺术的天地不知道会有多么的广阔。

哪儿也不去了，北平是我家，还是俗话说得好："吾心安处是吾乡。"

## 令人扼腕的委曲求全

解放区的天，是明朗的天。1949 年 1 月，清华解放，人民解放军进驻清华，一个月后，北平和平解放，古都毫发未损。梁思成兴之所至，忙写信给处于水深火热中的朋友们，用心描绘解放区的蓝天，邀请朋友来北平共图祖国的建设：

> 解放军的纪律就给了我们极深的印象，接着与中央方面的种种接触，看见他们虚怀若谷、实事求是的精神，耳闻目见，无不使我们心悦诚服而兴奋。中国这次真的革命成功了，中共政策才能把腐败的中国从半封建半殖民地的状况里拯救出来，前途满是光明，这不是 jargon（行话、套话），而是真诚老实的话。

梁思成接受新政府，如此迅速，如此主动，这在从旧中国走出来的文化人中，是很少见的。或许，第一印象很重要，专程造访是关键。

解放军进城后，将革命进行到底的雄心壮志直冲云霄，他们再次来到梁林家，请教保护全国各地文物古建筑的问题，这又正中下怀，梁林夫妇岂是一个"感激"了得？忙召集麾下教师，日以继夜，夜以继日，一个月，《全国重要文物建筑简目》出炉，一百页，闪电式的科研成果，全是感激涕零凝成的，奇迹，奇迹，学术界的奇迹！

一年之间，梁思成无暇考虑和选择，先后被委任或当选为各类委员、代表、主任（主席）等，受到了最高标准的礼遇。1950年1月，他被任命为北京市都市计划委员会副主任，主任是首任市长聂荣臻。

俗话说得好："有其父必有其女。"喜迎新时代的更有梁再冰。女大不由娘，解放军一进城，梁再冰就心生向往，决定投笔从戎，放弃北大学业，随军南下，投入革命洪流，推翻蒋家王朝，解放全中国。

在政治和学问之间，女儿选择政治，这是出乎梁林夫妇意料的。梁思成天天投入社会生活，对新政府的好感与日俱增，林徽因则不同，她的思想转不过来，任何政治风云都比不上学业的重要，她坚决反对女儿从军。可女儿大了，由不得爹娘了。

万般无奈之下，林徽因与女儿约法三章：参军一年后，回北大完成学业。可人的思想是不断变化着的，不是章法无力，而是人们的革命热情太火了，梁再冰在生活的熔炉中得到了锻炼，书斋生活不是她向往的了。

说也奇怪，1945年抗战胜利时，林徽因被医生警告，只能活五年。解放区的天就是不一样，枯枝也发芽，铁树也开花，病中的林徽因也焕发青春的活力了。

新中国成立后，梁林夫妇以高度的责任感和使命感积极地投入到新中国国旗、国徽和人民英雄纪念碑的设计中。现在到北京旅游，很多人就是想啊，到天安门广场，参加升旗仪式，面朝国旗，仰望城楼国徽，亲近人民英雄纪念碑，是不是有庄严神圣的感觉？幸福吗？殊不知，这幸福里面就饱含着梁林夫妇为之设计的热泪啊！

这时的梁思成，像打了鸡血，精力充沛，投身社会主义建设的热情一路高涨，邀集了散居各地的戴念慈、陈占祥、张镈等建筑大师，来京城共谋新首都的设计。林徽因当选为北京市第一届人民代表大会代表，为清华建筑系开设"近代住宅"课程，指导学生论文，病痛的烦恼似乎与她无关，新中国带给林徽因的，是奋斗的激情。

同样是满怀激情的梁思成，坚守自己的理想，勇敢地拉开了保护北京古文物建筑的抗争序幕。但这次，他的学术思想在政治面前，被撞成齑粉。

在建筑大师梁思成的世界里，北京是世界奇迹，是世界上现存最伟大的中古时代城市，有巨大的历史价值和文化价值，是中华民族的宝库，万万不能毁。

在"打倒封、资、修"的革命派眼里，这是帝王将相奢侈腐化的地方，处处散发着腐朽堕落的千年霉气，是可忍孰不可忍？社会主义得对她好好地改造，一定要让她以崭新的面貌出现在新中国面前。

林徽因积极支持梁思成的想法，读书人就是天真，他们以为，靠着这副主任的"高官"职位，说话多多少少还是有分量的。于是，梁思成和陈占祥雄心壮志，共同拟定了《关于中央人民政府行政中心区位置的建议》，这就是著名的"梁陈方案"。

"梁陈方案"建议：在完整保护北京古城的同时，可以在西郊重建行政中心，将城市按功能划分区域，在相应区域附近建设居民住宅和服务设施，尽量减少不必要的交通运输量，有机疏散城市中心人口。想想，这是多么富有前瞻性的规划啊！

可是，这个建议一出台，就遭受各方面的指责和夹击。在这期间，林徽因忘记病痛，以惊人的意志力，和梁思成并肩战斗在保卫北京古城的最前线，成为梁思成最坚强的后盾和支持者，并常常代表梁思成在会上大胆发言。

形势发展迅速，北京古城保不住了，他们只能退而求其次，希望保住北京的城墙和城楼。

在建筑大师的浪漫世界里，古城墙是天赐珍品，梁思成有一个美丽的想法，想把古城墙设计成一个立体环城公园，用以登高望远，休闲漫步，健身娱乐，把酒临风……好一个北京市民的乐园，全长 39.75 公里，真可谓世界上绝无仅有啊！

可惜，这也是一场黄粱美梦，梁林夫妇节节败退，两人都曾因为不屈斗争而病倒。有时候，政治也像弹簧，你弱它更强。梁思成所接受的批评逐步升级，"资产阶级唯美主义""形式主义""复古主义""唯心主义"，风云而至。

就在这样的凄风苦雨中，中国 20 世纪最美丽的才女和中国第一位女建筑师林徽因病情加重，不能再和丈夫荣辱与共、相濡以沫了，还没来得及看见自己参加设计的纪念碑建成，也没来得及和丈夫说声告别的话，于 1955 年 4 月 1 日凌晨凄然离开人世，年仅 51 岁。

林徽因病逝后，金岳霖和邓以蛰共同题写的挽联"一身诗意千寻瀑 万古人间四月天"，道出了逝者的超尘脱俗。这次，林徽因墓只能由梁思成一个人来设计了，碑饰取自林徽因为人民英雄纪念碑设计的浮雕图案，墓碑上镌刻着"建筑师林徽因之墓"。

北京城墙的拆除经过了一个相当长的历史时期。梁思成计算过，老祖宗留下来的砖土，不是说拆就能拆的，拆下的垃圾都有一千多万吨，堆起来，相当于 12 座景山，用 20 节 18 吨的车皮组成的列车，每天运送一次，都要 83 年才能运完！好在中国人多力量大，人定胜天的革命斗志不减，义务劳动的嘹亮号子吸引人，摧枯拉朽也好，秋风扫落叶也好，北京雄伟壮丽的城墙，在中国人民新中国的建设热情中，慢慢地倒下去了，从 1949 年始，到 1979 年止，三十年间，古城墙的尘与土告别了京城，被驱散到不知哪里的地下了！几百年的文物灰飞烟灭，谁之罪？谁之过？再厚重的历史，也经受不住时代的风雨，只能躲在角落里悄悄哭泣！

面临渐行渐远的古城，梁思成毫无办法，欲哭无泪，他只有哀叹的份儿："拆掉一座城楼像挖去我一块肉，剥去了外城的城砖像剥去我一层皮。"

林徽因走了，梁思成孤独了，他失去了生活和精神的伴侣、学术和思想上的战友，其情何堪呢？

1956 年 2 月 3 日，在全国政协二届二次会议上，梁思成被迫宣读充满政治色彩的自我检讨。说来也怪，经过这次公开检讨，梁思成彻底变了，变得让人们不敢相信。我们知道，从民国走过来的文化大师很少有能融入政治的，总在用生命捍卫自己的个性，像陈寅恪、沈从文等。而梁思成却不同，他勇敢地抛弃书生思想，不再写有关建筑的文字，主动表示跟着共产党走，甚至委托周恩来总理向毛泽东主席呈送长信，迫切要求加入中国共产党。我想，这也许是林徽因的去世给他造成的长久寂寞改变了他，他要寻求一种精神上的支柱，去释放自己的生命价值。

这种改变，滑稽也罢，荒唐也罢，欣喜也罢，值得玩味也罢，经历了一系列的思想"洗澡"，从检讨到"大鸣大放"，再到检讨，再到"反右""先锋"，梁思成终于"成熟"起来了，在 1959 年 1 月光荣加入中国共产党。这在学人中更是少有的积极表现。

梁思成得以暂得偷生，能从 1957 年的"反右""先锋"，到 1966 年"文革"爆发前，参加各类"跟风政治"活动，出席各种相关或不相干的学术和政治会议。十年间，梁思成除了出版系列科普文章《拙匠随笔》和对《营造法式》进行部分注释之外，鲜有值得推崇的学术成果，这和他以前身处战乱而硕果累累相比较，让人扼腕叹息，顿生悲凉。

在这里，我想插播一件事，或许大家感到失望，甚至感到不完美，难以接受。但换一个角度想，这也许是更富有人情味的完美。

1962 年，在周恩来总理的关照下，知识分子政策开始松动，属工人阶级了。梁思成重新整理《营造法式》，清华建筑系特意派了三位年轻的助手。这时候，清华建筑系资料员林洙走进了梁思成的生活，这位善良、坚强的女子，陪伴梁思成度过了生命中最后的十年。

林洙，现在还健康活在这个世界上，《环球人物》杂志还采访过她。她原本是建筑学家程应铨的妻子，1958 年，程应铨被划成右派，林洙带着两个孩子与之划清界限，正式离婚，断绝来往。

林洙是福州人，父亲也是学建筑的，和林徽因同乡。当年，从福州来清华，林洙跟林徽因学英语，和林徽因一家子都很熟，后来，她和程应铨结婚，主婚人正是梁思成。

梁思成与林洙的婚事，遭受到了梁思成生活圈子里各方面的激烈反对。主要原因，不外乎两个：一个是梁思成与林徽因，是才子佳人的神话，大家不愿破坏其美好；一个是林洙和程应铨是梁思成的学生辈，娶学生的妻子为妻，有悖人伦。

为此，梁思成与亲友们渐渐疏离。梁思成弟妹们联名抗议，不认这位嫂子，女儿梁再冰竟然当面煽林洙耳光，不认自己的父亲，好友张奚若与之断交，同人刘敦桢直言"多此一举"。面临种种诘难，梁思成默默忍受了，其间的痛苦与幸福，也只能独自咀嚼。

女儿终究是父亲的小棉袄，三年后，女儿还是回来了。我给大家读读这段让人落泪的文字，这是林洙后来在《梁思成、林徽因与我》中回忆的：

> 1965 年，再冰突然来电话说她即将与中干（她爱人）同去英国工作几年，行前要来看我们。我为他们父女关系的缓和感到欣喜与安慰，同时也还有某种说不出的复杂心情。
>
> 那天再冰、中干带着孩子来看我们，她走到我面前，直视着我伸出手来，紧紧地一攥，我的心随之颤抖了一下。我知道，这深深的一攥，表示她对我的谅解，表示她远行前把父亲和外婆交给我的重托，我几乎掉泪。

两天后我出发到延庆参加"四清"去了，所以没有为她送行。在她行前，思成带着老太太去看她，他们一同照了相。分别时再冰突然搂着思成亲他，哭得十分伤心。她到伦敦后虽然来信，也只能是平安家书。

没想到几年后等再冰回国时，思成已住进北京医院。她永远失去了过去那个乐观、诙谐和朝气蓬勃的父亲，再冰说，"他不爱说笑了，也不像过去那样有信心和开朗了，有时似乎茫然若有所失……我在心里流下了泪。"

后来虽然再冰常到医院看他，在1971年的除夕，她为了让我休息，还来陪思成过了一夜。但她始终没有寻找回来过去的梁思成——她亲爱的爹爹。

笑也罢，哭也罢，"文革"的狂风暴雨，是不会忘记摧残这株资产阶级"毒苗"的。

什么都救不了他，"反动学术权威"的牌子重新挂起，工资停发，"狗男狗女"（他和林洙被赶出后蜗居的24平方米小平房，包括老人、儿童住5人）的标签任意贴在梁家门口……

这位年近古稀的老人，不得不被逼着"坐飞机"、交代"罪行"，接受那个年代特有的体罚方式，如甩石块、浇墨汁、吐唾沫和拳打脚踢等，卧病不起时被板车拉到会场挨斗……还哪有一代学人的人格尊严？

病倒了住不进医院，幸亏有周恩来总理过问，1968年11月17日，梁思成住进北京医院，自此，梁思成再也没能离开过这所医院的那张病床，直到1972年1月9日病逝。

梁思成夫妇，以其高贵的出身和其浪漫的神仙眷侣故事流传于世，以其坚持不懈的科学精神和杰出的建筑成果激励着人们。

其实，他们的爱国精神也是感染人的，特别是在李庄生活艰难时期，林徽因卧病在床，美国朋友们一直邀请他们夫妇俩移居美国，接受好的治疗，他们夫妇以祖国在灾难中不能离开为由拒绝了，并且坚决表示："假使我们必须死在刺刀和炸弹下，我们要死在祖国的土地上。"

梁思成在美国著名高校讲学期间，再次接到美国高校移美任教的聘请，梁思成拒绝得很坚决。后来，当有人责怪梁思成因为放弃移居美国而使林徽因过早病逝时，梁思成说："我当然知道这个决定所付出的代价，我不能不感谢徽因，她以伟大的牺牲来支持我。"这就是梁思成夫妇至死不渝的爱国精神，或许，梁思成晚年的"改过自新"也是一种爱党爱国的表现。

梁思成夫妇的故事，说不完道不尽，种种角度都能给我们以深思，以启迪，以激励。2012 年 1 月，北京市东城区北总布胡同 3 号四合院的梁林故居被拆，引起了社会的广泛关注和热议，在现代化建设日新月异的今天，我不由得想起了梁思成直面北京市长彭真的声音："五十年后，历史将证明你是错误的，我是对的。"多么掷地有声啊！

# 钱锺书夫妇：百年风华的文化昆仑

2016 年 5 月 25 日，105 岁的杨绛先生离我们远去了，她从民国款款走来，跨越了百年的美丽。百年之后，我们或许都变成了灰尘，被岁月吹得七零八落了，但杨绛经过了百年的风雨，活得那么淡然，那么自在，这就是奇迹，难得的奇迹！

对于钱锺书和杨绛两位先生，我写下两个词语："百年风华"和"文化昆仑"。"百年风华"送给杨绛，我相信她的风华永远存在。"文化昆仑"这四字，我可不够格写，那是早成定论的，是中国学界对钱锺书的赞誉，说钱锺书是中国文化史上的一座高山，难得爬越过去，这就是"高山仰止"。我把这两个词语，虔诚地奉送给这对可亲可敬的夫妇。

这两位真正大师级的人物，偏偏都可以算作"日落西山一点红"。20 世纪 80 年代，我在师大读书，电视连续剧《围城》正热播，我们天天赶场，钱锺书这三个字才开始热起来，我总想，这是不是来得晚了一些。同样，杨绛先生过了百岁大关，又生出了钱锺书手稿拍卖案，媒体才发现这是"越老越值钱"的潜力股，纷纷去打扰这位只求平静生活的大师，我也总觉得这是一种尴尬的遗憾。

想到这些，我给这两位值得我永远推崇的夫妇写下了如此的颁奖词，恰当与否，你们来评说：

> 一个静心营造巴比塔的巨人，在人生的暮年才被大众知晓，一个历经风雨笔耕不辍的学者，历过百岁才被媒体报道。他们是一对不求功名只求相依的平常夫妇，也是一对清淡处世潜心学问的学者文人。这是两座跨越百年依然美丽的文化高山，一代大师——钱锺书、杨绛。

两位大师的人生轨迹，要说的太多太多，但实在不知从何说起。我愁眉苦脸好多日子，某个晴朗的下午，那传说中的灵感，不打招呼，竟然宠幸了小小的我，"相识""相知""相爱""相守""相念"这五个词语，蹦进我的脑海，一些相关的诗句、俗语姗姗来迟，我的胆子涨起来了，五个章节的标题出炉了！

## 相识：人生若只如初见

我要说的第一部分，名曰"相识"，借用了一句诗，大家很喜欢的，"人生若只如初见"，清朝大才子纳兰性德的诗句。人生若只如初见，第一印象，是美丽的，坏处还没有发现，再加一朵玫瑰，浪漫吧？人生若果如初见那样，是一件多么美好的事情，俗人难以企及，但钱锺书夫妇一生都享用到了这种幸福。

1910 年，钱锺书的出生，看不出什么文曲星下凡的先兆，既没有红光满地，也没有电光一闪。等到周岁时，父辈们急不过，要他抓周试试。

你们猜，钱锺书周岁时抓了什么？也就是这么奇怪，他随手一抓就是一本书。一书定乾坤，他的祖辈、父辈们喜欢得不得了，都是读书人，忙给他定名曰"书"，"锺"字为辈分，好一个小小书生，人生的命运就这样敲定了！

说没道理就没道理，钱家只发幺房，不兴长房，到了钱锺书父辈一代，更是如此。伯父钱基成，没有儿子，只有一个女儿，按中国传统，长房长孙是未来家族掌门人，不能空缺，钱基博只好将幼年的儿子钱锺书过继给哥哥。

钱基成是个秀才，对钱锺书慈爱有加，出门坐茶馆，谈天说地，都带着他，拜祖坟时，对祖宗念念有词，期望这个小小书生"将来做大总统"，长长房威风。不过，祖坟前面的两排树，上首不景气，蔫头耷脑，代表着长房来势不好，下排树木，却葳蕤自生光，生机勃勃，幺房还是锐气不减。伯父看在眼里，急在心里，神不知鬼不觉，悄悄到街上买了头发，埋在上首的树底下，渴盼发在钱锺书。

钱锺书随了伯父，倒也自在，还有个堂弟钱锺韩跟在后面屁颠屁颠地跑，东游西荡。这个钱锺韩，可能大家没听过，他可不是个小人物，后来成为中国科学院院士，响当当的科学家。钱锺韩的父亲，就是钱锺书生父钱基博的孪生兄弟钱基厚，钱基厚当过无锡行政长官，口碑极好。

钱家两小兄弟，钱锺书和钱锺韩，跟着伯父满街跑，优哉游哉，引来了两老兄弟（钱基博、钱基厚）的强烈不满，要求老哥把他们俩送进学校。这一下惹火了钱基成："你们两兄弟都是我启蒙的，我把你们教得如此成功，还教不了他们？"

钱锺书4岁，由伯父教他识字读书，以后虽然断断续续上过私塾，还是以伯父执教蒙学为主。伯父的教育比较宽松，除传统文化教育外，由着钱锺书的性子，《西游》《水浒》等正经小说可以看，《说唐》《七侠五义》等不能登大雅之堂的书也可以看，从不干涉。钱基博看着儿子被老哥放任自流，心痛得要命，又无可奈何，儿子已经无条件地给了老哥，是要不回来的，谁叫他不是老大呢？

可是啊，天意难违，钱家长房风水还是不好，终究逃不过家族的厄运，钱锺书9岁时，伯父去世。老哥走了，钱基博伤心，儿子可以亲自管教了，钱基博又高兴。按照家规，钱锺书仍和伯母居住，虽然钱基博抢来的只是半个儿子，但教育自主权的获得，也不容易！

钱基博是国学大师，饱读诗书，不想让自己满腹的才气后继无人，对钱锺书一本正经，威严有余，笑容不足，有点像贾政教育贾宝玉那样儿。钱锺书失去了伯父的保护伞，也乖了，老实了，每每见到父亲，犹如老鼠见到猫，躲之唯恐不及。钱基博不管这些，给钱锺书来个下马威，给他取号"默存"，首先剥夺他的话语权，不准他胡言乱语，接着逼他读尽"圣贤书"，专攻国学。这下，钱锺书动弹不得，"改邪归正"了。11岁时，他和堂弟钱锺韩一道考进东林小学（无锡县立第二高小）。

走入正途的钱锺书，风华正茂，一发而不可收，19岁考入清华大学，却逢伯母去世，钱锺书的抚养权被钱基博完整地夺回了，钱锺书长房长孙的位置在钱氏家谱中，倒是更改不得。

一个人的成就，与他的家庭环境，与他儿时所接受的教育不无相关。钱锺书父辈宽严并重的教育，对他后来双重性格的形成有很大影响，既幽默又严肃，也影响着他后来的作品风格和学术方向。

大家读过小说《围城》吗？这是一部知识分子的活写真，《围城》的幽默笔调、调侃人生、灵动机锋，让我联想起钱锺书的活泼风趣。钱锺书的这种活泼风趣与他少年时伯父的宽松教育，以及与他舅舅王西神是否有关呢？王西神不仅是近代小说家，还是《小说月报》的首任主编！都是文化人，钱锺书到舅舅家，长期受舅舅小说的熏陶，想不做文化人都难！

钱锺书通天之塔的著作是《管锥编》，可这书，一般人看不懂，为什么呢？全部是文艺性的文言文，另加古今中外的材料，信手拈来。你说，这深厚的文言功底，来自何方呢？不能不说与他那国学大师的老头子无关，没有老头子的严教，他再有灵气，也可能是白搭！

说了这么久的钱锺书，杨绛也该出场了。在说杨绛之前，我还是想说说杨绛的父亲和三姑母，这也是我很敬重的两个人，不得不说给大家听。

杨绛的父亲杨荫杭，早年就读于南洋公学。我前面已经说过，南洋公学是上海交通大学前身。他从南洋毕业，再到东洋，赴日本早稻田大学攻读法律，获法学士学位。

为了怒放的生命，这些还不够，杨荫杭又赴美留学，入宾夕法尼亚大学法学院，获法学硕士学位。

学习期间，杨荫杭受孙中山、黄兴革命思想影响，归国后，被革命政府先后任命为江苏省高等审判厅长、京师高等检察厅长。这个留洋学生，出了国，洗了脑，被理想冲昏了头，领悟了国外先进的司法制度，回国就主张司法独立。

杨荫杭受了先进思想的洗礼，怀抱着法治救国的理想，曾传讯交通总长许世英，审理其贿赂案。北洋政府交通部长，小小的杨荫杭能奈他何？杨荫杭单纯得很，以为靠着司法独立的理念，可以任由他来审理，公开，公平，公正，不徇私情，想不到，事情还没开始，北洋政府就来干涉，杨荫杭理想的头碰到了冰冷的现实，动弹不得，只得辞职了事。事情闹得个满城风雨，许世英也被免了职，这官司让杨荫杭出了点名。

1919 年，杨荫杭辞职回无锡老家，后移居上海，任《申报》副总编兼主笔，曾在上海震旦女子文理学院、上海私立大同大学教书。

杨绛除了这个才华横溢而又心怀美好的父亲以外，还有一个了不起的姑母杨荫榆。杨荫榆曾经"死"在鲁迅笔下，今天我想让她再精彩地活过一回。杨荫榆，曾留学日本东京高等师范学校和美国哥伦比亚大学，获教育学硕士学位，曾抱着教育救国的理想，成为中国第一位女性大学校长，北京女子师范大学校长。

北京女师大闹学潮，鲁迅、钱玄同、沈尹默、马裕藻、周作人等文化名人站在学生一边，支持"驱羊（杨）运动"。鲁迅写文章，骂杨荫榆"寡妇主义"。

我觉得，杨荫榆至少是被鲁迅骂得过分了的人，"寡妇"一词，有辱人格，实属不当。杨荫榆当"寡妇"，有苦说不出。小时候，受"父母之命"，她与一家蒋姓少爷定亲。谁知，这蒋少爷是个智障儿童，长相也极丑，婚前，别人曾把这信息告诉杨荫榆，杨荫榆不以为意，还是坚持遵循旧礼，要嫁。等到 18 岁，嫁到蒋家，新婚之夜，她才发现传言属实。这天晚上，为了自卫，她撕破了新郎的脸，第二天一早，就跑回娘家，断绝了与夫家的联系，也没有再嫁，于是就给鲁迅留下了"寡妇"的口实。

在政治运动风起云涌的时候，当校长的杨荫榆对学生要求很严，俨然是这些女学生的婆婆。她要学生只管读书，不要参加政治活动，把学生的爱国行为一律斥为"学风不正"，横加阻挠。这一点，也没有什么大逆不道的，每个校长都不希望自己的学生参加冒险的政治运动，这是人之常情，本也无可厚非。我们所敬仰的蔡元培，执掌北大的时候，也曾阻拦过学生参加学潮，并且还曾因学生不听话而伤过心，辞过职。只不过，杨荫榆不该在革命情绪高涨的学校任职。

当然，杨荫榆的教育实在刻板了些，太过于保守，甚至有些不近人情，不该采取过激行为，引警察入校，强拖学生出校，不合时代潮流。学潮过后，杨荫榆迫于压力，不得不辞职，回归故里。

可是，鲁迅对杨荫榆的打击是毁灭性的，使她身败名裂，从此"反动"一词贴近了她。后来，杨荫榆虽然也曾到中学、大学任教，但都得不到应有的尊重。1935 年，尴尬的、伤心的杨荫榆辞去教职，还是念念不忘她的教育情怀，在苏州自办女子补习学校。

1937 年，日军侵占苏州，奸淫掳掠，女校学生也不能幸免。杨荫榆忍无可忍，跑去日本军营，递交日文抗议书，与日军当面交涉。日军代表见她日语流利，气度不凡，估计是个有影响的人物，不敢胡作非为。直到 1938 年元旦，两个日本兵来到杨荫榆家中，用一番鬼话哄她出门。在吴门桥上，一名兽兵突然朝她后背开枪，另一名兽兵则猛然将她踹入寒冷的河水里。他们发现杨荫榆落水后还在扑腾，又连发数枪，直到河水泛红，才扬长而去。

54 岁的杨荫榆，就这样倒在日本鬼子的子弹下，但她的教育情怀和爱国精神，是任何人、任何时代也抹杀不掉的。

杨绛就生长在这样的家庭里，杨荫榆常常寄住在她家，父辈们的书香气、书生气和凛然正气，很自然地给了她很多影响。

杨绛，1911 年生于北京，籍贯江苏无锡。本名季康，后来笔名取反切字"绛"。所谓反切，就是用前一个字的声母和后面一个字的韵母相碰而获得另一个音，例如"季"取其声母 j，"康"取其韵母 ang，按拼写规则就成了"绛"（jiang）音。

出生书香家庭的杨绛，当然不受"女子无才便是德"古训的制约，中学就辗转于上海启明女校和苏州振华女校。上海启明女校，是 1867 年法国天主教会建立的著名女子学塾，现在为上海第四中学；苏州振华女校是留美女硕士王季玉在其母 1906 年创办的小学基础上发展起来的，开创了中国女子办女学的先河，是现在的苏州第十中学。这两所学校现在都以拥有杨绛这样的杰出校友而自豪。

2006 年，95 岁的杨绛应邀给母校百年校庆题词：实事求是。这词倒不是杨绛媚俗，这"实事求是"四个字，是王季玉校长当年的训示。如今，这四个大字已被刻于石上，置于苏州十中校园，成为一道最美丽的风景。

杨绛毕竟是杨绛，读书灵气十足，各科成绩优异，特别是国文和英文，考罢管教校长服。1928 年，杨绛用五年时间就修完了六年的中学课程，从振华女校提前毕业，以第一名的成绩考入南京金陵女子文理学院，同时以初试第一、复试第二的成绩考入苏州东吴大学。

本来，杨绛的大学梦是考入清华外语系，但那一年，清华没来苏州招收女生，她只好选择东吴大学，即现在的苏州大学，也是名牌大学。

杨绛的好友蒋恩钿就读于清华，劝杨绛转学清华，杨绛已经领到准考证，可惜，天不遂人愿，正在清华招考的第一天，她的大弟去世，不早不迟，杨绛再次错过了考期，清华梦只能暂时搁浅。

读到大四，学校闹学潮，被迫停课，杨绛和四个同学北上借读。这四个同学中，有一个同学孙令衔，和杨绛特别有缘。当年"高考"，同考东吴大学，孙令衔初试第二、复试第一，和杨绛的结果正好相反，这是第一缘分；后来，孙令衔留学美国，拿了博士，娶了杨绛的七妹为妻，肥水不流外人田，同学变成杨家女婿，这是第二缘分；更重要的是，这个孙令衔，本来想把杨绛推给好友费孝通，却让杨绛和钱锺书产生爱情的火花，这是第三缘分。

费孝通，留英博士，文化名人，著名社会学家、人类学家、民族学家、社会活动家，曾担任过全国人大常委会副委员长、政协副主席。费孝通也不简单，在东吴大学，就是学生领袖，后来，学校开除了一批有非主流政治倾向的学生，费孝通转到了北平燕京大学。

费孝通转入燕京大学，是慕其名，还是别有原因，不得而知。杨绛一来北平，费孝通大献殷勤，帮忙办理借读燕京大学手续。这个费孝通啊，一直恋着杨绛，在转燕京大学前就问杨绛："我们做个朋友可以吗?"杨绛明确表态过："朋友，可以。但朋友是目的，不是过渡。"尽管得到警告，费孝通还是视杨绛为初恋，不过，文化人就是忒率真，1979 年，费孝通和钱锺书一同访美，住一个套间，相处和谐，钱锺书每天为杨绛写日记，留待面交，而费孝通却送钱锺书邮票，让他寄信给杨绛。钱锺书竟套用自己小说《围城》的说法，戏说两人是"同情兄"。

这两位"同情兄"，是怎么一个大获全胜，一个败兴而归的呢? 这事，成也孙令衔，败也孙令衔! 孙令衔到了北平，迟不去，早不去，偏偏和杨绛在一起的时候，要去清华看望表兄钱锺书! 结果呢，钱锺书和杨绛见了，就忘不了了，第一次见面，虽然没有言语，不敢说一见钟情，但彼此都很珍惜。

当时，钱锺书穿着青布大褂，脚穿一双毛布底鞋，戴一副老式眼镜，目光炯炯有神，满身浸润着儒雅之气。后来，孙令衔见势不妙，怕有愧于好友费孝通，就不断警告钱锺书，说杨绛有男朋友了，一边又给杨绛泼冷水，说钱锺书已订婚了，两边忙得不亦乐乎，可两边都不讨好。

可是，姻缘啊，谁都说不准。正好杨绛的朋友蒋恩钿在力劝杨绛借读清华，也成功了。似乎前世注定，他和她，门当户对，佳偶天成，这惊鸿一瞥，就注定了他们的命运，这就是初见的美丽。怎么样? 连杨绛的母亲都笑话她说："阿季的脚下拴着月下老人的红丝呢，所以心心念念只想考清华。"

## 相知：有情人终成眷属

相识容易相知难。"相知"这个章节，我用了一条大家都知道的俗语，也是耳熟能详的祝福语："有情人终成眷属。"

其实，这句祝语的出身并不下贱。元朝有个著名戏剧家王实甫，他是情圣，爱情戏剧写作高手，一部《西厢记》，因其"淫词艳曲"，被列为禁书。还记得贾宝玉诱惑林黛玉看这书的情景吗？贾宝玉对林黛玉戏说："我就是那多愁多病身，你就是那倾国倾城貌。"说得林黛玉满脸羞红，假装恼怒，直说宝玉是拿"混话"欺负她。你看，多么有情调的事情啊！有情人终成眷属，就生长在这满纸爱情的《西厢记》里，温馨吧？

钱锺书和杨绛，有缘相识，虽曰人事，岂非天命哉？清华可以作证。

北大和清华，名字响得震破天。这两所大学是中国高等教育的顶峰，在办学理念和办学风格上，各有千秋。

北京大学，前身是京师大学堂。戊戌变法失败了，戊戌六君子头砍了，变法的内容废除了，但有一项成果保留了下来，这就是京师大学堂。毫无疑问，北京大学是戊戌变法的产物，和中国传统文化的关系较深，政治意味比较浓。

而清华大学则不同，与西洋文化亲近，西方色彩浓。1900 年（庚子年），八国联军侵华，1901 年，李鸿章代表清政府与八国签订《辛丑条约》，赔银多少？四亿五千万两。这就是历史上的庚子赔款。后来啊，有些发达国家，像英美，良心发现，开始部分退本还息，用于中国教育文化基金。于是，1909 年，"游美学务处"正式成立，选录送美留学生。1911 年，裁撤"游美学务处"，成立清华学校，仍然是留美预备学校性质。直到 1928 年，"国立清华大学"的匾额才正式挂出来，第一任校长即罗家伦。有人戏言，罗家伦在清华，教育成就并不大，最大的成就就是录取了钱锺书！

钱锺书中英文极佳，就怕数学，正因为如此，校长罗家伦把钱锺书喊到校长室，亲自与他交流谈话，竟然被钱锺书广博的文史知识和高超的英文水平折服了，大胆地把钱锺书破格录取到外文系学习，从此，罗家伦和钱锺书结下了深厚的师生情谊。

更有趣的是，吴晗当年考北大时，文史和英文都是满分，但数学零分，未被录取。于是改考清华，数学还是零蛋，但有钱锺书的先例在前，竟又被破格录取。后来，这两人都成了文化名人，吴晗还成了政界风云人物，就有人混淆视听，误传钱锺书数学零分，让钱锺书背了冤枉。

不过，钱家也不是那么好欺负的！当年和钱锺书一起考清华的，还有那个一同长大的堂弟钱锺韩，钱锺韩是"理科男"，才不怕数学呢，学霸中的学霸，他在 2000 多名考生中，以第 2 名的骄人成绩，趾高气扬地走进清华，给数学考败了的堂兄钱锺书争回了面子。

后来，钱锺韩官费赴英留学，回国后，任过浙江大学、西南联大等著名高校教授，新中国成立后，任过南京工学院（现东南大学）院长。作为动力工程专家，曾当选为中国科学院院士！钱家两兄弟，一文一理，在中国文化史上，都闯出了一条康庄大道。

钱锺书名声在外，一进清华，靠着天下无敌的才华，行走清华，占尽了风流。

在文学院，有清华"三才子"之说，钱锺书居其首，另外两位当然也鼎鼎有名。其中一个就是像他一样的偏才，前面提到过的，著名历史学家吴晗，明史最权威的研究专家，一部《朱元璋传》，成就 20 世纪四大传记之一。

吴晗是学问家，但却投笔从戎，参加了解放军，曾任北京市副市长。我觉得，学问家如果从政，就要安心从政，淡忘学问，不然，总有点悲剧色彩。果不其然，他的文字招来了杀身之祸，甚至让他死无葬身之地，可怜可悲。新编历史剧《海瑞罢官》，有影射彭德怀被罢之嫌，遭受批判，又因为《三家村札记》，他的命运与邓拓、廖沫沙连在一起，成为"文革"开幕的标志，在全中国扬了大名。"文革"期间，吴晗夫妻被迫害致死，吴晗骨灰至今下落不明，女儿也在狱中自杀身亡，一代清华才子，就这样家破人亡，断了革命的后代，可悲可叹！

另有一清华才子，就是著名考古学家夏鼐，考古成就可与李济比肩，国际顶尖，享有国际盛誉，先后获得中国、英国、德国、瑞典、美国、意大利等多国最高学术机构颁发的荣誉称号，人称"七国院士"。在他面前，一个"中科院院士"称号，已苍白无力了。

面对如此厉害的强手，撼山易，撼钱锺书难，文学院三才子 PK，钱锺书还是勇夺桂冠，不简单啊。

在外文系，人称有"龙、虎、狗""三杰"，钱锺书又独霸"龙"位，人们奈他不何。"虎"是曹禺，大学时，他就发表《雷雨》，一举成名天下知，才气逼人。"狗"是颜毓蘅，后来任南开大学外文系教授，成了"南大"最厉害的外文教授，在南开校园里，盛行一句"狗尚如此，何况龙虎？"他们没有缘分见到"龙虎"，是一种遗憾，只能这样感叹！

清华怪人多，吴宓就是其中一位。他曾是"哈佛三杰"之一，清华创办国学研究院，他是主任，治学严谨，可是个性孤傲，又是个情痴，曾经为了追求毛彦文，竟然在报纸上发表诗作："吴宓苦爱毛彦文，三洲人士共惊闻。"金岳霖受朋友之托来劝说吴宓：恋爱是隐私，就像我们上厕所一样，是不能随便登报的。出乎金岳霖意料，这吴宓一听拍案大怒，大吼一声："我的爱情不是上厕所！"

就是这样狂狷的人物，在清华，吴宓最推崇两个人，一个是导师中的陈寅恪，另一个就是学生中的钱锺书了，并称他们为"人中之龙"。大师的肯定，与大师同行，是钱锺书的福气。

有校友回忆，钱锺书常口无遮拦，读大二时，作为外文系学生，随意挑剔中文系主任朱自清和哲学系主任冯友兰的学问，幸好，这些老师不是小肚鸡肠，不然，非要学校出面，修理修理这狂徒不可。

钱锺书不是一个循规蹈矩的学生，他听课时，从不记笔记，只带一本与课堂无关的闲书，一边听讲，一边看自己的书，甚至还玩小动作。曾经，同学许振德恋上一女生，上课暗送秋波，钱锺书发现了，偷偷画起"许眼变化图"，没等下课就传递给其他同学，惹得同学们哄堂大笑，这就是可爱而调皮的钱锺书。等到考试的时候，钱锺书又总是第一，尖子学生，老师们拿他没办法。

据著名作家吴组缃回忆，有一次在咖啡室，几个同学谈读书，突然谈到国外禁书，曹禺知道钱锺书饱读诗书，要他开一份英文禁书目录。钱锺书随手拿来一张纸，圈圈画画，一下子，四十多本书目出来了，包括作者姓名、内容特点等，写满了纸的正反两面，让同学们眼界大开，这就是学霸钱锺书。

当然，靠到处吹嘘卖弄，是不能成大气候的。古训有"立功，立德，立言"之说，钱锺书大学时，就立言了，以书评和旧体诗见长，多见于《清华周刊》《新月月刊》《大公报》等刊物。大二开始，他正式接任《清华周刊》的英文编辑，钱锺书的文名响震清华的天空。

钱锺书浪得了"虚名"，传到老头子钱基博耳里，老头子不舒服，想惩治惩治他，打压他的嚣张气焰，让他规规矩矩做人。正好，机会来了，著名国学大师钱穆要出一本大著《国学概论》，请朋友钱基博作序。钱基博把书稿给儿子，要他帮忙写一篇序。钱锺书不明就里，也不客气，拿起笔，刷刷刷，一挥而就，写完就递给父亲，父亲一看，暗暗惊讶，实在惩治不得，不得不佩服儿子逼人的才气，文章一字不改地送给了钱穆。

也许一切都是天意，一切都是命运，杨绛主意变得快，把大学最后一个学期的借读锁定在清华。对于钱锺书来说，这是天赐良缘，机不可失，失不再来。费孝通就是有通天的本事，也比不过近水楼台先得月的钱锺书！

孙令衔也不是谎话佬，钱锺书是订过婚的，还正儿八经，父母之命，媒妁之言，对象为叶崇范小姐，叶恭绰的千金。叶恭绰何许人也呢？北洋政府交通部总长，国民政府铁道部部长。不仅如此，叶恭绰也是文化名人，诗文、书画、考古样样精通，与钱基博关系甚厚。虽然钱锺书的狂妄、骄傲，叶家早有所闻，但叶恭绰就是喜欢这未来贤婿，百看不厌，百闻不烦。

可事情就那么巧，钱锺书与叶崇范互不来电，如果有一个来电都麻烦。叶崇范是现代派女性，活泼开朗，淘气调皮，而我们的钱锺书，一身书卷气，老土打扮，两人实在不般配。后来，这叶崇范玩起了时髦，与一位律师之子私奔，被逼结了婚。这事一闹，钱锺书就彻底与叶崇范"拜拜"了，大刀阔斧地追起杨绛来。

钱锺书追女孩子，极尽狡猾之能事，放长线钓大鱼，不紧不慢。一首诗写过去，假意讨教，实属炫耀；一本英文书捎过去，正好是杨绛想要的，投其所好；傻等女生宿舍门口，守株待兔，就等杨绛碰在他这株树桩上，然后带出去散步转悠；等久了，一天一封信，轮番轰炸，看你招架得住……

一个学期过去了，这两个无锡小同乡有话说不完，家庭啦，文学啦，生活啦，英文啦……很快，两人做了朋友，由朋友而变成了情人。

1932年7月，杨绛在清华借读大四第二学期卒业，获东吴大学毕业文凭，并荣获"金钥匙"奖。杨绛离开清华，钱锺书实在舍不得，鼓励杨绛接着考清华研究生，好再共度一年美好时光。可杨绛犹豫了：一来自信心不足，说来滑稽，一个最不喜欢政治的人，读了政治，杨绛就是如此，东吴大学政治专业，如改读英文，四年清华课程，一两个月怕赶不起来；二来有几个闺蜜天天说钱锺书的坏话，说什么长相不佳、狂妄自大等。杨绛想冷静一段时间。等到杨绛考上清华大学研究生时，钱锺书又毕业了，两人的恋爱只能靠诗文来唱和了。

1933年，钱锺书从清华毕业，放弃了留在研究院继续深造的机会。为什么放弃呢？是另有隐情：他想出国，到英国去，用国家的钱，英国庚子退款，但英国留学要求两年实践经验。

钱锺书毕业了，要实践，老头子高兴得做梦都笑醒，为什么呢？儿子大了，翅膀硬了，在外闹腾得也够了，要回巢了，我该教训教训这小子了。钱基博想得美，在上海光华大学给儿子安排一个教职，对国文系主任（后来任文学院院长）的钱基博来说，太简单了，儿子也仅是一个本科生，相信也翻不起大浪，跑不到哪里去，还不是靠拼爹？

在父亲眼皮底下，钱锺书实在高调不起，窝囊得很。钱基博专攻集部，撰著极多，这时候正向《现代中国文学史》和《中国文学史》大著进军。你想想，要写下钱氏中国文学史，中国上下五千年的文学不烂熟于心，行吗？这是多么艰难的一件事情。我相信，再狂妄的钱锺书，在父亲辉煌的成就面前，不得不低头。

钱基博搬来雕花大椅，坐在上面，儿子在下，教育儿子，有板有眼的：你这小子，听说，在清华，张狂得要命，你算老几？你老头子的这些书，你写得出来吗？怎么就不学好，做人要低调，你懂吗？你以为，你在清华风生水起，就了不得了，十年之后，二十年之后，百年之后，千年之后，你的名字谁知道？中国几千年厚重的文化，你懂得多少？你这不知天高地厚的东西，不要学那徐志摩四处招摇，更不要学那胡适到处演讲，你怎么就不学点古人的笃实沉潜呢？那些古人，历经百年以致千年而不朽，你做得到吗？今天，我送你两句话，你给我记住，不要再张扬，太张扬了，你会吃亏的。拿出你的笔，写下来："勿以才华卓绝时贤为喜，而以学养不及古贤人为愧"……

面对父亲的教育，钱锺书只有点头的份儿，从此，不敢再高调，低调人生开始形成。以后，钱锺书的低调，真低得让我们难以接受，这是后话。相信，这与钱基博的教育有关，好儿子还是教出来的。

这钱基博啊，也不简单，学问要管，说话要管，性格要管，恋爱更要管。1933年秋天，杨绛梦圆清华外文研究所的时候，钱锺书刚从清华毕业，来光华和父亲在一起，两人只好鸿雁传书，青鸟传情。不料，钱基博又有擅自拆儿子情书的习惯，那时候，不讲究隐私权，钱锺书奈何不得，又不敢和杨绛说。

有一次，杨绛的一封信又被钱基博拆了。杨绛的信大意是说，现在我们俩情投意合还不行，还必须要两家父母、兄弟都欢喜才好。想不到，这位钱老先生，可爱得让我们难以置信，信看完，连声叫好，竟直接提笔写信给杨绛，对这位未来儿媳妇着实地夸奖了一番，并郑重其事地把儿子托付给她。

随后，钱老夫子依照古礼，带着儿子，来到杨家求亲，又是一场"父母之命，媒妁之言"，钱锺书与杨绛顺利订婚，杨绛的"未婚妻"地位正式确立。

订婚是一件事，结婚又是一件事。钱老夫子尚古，要按旧礼，而杨绛父亲是新派留学生，就爱新式。结果一半是古礼，一半是时尚，杨家现代派"女儿宴"在先，钱家古礼迎娶在后，两家皆大欢喜。

我们看电影，旧式结婚仪式怎么来着？一拜天地，二拜高堂，高堂是什么呢？高堂就是丈夫的父母。你们说，钱锺书和杨绛结婚，高堂该怎样拜？杨绛嫁到钱家，拜高堂的时候，钱的生父生母当然要拜，伯父伯母是嗣父母，也要拜，人不在了，钱家就请一盆千年芸、一盆葱为代表，照旧磕头，这才算尽了儿媳妇的礼数。这是中国的传统文化，绝不能马虎。

婚礼前，钱锺书嗳嗳嚅嚅，告诉岳父，杨绛到钱家要磕一个头。岳父听了，不高兴，都中华民国了，还兴这前清废礼？正踌躇间，杨绛三姐忙出面解围，说她嫁到夫家也是行了跪拜礼的，只是不敢告诉父亲。杨绛也不以为意，哪知，上了锺书大当！岂止是一个头？磕了嗣父母，又是生父母，磕了生父母，又是叔父母，磕了叔父母，又是祠堂、祖宗、灶神等，三拜九礼过后，累得不轻，还有"团圆饭"。你想想，国学大师儿子大婚，岂是简单了事？高朋满座，一一行礼答谢，怎一个"磕"字了得？一对新人行中国式旧礼，累得精疲力竭，锺书发烧，杨绛病了，连回门礼数都顾及不得！

有情人终成眷属，不易啊，且行且珍惜！

## 相爱：诗书酬和两依依

钱锺书夫妇的婚后生活，很温馨，很平淡，很书斋，以诗书为伴，不求闻达，不管社会风雨，只求安静，读书，教书，写书。他们的生活，让我想起赵明诚和李清照式的诗意，诗书相和，把玩金石，收藏古董，多么惬意啊！所以我觉得他们一辈子都在恋爱，就用了"相爱"一词，我羡慕他们的这种生活，又找不出一句有来历的话，就信口胡诌一句：诗书酬和两依依。

1935年，两年实践期满，钱锺书的出国梦要腾飞了。他瞄准的是英国文学专业，这专业只录取一人。吴宓有个研究生，叫吴仲贤，成绩很好，中英文俱佳，也向往英国文学，吴宓得知钱锺书已报名，忙劝他报考别的专业。吴仲贤后来改学畜牧，获爱丁堡大学动物遗传学哲学博士，后成为中国科学院院士。

果然不出所料，钱锺书第一名。借此机会，我还是想晒一下这次考试的结果：本届考上英国庚子赔款奖学金的，有 24 人，钱锺书平均成绩 87.95 分，遥遥领先，平均分 80 以上者，仅此 1 人，接着平均 70~80 的 3 人，60~70 的 14 人，50~60 的 6 人。分数摆在这里，比较看看，钱锺书算不算学霸中的学霸？试卷是外国教授批阅的，钱锺书的高分震撼了这些外国教授！

理所当然，钱锺书被录取到英国文学专业，远赴牛津大学，偕同自费留学的妻子杨绛。

钱锺书要携妻远行，而杨绛清华研究生学业未成，只能休学。中国真正的文人，是有好气度的，朱自清不计钱锺书前嫌，对杨绛网开一面：期末考试不参加，只交一篇小说，就 OK。杨绛忙赶写一篇《璐璐，不用愁!》，交给朱老师。朱老师看了，极为欣赏，推荐给《大公报丛刊小说选》，改名《璐璐》，这时候杨绛已在国外了，这是杨绛创作的第一篇小说。我想，后来，杨绛写长篇小说《洗澡》，是否也是在这里获得自信呢？

牛津大学，世界著名高校，英语国家中最古老的大学，在英国历史、政治、文学上占有独特的地位。它起源于 12 世纪下半叶，13 世纪又分出姊妹大学——剑桥大学。

钱锺书在牛津，最喜欢的事情就是泡图书馆。一个人泡有失孤独，不浪漫，还是"红袖添香"的好。于是乎，图书馆就成了钱锺书和杨绛的"家外家"，带几个面包，占据两个位子，中午也不回家，一坐一站，一天就过去了。身外的世界，什么都不重要。这就是两个"书虫"志同道合的生活。

牛津藏书 500 万册，手稿 6 万卷，藏书名列世界前茅，好多都是历经沧桑的文物，里面跳跃着的是几百甚至上千年的精魂啊。钱锺书很喜欢这地方，给它取了一个雅致的名字——"饱蠹楼"，自喻是一只东方蠹虫，要在此处畅饮饱餐。对于"书虫"来说，这里就是他最快乐的天堂。

牛津书不外借，钱锺书再好的记忆力，也有胆怯的时候，读书记笔记，必不可少。到了牛津的钱锺书，才知道天外有天，人外有人，书是读不完的，笔记不做不行。钱锺书在牛津，就像河伯游到了北海，不得不感叹"'闻道百，以为莫己若'者，我之谓也"。钱锺书的傲气减了一半，名气几乎没有了。

混不出名，就不要名，安心读书。钱锺书是官费留学，是要拿学位的，他申请了 B. Litt 学位。这 B. Litt 学位，不大不小，有的说，相当于学士学位，有的说，这是高级学士学位，比硕士学位稍低。

那个年代，钱锺书的清华文凭可能用处也不大，好多出国留学生，都要重修学士学位的。我们不需要过分给钱锺书贴金，这 B. Litt 学位的高低，已毫无意义。我想，对钱锺书这样的文化巨人来说，学位就是一张苍白的纸。

不过，为了这张纸，钱锺书也苦恼过，特别是古文书学和订书学两门功课。你想，中国人研究甲骨文啦、殷墟文字啦，都难得激起兴趣，而钱锺书要研究国外的古文字，辨别国外古书的版本，岂能不头痛？哪能有兴趣呢？而学这些东西，又有何用？实在影响心情。考试不及格，杨绛安慰他，鼓励他，还请朋友帮忙辅导他，他好不容易才勉强通过。

我深深理解钱锺书。钱锺书读书是为兴趣而读，不为功利，这学位就是功利，他非常羡慕杨绛的自由读书和听课。为什么呢？杨绛到牛津，打算研修文学的，可是名额已满，要读就读历史，否则，不能注册。本来，杨绛从东吴大学毕业的时候，学校就给她拿到了官费赴美留学的资格，但要学政治，她拒绝了。为了自己的兴趣和理想，不为追求虚名而委屈自己，这就是杨绛。这次，杨绛一不做二不休，干脆放弃学位，就做钱锺书的陪读，纯粹的旁听生。

牛津的日子，这两口子，过得浪漫而充实，"两耳不闻窗外事，一心只读中西书"。钱锺书的学位选题是《十七、十八世纪英国文学中的中国》，攻读的目标就是英国两百年来的文学，文学是与政治、经济、历史等密切相关的，读了这两百年来的英文书，就等于对这两百年的英国了如指掌，加上中国书的比较研究，拓宽了钱锺书的知识视野，打开了时间、空间的通道，为他以后《谈艺录》和《管锥编》等巨著的诞生，打下了坚实的基础。

这时候，他们的女儿圆圆（即钱瑗）在英国出生。他们毅然拒绝了女儿的英国绿卡，铁定心要回中国，这种爱国主义精神，值得我们学习。书呆就是书呆，学业完成，牛津大学想聘钱锺书为讲师，而我们的钱锺书先生却认为，自己的学问还远远不够，还要继续深造。决定之后，这对"书虫"来到法国巴黎，找到同学盛澄华，注册进入巴黎大学研究院，潜心研究起法国文学来。

　　出国的游子离家万里，牵系的还是祖国。1938 年，欧洲和中国战云密布，钱锺书夫妇心头的阴霾越来越沉重，书可以不读，祖国不能不回，这是他们两个坚定的信念。无所谓空洞的爱国口号，无所谓"学无所成"，他们怕蔓延的战火阻隔了归国的路，切断了与亲人的联系，他们实在太想念祖国了，太想念家乡的亲人了。归心似箭，刻不容缓，祖国在呼唤，亲人在期盼，漫卷诗书，寻船回国才是真。

　　在归国之前，钱锺书就开始向国内求职。清华大学文学院院长冯友兰，用海纳百川的情怀，向这位昔日刁难自己的学生伸出了橄榄枝，恩师叶公超怕钱基博阻挠，还特意与其交流，聘请钱锺书为清华大学西洋文学教授。毫无疑问，钱锺书鸿运当头，这教授职位，不是破格，也是破格，钱锺书怀揣一个不伦不类的 B. Litt，实在拿不出手，能给个讲师岗位，就算祖坟埋对了地方。可是，老师们偏偏就青睐这个口吐狂言的学生。

　　稍作安顿，为了生计，钱锺书离妻别子，一路奔波，赶赴昆明，任教西南联大。杨绛留学归来，学位没有，饭碗没有，有的是什么呢？一岁多的女儿！面对世俗的眼光，杨绛淡定，淡定，还是淡定，安安静静地回到上海，"做媳妇"，也"做女儿"。

　　为躲避战乱，钱家和杨家都来到了上海，且相隔不远。钱家有婆婆、叔子和小姑，还有叔父一家人；杨绛父亲年老，母亲和三姑母亡于战火，1940年秋冬，才得以安葬，杨家弟妹又多，也要照顾。杨绛两边跑，照顾老，照顾小，还要照顾幼女，堂堂清华大学研究生，留欧三年，回家就拿棒槌、扫把和锅铲，洗衣、拖地和做饭，样样精通，一副标准的"灶下婢"模样，全然不见大小姐、研究生、留学生的影子，这就是外表平凡而内在高贵的杨绛：上得厅堂，下得厨房。

　　不久，杨绛的母校校长王季玉听闻杨绛回国，亲自登门求贤，坚决聘任她为上海振华分校校长。杨绛被老校长的诚心和教育心感动，奈何不得，脱下围裙，正装上阵，创办振华分校，正式载入苏州十中光荣史册。

　　钱锺书在西南联大，才 28 岁，是西南联大最年轻的教授。学历不高，职位高；年纪不大，学问大。任教一年，培养的高足不少，我想趁此机会，给大家介绍几位，让他们作证，钱锺书曾在西南联大教过书，并且教得很好。

　　许国璋英语，是我们那个年代大学英语的经典符号，许国璋这三个字，刻在我们那一代大学生的脑海里。许国璋是我国著名的英语教育家，他主编的大学英语教材，从 20 世纪 60 年代初开始，通行全国，历 30 多年而不衰，成为我国高校英语教材的风向标。当然，随着英语的狂热，英语教材更加精致、时尚，许国璋这三个字，慢慢淡出大家视线了。

查良铮，这名字熟悉吗？穆旦呢？都是诗人，九叶派诗人。你们喜欢看武打小说吗？最喜欢看哪个作家的？金庸。金庸是笔名，他的真名叫什么呢？查良镛，查良铮像他兄弟吧？不看不知道，一看吓一跳，他们两个还真是叔伯兄弟呢。你们如果对国外诗歌感兴趣，特别是普希金、拜伦等，你会发现翻译者大多都是查良铮或者穆旦。翻译家，要中英文精通，诗人翻译诗作，是最佳境界。好的翻译家必是好的文学家，你们想想，泰戈尔的《飞鸟集》是谁翻译的？郑振铎译过，冰心也译过，冰心还创作了许多泰戈尔式的小诗，怎么样？都是文学家。中文没学好，就专门研究英文，是成不了大器的，要想学好英文，必定先学好中文，这才是根本。

在翻译界，有这样一个奇人，他把中国的古典诗词，如《诗经》《楚辞》《李白诗选》《西厢记》等，译成英、法韵文，大力弘扬中国文化，同时，又把《红与黑》《包法利夫人》《追忆似水年华》等外国名著，译成中文出版，让我们获得精神养料。如果大家看过这些国外名著，就要感谢这个人，这个人非常厉害，请记住他的名字——许渊冲，北大著名教授、翻译家，"诗译英法唯一人"，1999 年，曾被提名为诺贝尔文学奖候选人，近年多次被媒体推出。

还讲个人物，杨振宁，诺贝尔物理学奖获得者，民族的精英，祖国的骄傲。前些年，他回国定居，为祖国献余热，掀起一阵热浪。

许国璋、查良铮、许渊冲、杨振宁等，都是钱锺书在西南联大的学生，他们都有相关文字回忆这位帅哥老师。在学生们的眼里，钱锺书上课，脸带微笑，只说英语，不说中文，只讲书，不提问，语调快速幽默，引经据典，多妙喻，深受学生喜爱。青年老师钱锺书名声大，引来资深老师的怀疑，有两位高师，吴宓和陈寅恪，看过他的讲义，讲义英文、法文、意大利文都有，旁及的材料特别丰富，完整得就像一部书稿，不得不感叹："人才难得啊！"

单身的时光是孤独的，夜深人静的时候，多么想老婆孩子热炕头啊，钱锺书抬头望月，把思念糅进月光里，明月千里寄相思。这一年，钱老师除了上课，难得见到他的人影，书是他日夜相伴的朋友，他埋头著文，厚积薄发，哪管冬夏与春秋。

1939 年 7 月，暑假到了，钱锺书忙不迭打点行装，一路向北，别了，西南联大。本以为是小别，却偏偏是永别，别了就回不来的西南联大，就此成为他永远的痛。

小家乐了，钱老夫子又作难了。儿子大了，成家了，还是自己的宝贝，不能逃出自己的掌心。钱老夫子受朋友廖世承之邀，早已来到地处偏远的湖南蓝田，当上了国立师范学院国文系主任。这国立师范学院啊，1938 年创办，是我的母校湖南师范大学的前身。新办的学校，要的是优质的生源，更要优秀的师资，钱基博的到来，让这荒野之地的高校蓬荜生辉。

我们的廖世承院长清醒得很，名师荟萃才会铸就名校，得趁机锁定钱锺书。他深深知道，西南联大和国立师院，一个天上，一个人间，不是一个档次，挖西南联大的师资，无异于太岁头上动土。怎么办？借助借助钱老夫子的"父威"吧。

钱老夫子出山，一信飞到上海，说老父思儿心切，身体欠佳，希望儿子前来伺候，再续父子同校任教的缘分，以一年为期。国学大师的信，极尽煽情之能事，让人拒绝不得。

这封信实在太重，砸中了钱锺书的心。去吧，西南联大的金饭碗怎么办？不去，太对不起父亲的培养了，枉为人子！只有沉默，沉默是金。其实，最纠结的还是杨绛，你想想，都结婚几年了，女儿也有了，公公还把老公当私有财产，任意支配，做儿媳妇的能舒服吗？更何况，才华横溢的老公，岂能蜗居偏远小镇？面对沉默的丈夫，杨绛明白了，老公是孝子，公公是大师，他们金贵的脸面岂能随意践踏？今朝你耍女人小脾气，明天男人大脾气就会来耍你，何苦要和自己过不去呢？精明的人生之道啊，不如来个顺水推舟，博个善解人意，两全其美。

正在这时，廖世承亲来上海，登门求贤，许以外文系主任之职。院长盛情，更兼父命难违，锺书推脱不得。

无奈啊，无奈。钱锺书被迫致书叶公超，请辞西南联大。尽管语气极其委婉，还是得罪了人，鱿鱼炒到西南联大，这还了得？好不容易获得的联大教授，弃之如敝屣，谁不头痛？本来，西南联大如果强留，他就有借口拒绝父亲和廖院长，后来到了湖南，才听说校长梅贻琦发过强留电报，但他一直没有收到，终成一段悬案。人为因素还是其他，谁都说不清楚。

失落也好，伤痛也罢，无奈之际，钱锺书再辞妻小，来到蓝田。钱锺书的不幸，却成了我们的大幸。我曾阅读过母校的历史，曾经为钱基博、钱锺书父子分任母校两系主任而骄傲，我似乎也成了钱基博的再传弟子。

一代天才偏居一隅，任教于乡镇大学，钱锺书和杨绛都有说不出的酸味。他埋头写书稿，写作《谈艺录》，运思《围城》，沉醉在自己的世界里，不能不说是一种难得的解脱。

我读《围城》，总能读出蓝田师院的影子，有一种难言的亲切感。好一部现代版的"儒林外史"，小镇大学的人和事跃然纸上，真实而自然。大学并非净土，我在大学任教的同学常给我谈起大学教授们的生活，五花八门，无奇不有。说不定，钱锺书在蓝田过得郁闷，突发异想，什么时候也过把调皮幽默瘾，把这些所谓教授们幽他一默，如何？

《围城》一出版，就有人考据成癖：某某某某是谁。钱锺书夫妇告示都贴不过来："本故事纯属虚构，请勿对号入座。"尽管如此，作者归国海船和蓝田旧影，谁也抹不去。文学来源于生活，这是肯定的，如果曹雪芹没有经历锦衣玉食的生活，大观园的种种奢华，他想破脑壳有效吗？不过，文学是高于生活的，文学可以对生活再加工，再提炼。文学欣赏者，又可以再想象，再批评。这是文学创作和文学批评的自然之理。我们读文学作品，不要把书读得太死，也不能读得太虚，掌握正确解读文学的方法，才为重要。

锺书伺候父亲，别无长技，炖炖鸡汤，聊聊天，陪陪坐，尽心尽力，"海归派"与"土鳖派"思想文化冲突明显，钱老夫子总怪儿子不"养志"，钱锺书心里不服，但对父亲极尊敬。他学贯中西，面对专攻国学的父亲，只管点头称是，俯首帖耳。好一个孝顺的儿子，钱锺书！

好不容易熬到1941年暑假，钱锺书"刑满释放"，忙招来妹妹接班，伺候老爷子，自己开溜。吸取上次陆路不通的教训，不计路费多少，他直取海道，回了上海。

回上海之前，钱锺书就收到过清华大学重聘他的信息，可是，等到西南联大开学，聘书还不见踪影。钱锺书急了，也蹊跷了，他是家里的顶梁柱呢！一家老小眼巴巴地望着他，怎么能够失业呢？舞文弄墨能管吃管喝吗？不是说，万言不值一杯水吗？

钱锺书这下栽了个大跟头，聘书望眼欲穿，却姗姗来迟，直到联大开学三周，系主任陈福田才来钱家。大家都是绝顶聪明人，一个聘请不诚心，一个宁丢银子不丢面子，彼此虚与委蛇一番，钱锺书毫不犹豫地推辞了这份日盼夜想的聘书。钱锺书保护的是面子，学到的是人心惟危的人生哲学；陈福田完成的是任务，交差的是校长和学生们，典型的黑色幽默。只是，西南联大唤不回钱锺书的身影了。

一场命运的拨弄过后，钱锺书幽默不起来了，失业的滋味不好受。父亲那里回不去，稳操胜券的联大教职泡汤了，凄伤之余，他只能对杨绛说句感动的话："从今以后，咱们只有死别，不再生离。"

怎么办？吃饭要紧，杨绛降格当了小学代课老师，钱锺书只有"吃软饭"的份儿了。

关键时刻，岳父大人杨阴杭出场了。为了维护女婿的男人尊严，他豁出去了，把自己在震旦女子文理学院的一部分课程让给女婿，让他换得点课时经费，来补贴家用。一周两三个课时，好歹也算有工作的人。

战乱时期，通货膨胀得厉害，钱锺书夫妇上有老，下有小，捉襟见肘是常事。迫于生计，钱锺书夫妇也干起了有偿家教的行当。

空闲之余，夫妇俩闭门写作，安守书桌，诗书相酬，你写你的《谈艺录》《围城》，慢工出细活，我创我的剧本，追求立竿见影。剧本经济效益来得快，这就是杨绛瞄准的突破方向。

杨绛的剧本《称心如意》出炉了，由著名导演黄佐临导演，演出大获成功，这给杨绛增添了剧本写作的勇气，一写而不可收。接着杨绛的《弄假成真》《游戏人间》《风絮》等剧本，纷纷搬上了上海的戏剧大舞台，收获的米米堆满了仓。

一时间，杨绛名声大震，别人介绍钱锺书的时候，都称他为杨绛的丈夫。哎，此一时彼一时，当年，在清华，杨绛以钱锺书的女朋友闻名，现在，杨绛总算还清了这份"人情"。

这时期，为了节俭，钱家的女佣退了，杨绛除了进书房外，还要上厅堂，下厨房，相夫教女，伺候婆婆，典型的贤妻良母，另加十足的学者文人。

在沦陷的上海，钱锺书夫妇的书斋生活却过得很诗意，奇文共欣赏，疑义相与析。

一次，杨绛读到英国某传记作家的书，写他的美满婚姻，特低调，特实际，杨绛忙念给锺书听：我见到她之前，从未想到要结婚；我娶了她几十年，从未后悔娶她；也从未想到要娶别的女人。锺书听了，忙说："我和他一样。"杨绛也很感动，说："我也一样。"你看，多么感人的一幕啊！

后来，钱锺书出版短篇小说集《人·兽·鬼》，在两人"仝存"的样书扉页上，给杨绛写了一句既浪漫又体己的话："绝无仅有地结合了各不相容的三者：妻子、情人、朋友。"好个妻子、情人、朋友的融合体！

钱锺书夫妇的诗书生活寻到了同伴。抗战胜利前夕，在上海，他们认识了傅雷和朱梅馥夫妇，两家相隔不远，经常互相走访夜谈，谈战事，谈时政，谈文艺，由此，文化人越聚越多，宋淇、楼适夷、柯灵、陈西禾、夏志清等，都成了圈内朋友，可谓"谈笑有鸿儒，往来无白丁"，好不惬意！

抗战胜利后，钱锺书意气风发，斗志昂扬，一面在上海暨南大学外文系任教，授"欧美名著选读"和"文学批评"两门课，一面任南京中央图书馆英文总纂（中文总纂为郑振铎），主编《书林》季刊，并相继出版散文随笔集《写在人生边上》、短篇小说集《人·兽·鬼》、文艺理论巨著《谈艺录》和长篇小说《围城》。

《写在人生边上》收录了钱锺书 1939 年 2 月以前写的十篇散文。这本散文集，极富哲理，我读过，读过之后满口余香。这本集子，反映出钱锺书先生语言幽默、见解精辟、典故多样的文风。有空的时候，慢慢去品味吧。

《人·兽·鬼》写于 1945—1946 年，收入《上帝的梦》《猫》《灵感》《纪念》等四篇小说。也是薄本子，笔锋犀利，讽刺味足。《谈艺录》是十年磨一剑的心血之作，是钱锺书第一部学术著作，是一部集传统诗话之大成的书，也是第一部引来西方人文、社科新学来诠释中国古典诗学诗艺的书。没有精深的国学底子和广博的西学知识，这本书是读不懂的。

关于《围城》，我想多说几句。我曾读过两遍，特别喜欢小说跃然纸上的人物和幽默精妙的语言，觉得真是一本奇书，甚至常常在课堂上和学生赏读精彩片段。这部书先在郑振铎主编的《文艺复兴》上连载，1947 年出版单行本。《围城》的出版，让人耳目一新，人们捧读《围城》，宛如见到星外来客。

《围城》的文化内涵很丰富，主题多样，绝不是简单的爱情小说。这本书出版以后，像鲁迅的《阿Q正传》一样，好多读者恐慌，以为在写自己，避之唯恐不及，甚至猜测钱锺书是小说里面的谁谁，杨绛又是谁谁等。现在也有很多人对这部书感兴趣，研究不断。

《围城》中有这样一段人物对话，来源于外国古语："结婚仿佛金漆的鸟笼，笼子外面的鸟想住进去，笼内的鸟想飞出来；所以结而离，离而结，没有了局。"所以啊，有的版本封面就有金漆的鸟笼和笼中小鸟。又说像"被围困的城堡，城外的人想冲进去，城里的人想逃出来"，小说中主人公方鸿渐、与苏文纨、与唐晓芙，与孙柔嘉的恋爱与婚姻，无不如此体现。

在我们的心目中，鲁迅的头发是直的，骨头是硬的，文字是像匕首、像投枪的。殊不知，他写过一篇感伤的爱情小说《伤逝》，特抒情，特伤痛，特像诗。开篇第一句即是："如果我能够，我要写下我的悔恨和悲哀，为子君，为自己。"动人吧？这是涓生的手记，也是鲁迅在创新文学笔法。

当初，涓生和子君，两个文学青年，为了爱情，冲破重重阻力，子君曾大胆宣言"我是我自己的，他们谁也没有干涉我的权利！"结合后，面临柴米油盐，面临鸡鸭鹅的争吵，面临失业的打击，这爱情又成了彼此的累赘，涓生真心表白：爱情已消失。子君伤心离开，直至去世，涓生才悔恨。鲁迅是在揭示社会问题：爱情要有所附丽，盲目的爱是软弱无力的。其实，我们又何不能用《围城》的原理来解读这伤逝的爱情呢？

《围城》在拍成电视连续剧的时候，"围城"的意象被这样总结："围在城里的想逃出来，城外的想冲进去。对婚姻也罢，职业也罢，人生的愿望大都如此。"

仔细想来，的确如此。

职业如此，人生万象莫不如此，只要你细心去咀嚼。等你跨过了人生的道道门槛，再来读读《围城》这本书，可能就会感慨万千，这就是文学的魅力。

钱锺书声名鹊起之时，杨绛也不甘示弱。父亲杨阴杭没等到抗战胜利就去世了，伤痛之余，杨绛从"灶下婢"的劳役中解脱出来，来到震旦女子文理学院当教授，任教"英国小说""散文"等课程。课余，潜心创作和翻译，接受傅雷、周煦良合办的《新语》，储安平主编的《观察》，朱光潜主编的《文学杂志》等著名杂志的约稿，忙得充实，忙得快乐。读书、教书、写书的书斋生活，怎一个"书"字了得？

## 相守：也无风雨也无晴

我又借用了苏轼的一句词："也无风雨也无晴。"苏轼是一个集儒、释、道三家思想于一身的智者。苏轼的这首词，是在被贬黄州三年后写的，是借自然的风雨来表达自己的人生态度。"回首向来萧瑟处，归去，也无风雨也无晴。"回过头来，看看刚才的风声雨点，吹过风吗？下过雨吗？天晴了吗？风也好，雨也好，晴也好，有意义吗？不是什么都没有吗？风啊，雨啊，晴啊，统统忘记吧，归去来兮，这才是我的心灵之所。自然的风雨，政治的风雨，社会的风雨，在苏轼的世界里，什么都不存在了，正如晴天也不存在一样，好个"你若安好，便是晴天"！

道家吗？有庄周梦蝶的风味，庄周醒了，不知是蝴蝶变成了自己，还是自己变成了蝴蝶？佛家吗？无喜无悲，是风雨吗？不是风雨吧！是晴天吗？不是晴天吧！这就是苏轼的豁达人生境界，这也是钱锺书夫妇面临政治风雨时的境界啊。

解放战争后期，国统区的知识分子都在关注时局的发展，钱锺书夫妇也不例外。

中国的纯知识分子，对政治了解不深，他们还是用书呆子的形式来了解政治，钱锺书夫妇特别爱读描写苏共的英文小说，见一本买一本。我家里有一本英国乔治·奥威尔的书，封底就有钱锺书的评点，书名《1984》，钱锺书夫妇读过，这本书反共倾向非常明显，描写苏联知识分子悲剧命运的多舛。钱杨夫妇读着这些书，心里诚惶诚恐，不过，他们总期盼中共与苏共有所不同。

高级知识分子总是"抢手货"，国共两党抢人才不说，国外学界也趁政局不稳之时，向中国广泛招揽人才。钱锺书夫妇在留学期间曾参加过联合国会议，联合国教科文组织许以他们职位；他们的母校牛津大学聘请钱锺书为高级讲师，香港大学条件更优惠，答应聘请钱锺书为文学院院长，台湾大学、台湾师范大学等高校都表示分别聘请他两人为教授。中共这边，何其芳、郑振铎纷纷来信，力劝钱锺书夫妇留下来，迎接解放，听从安排。

其实，钱锺书夫妇从来没有犹豫过。他们舍不得离开父母之邦，不愿异地生活，这是原因之一；女儿钱瑗有肺病，不适合英国多雾天气，这是原因之二。为此，他们坚定地拒绝了惹人眼红的职位，留在了大陆，迎接新中国的到来。

钱锺书夫妇从来不把自己留在大陆上升到一种爱国主义的行为，也从来不认为出国或到台湾的知识分子，就是叛国者。这就是一代知识分子简单而朴实的心灵。

1949 年 8 月，钱锺书和杨绛离开上海，同赴母校清华大学，在外文系任教。也许是激动，也许是匆忙，也许没有也许，搬家时，钱锺书命名为《百合心》的长篇小说手稿丢了，从北京到上海，从上海到北京，两处茫茫皆不见。

《百合心》脱胎于法文成语，中心人物是一个女主角，已经完成两万多字。《围城》出版以后，钱锺书立志要写一本更精彩的小说，这就是他着笔的《百合心》，可惜，我们无缘再读到。不仅如此，钱锺书从此断掉了小说写作的念想。

钱锺书在清华任教一年，就被调到中共中央毛泽东选集英译委员会翻译毛选，帮助毛泽东思想走向世界。

钱锺书中英文精通，工作效率高，腾出的时间用来埋头读书。据他的助手黄雨石（也是他在清华指导的研究生）回忆，在翻译"毛选"的三年，师生俩常常一起逛旧书店。曾走进一家书店后，钱锺书向学生私下显摆："你在这儿如能找到一本书我没读过，我就不算你的老师。"黄雨石出于好奇，也不敢相信，便在书店专找从没听说过的冷僻书问老师，钱锺书总能迅速说出此书的朝代和作者、主要内容等，屡试不爽。

很多人都知道，钱锺书不仅是一部活字典，更是一栋活的图书馆。大家有什么难懂的问题，都喜欢问他。

还在钱锺书执教清华大学的时候，有一天，一个学生从图书馆跑出来，一边跑一边大喊："不得了了，不得了了！"大家感到很奇怪，以为出了什么事情，忙问这学生。这学生气喘吁吁地说，他曾经问钱老师一个很玄妙的典故，老师没有直接告诉他，只说，在图书馆，哪个阅览室，第几排书架、第几格、第几本书去查查。这学生不相信，老师会这样神奇吗？但还是按照老师的指引去翻阅了，果然找到了答案，呐喊声就情不自禁了。

钱锺书就是这样一位博览群书、记忆力惊人的学者。任何政治风云也摧毁不了他，《谈艺录》和《管锥篇》两部文艺巨著，都是在风雨如磐的时代里完成的。特别是《管锥篇》，用文言文写成，全凭记忆，洋洋洒洒百万字，引经据典，旁征博引，古今中外，信手拈来，让当今世界顶尖学人也惊叹。

钱锺书、杨绛都是崇尚自由的学者，不愿意受任何政治的羁绊。

新中国成立前，钱锺书任职南京时，蒋介石宴请文化名人，钱锺书名列其间。他一听，吓坏了，忙说家里有事，连夜乘火车赶回上海，跑得比兔子还快，溜之才大吉。

20世纪50年代，钱锺书即被定性为"思想反动""政治历史复杂"的"北大反动教授典型"。罪状有很多：见过"蒋匪"，并为之翻译过《中国之命运》；美国朋友多，有美国间谍的嫌疑，又有在美军俱乐部演讲的前科……

曾几何时，钱基博给儿子取号"默存"，要儿子学会沉潜，少说话，多做事。儿子记住了，可这当老子的，高级知识分子的率真个性一下子被激发，乱说话，运动一开始就被打成了右派分子。

1957年，右派钱基博病重，在华中师大，钱锺书前去探亲。在探亲路上，他写诗寄情给杨绛，表达"口噤"之苦，想来是为父亲忧伤。也就在这一年，钱基博在武汉病故，终于没能看见"右派帽子"被摘掉。

钱锺书夫妇在清华任教时间不长，1953年，中央成立文学研究所，钱锺书和杨绛都被网罗其间。这研究所最初附设于北大，他们俩随迁北大工作。研究所阵容强大，都是国内顶尖级的文人学者，你们看，所长郑振铎，副所长何其芳，研究员呢，除了钱锺书夫妇，还有余冠英、卞之琳、罗念生、缪朗山、贾芝、罗大冈等。

研究所几经行政划归，1977年归属中国社科院领导。改革开放以后，钱锺书曾担任过中国社会科学院副院长一职，杨绛也一直在文研所工作，直至退休，这是后话。

1955年，钱锺书被借调到"古典文学组"。历史交给他的任务是研究宋诗，这倒不是难题，难就难在，谁能研究，谁不能研究，哪首诗能研究，哪首诗不能研究，是用马克思主义的阶级论来研究，还是用所谓资本主义的人性论观点来研究，等等，这些都由不得你，你得睁大眼睛看清政治风向标。

历经两年的艰辛劳动，钱锺书终于完成了党交给他的光荣任务，一本厚重的学术著作《宋诗选注》问世了，乔冠华曾评价这本书说："那年头，唯一可看的有个性的书。"为什么呢？钱锺书就是钱锺书，《宋诗选注》选诗八十家，站得高，见得广，说得透。内容全面，注释通俗易懂，注语活泼，偶发"狂言大语"，融理论性、知识性、趣味性于一炉，可以作为文艺理论、诗话和文艺散文来读，与一般学术作品的风格迥然不同。读这本书，闲暇之余，既可以用来养心养志，又可以一睹钱锺书的文艺范儿，一举两得。

研究完宋诗，又要定稿《毛泽东诗词》英译本，袁水拍任组长，乔冠华、钱锺书、叶君健任组员。

翻译毛泽东诗词，难度可想而知。我们知道，中国的文字翻译出去，味道就容易变，毛泽东诗词本身就是难以企及的高度，要凸显其雄才伟略，不要这些高手，能行吗？

钱锺书接受任务后，做得认认真真，勤勤恳恳，老老实实，一改过去的种种"狂"态。有人说，他不懂诗词，他就做个不懂的样子，装聋卖傻，只是把把文脉等。其实啊，钱锺书不仅懂古典诗词，还有一定造诣呢，不然，后来还何以出版《槐聚诗存》呢？

"文革"中，作为"反动学术权威"，钱锺书所受的冲击相较而言还不算大，或许他在社会历练中学会了生存之道，把老实的一面展示给人看，他的父亲、叔父和堂弟都成了"右派"，这个喜欢臧否人物的"直肠子"，却安然无恙，不能不说是他的聪明、幽默和豁达救了他。

1966 年，钱锺书被打成"牛鬼蛇神"，被迫剃了"阴阳头"，一边白一边黑。杨绛为保护丈夫的尊严，将"阴阳头"改成了光头，钱锺书却满脸高兴地说："小时候老羡慕弟弟剃光头……果不其然，羡慕的事早晚会实现。"你看，多好的心态啊，苦趣都成了乐趣！

"文革"，毫无疑问，要革掉这些文化名人的命。知识分子下农村，读"五七干校"，钱锺书夫妇被发配到河南，虽然彼此不在一起，但钱锺书凭着他的憨厚，谋到一份"乡村邮递员"的美差，杨绛也被照顾管理菜园，于是，这一对相守的夫妇就有了菜园相会的场景。在杨绛的笔下，这种相聚的甜蜜，"远胜于旧小说、戏剧里后花园私相会的情人了"。你看，这就是中国文人身处逆境的自我调适，是在平淡甚至苦痛中体会浪漫！

"文革"给钱锺书一家带来的创伤是永远无法弥补的。钱锺书夫妇下放"五七干校"之前，他们的女婿王得一，北师大历史系青年教师，因被逼交出"五一六分子"名单，不想冤枉好人，只得牺牲自己自杀了。这是他们家庭苦难的开始……

紧接着，接二连三的悲剧给这个家庭特别是给杨绛带来的打击实在太沉重了：杨绛七妹夫孙令衔自杀，姨侄儿自杀，最有灵气的妹妹杨必自杀。杨绛挺过来，并且高寿，实属不易！

"文革"的磨难生活，可以磨掉他们的亲人，但无法磨掉他们的锐气。

那个年代，读书只能读红色书，钱锺书以《红旗》等红色书刊作掩护，凭着他惊人的记忆力，悄悄写着《管锥编》——文言文版的文艺巨著。

杨绛跟随丈夫从清华来到文研所进行外国文学研究，也开始接受任务，重点研究马克思提到过的作家作品。作家改成文艺理论家，这次是实践倒过来和理论联系起来了！杨绛写文论，研究菲尔丁，发表《菲尔丁关于小说的理论和实践》的文论，也翻译法国小说《吉尔布拉斯》。

最让我佩服的倒是杨绛翻译《堂吉诃德》的故事。在研究过程中，杨绛发现《堂吉诃德》的英文版和法文版表达的方式有很多不同，于是，萌发了看西班牙原著的愿望。杨绛说干就干，不管政治风雨，1958 年冬，她开始自学西班牙文，以惊人的毅力重译《堂吉诃德》和《小赖子》，时年，她已经47 岁了，一切从头开始，这不难能可贵吗？名人之所以为名人，自有他的惊人之处，你说呢？

"文革"后，杨绛的译著《堂吉诃德》《小赖子》出版，她应邀出访西班牙，寻访塞万提斯故居，拿西班牙国王荣誉奖章，国际影响非同一般！

杨绛还是挺憋屈的，当年，评职称，钱锺书被评"一级研究员"，顶尖级的职称，而我们的杨绛呢？在丈夫的光环照耀下，只能屈居"三级研究员"，一直到退休。

躲过政治风雨的钱杨夫妇，晚景如何呢？欲知后事如何，且听下回分解！

## 相念：此情可待成追忆

最后一部分，我用"相念"这个词，心情是很沉重的。本来，"相念"，顾名思义，应该是"互相"的，但是，活到 2016 年 5 月 25 日的杨绛，剩下的只是一个人，"互相"一词，怎么说呢？相信在天之灵的钱锺书，也在念叨着尘世间的杨绛！

不知大家读过杨绛的《我们仨》没有，挺畅销，挺感人的。我买到的这本书，已是第 37 次印刷，发行九十一万四千册了。虽然，杨绛用极轻淡的语调，似梦非梦地叙述着与丈夫钱锺书、女儿钱瑗的三人生活，但置身其间，也是极感伤、极幸福的。前不久，我情不自禁地在课堂上，给我的学生朗读起这其中的篇章来。

一个老人，年逾 90 了，丈夫走了，女儿也走了，此恨绵绵无绝期，留给她的是什么呢？回忆，只有深情的回忆，伤痛可想而知。杨绛活在自己精彩的回忆里，用极其平易的语言，细数着一家三口过往的点滴生活，九万字，字字珠玑，凝成真情，感染着大家。向我们这位老人致敬吧，人间温情永远是我们的皈依！

于是，我想起了李商隐的一句诗：此情可待成追忆。我相信，杨绛的深情追忆，必将感动在天之灵的钱锺书和钱瑗。

中国的旧知识分子，能够顺利熬过"文革"的劫难，真是一种莫大的幸福，钱锺书夫妇就是这样的哀痛者和幸福者。

年近古稀的老人重获自由，重新焕发"青春"的魅力了。1977 年，他们在校友胡乔木的关心下，在三里河分得一套住房，四十年快过去了，105 岁的杨绛去世前，依旧在这房子里生活着，简朴、孤独而充实。原本，他们以为要终老办公室的，能够拥有套房，太意外了。

历经劫难的钱锺书夫妇更是属于世界的，复出后的他们，一家三口轮流被选派出国，大胆走向世界。

说来也怪，一切劫难能劫走人的岁月、身体甚至精神，但劫不走的是他们的学识。钱锺书年老了，知识却永远年轻，他在美国、日本、意大利等国，在各类大小国际学术讲坛，中西方文化随意流淌，学问依然渊博，语言还是风趣，谈吐仍旧自如，英文、法文、德文、意大利文以及拉丁文，随口道来，尽展大师风采，与会人员无不啧啧称奇，这就是打不死、毁不掉的钱锺书！

钱锺书终究是个幽默大师，他健谈善辩，口若悬河，舌灿莲花，隽思妙语，常常令人捧腹。复出后，俞平伯与钱锺书是文学研究所最为资深的两个学者，文研所内开会，俞平伯总是木讷寡言，独自抽烟，钱锺书则是纵声谈笑，议论风生，每每坐在一起，便构成了有趣的映照。风雨过后，彩虹更加绚丽了，真可谓"江山易改本性难移"啊！

盛誉之下，杨绛也先后出访法国、英国、西班牙，这期间，在北师大外语系任教的女儿钱瑗也被选拔去英国留学。一家三口在 1980 年相继归国后，钱锺书夫妇声誉之隆，如旭日东升，烜赫一时。

"莫道桑榆晚，为霞尚满天。"复出后的钱锺书夫妇风采不减当年。这期间，胡乔木给他们的帮助最大。新中国成立后，胡乔木在中共中央领导机关任职，"文革"后，胡乔木对钱锺书夫妇十分亲厚，关怀备至，物质上，送房在前，精神上，关心学术生命在后。

1979 年，胡乔木看到《管锥编》的手稿叹为观止，立即指示中华书局出版。

《管锥编》，这是一部学界领域的古今传奇，没有深厚的古今学养，是读不懂的。

危乎高哉，《管锥编》之难，难于上青天！钱锺书的《管锥编》，偌大一份手稿，分四册用繁体排印，考论词章及义理，打通了时间、空间、语言、文化和学科的壁障，是贯通古今中外的一部奇书，书中引述的名家就有四千位，引证的著作上万种，书证数万条，你说，一般的学者文人哪能有这等本事？论述所及，更是让学人望尘莫及，除了文学，还兼及几乎全部的社会科学、人文学科！多种语言的信手拈来，让更多的人汗颜，真是一座包含中、英、法、德、意等各种文字的巴比塔！你要想想，这部书，完全在特定的历史时期写就，很少资料参考，洋洋洒洒百万文言，什么概念啊！这部书后经四次重印，获首届国家图书奖，实在是众望所归！

大作出版了，胡乔木觉得关心不够，1982 年 5 月，他又登门，请钱锺书"出山"，作为非党员代表，担任中国社科院副院长，并许诺"一不要坐班，二不要画圈，三不要开会"。这件事，让钱锺书很尴尬，很苦恼，答应吧？他本人最讨厌的事情就是做官！可是，胡乔木对自己厚爱有加，开出的条件又优惠得让人不敢相信。不答应吧？太不近人情，太不给面子了。钱锺书权衡了好久，只得承命，杨绛还取笑他"这番捉将官里去也"。

1980 年，《围城》重印，钱锺书的旧作和新文如《七缀集》等相继出版和刊印。

前面我已经说过，20 世纪 40 年代，有一个著名导演，帮杨绛导演话剧，获得巨大成功，让杨绛一举成名。这个导演还记得吗？黄佐临导演。50 年过去了，"黄家有女初长成"，又长出了个大导演，叫黄蜀芹。这小黄导演啊，父亲帮了杨绛，她就瞄准了钱锺书，执导《围城》，把《围城》拍摄成 10 集电视连续剧，在中央电视台播出，一时间，"围城热""钱锺书热"风靡全国，让我等中文系大学生为之痴狂。

有人说黄蜀芹捧红了钱锺书，黄蜀芹说了一句意味深长的话："说我推红了钱锺书，我不能认可，钱锺书是大家、是学者，只不过以前人们不认可他。"由此可见，大师不被世人认可，不是谣言，他所受的委屈还是不少的，以致被人淡忘。

钱锺书是文化传奇人物，是"文化昆仑"，让人高山仰止，更有人称其"人类罕见""二十世纪人类最智慧的头颅"等，有外国记者曾说："来到中国，有两个愿望：一是看看万里长城，二是见见钱锺书。"你看，名人就是名人，名字传到国外，竟成了中国的符号！

1998年12月19日，钱锺书先生因病在北京医院逝世，享年88岁。钱锺书曾遗言不留骨灰，不设灵堂，不举行告别仪式，不开追悼会，恳辞花圈和花篮等。当晚，中共中央总书记亲自打电话慰问杨绛，同意钱锺书遗言，不举行仪式，不惊动任何媒体。就这样，一代才子的骨灰没有领回，随之深埋于北京的郊野大地，化为灰尘，随风而去，不留痕迹，让后人无法寻找祭拜的方向……

说实在的，我挺佩服杨绛先生。当年，女婿自杀身亡，她忍住悲痛，和女儿料理后事。钱锺书早已下到"五七干校"，全然不知，等到时间冲淡伤痛后，杨绛才找到机会告诉锺书。

一般来说，处理事情和承受悲痛，都是男人们的事情，而在钱锺书家里，杨绛永远是这个家庭的靠山。

留学牛津时，租房、做饭、购物都是杨绛的活儿，钱锺书单独在家时，一不小心弄坏了水龙头、门把手等，急得团团转，杨绛一回家，他就忙不迭地认错，憨态可掬，让杨绛顿生怜惜之情，极尽宽慰之能事。

钱锺书住院，只能灌流质，杨绛天天来回跑。我想，八十多岁了，那颤颤巍巍的身影，拉长了夕阳，一定是幅绝美的风景。她不要保姆帮忙，把爱情熬进鸡汤、鱼汤里，小心翼翼地灌给锺书。后来啊，女儿患癌症，杨绛怕锺书看着伤心，让女儿住进了不同的医院。你想，作为病痛者的母亲和妻子，她承受的压力有多大啊！两边轮流跑，互递信息，报喜不报忧，心里悲痛难耐，表面上又要装成若无其事的样子。你说，这母亲，这妻子，能不伟大吗？能不让人感动吗？

再后来啊，女儿钱瑗经不住病痛的折磨，先一步走了，白发人送黑发人，杨绛心境的悲凉，有谁能知呢？料理完女儿的后事，杨绛淡定得一如既往，在钱锺书面前继续谎报着"军情"，叙说着美丽而动人的故事，失去女儿的痛苦，她在独自默默吞咽。

在杨绛的文字里，女儿圆圆是她手心里的宝，也是她永远的快乐和精神支柱。当年，在远远没有实施计划生育的年代，为了学术，也为了独爱圆圆，钱杨夫妇选择了只要一个孩子，圆圆就是这个家庭的开心果，也是这个家庭的希望。

钱瑗也不负钱家所望，从小机智可爱，被钱老夫子视作读书种子。去世前，她已是北京师大博士生导师，深得学生的喜爱；去世后，学生们没有忘记她，将她的骨灰埋葬在学校的松树下，更有学生在母校设奖学金纪念她。这样优秀懂事的女儿，杨绛如何舍得呢？

钱锺书又如何不念叨呢？钱锺书与钱瑗，父女情深，亲密无间。你们如果读过《我们仨》这本书，定会被钱瑗送给父亲的字画打动，太天真无邪了，竟然画着锺书蹲马桶读书的私密图！到了非说不可的时候，杨绛才把圆圆的事告诉丈夫，说得那么轻淡、那么安然，这是何等的修炼啊！

不久，丈夫又舍她而去。我实在难以想象，这时候，杨绛在接受怎样的煎熬！一个再坚强的男人，或许都要被击倒，而我们的杨绛先生，却自始至终屹然挺立着，用饱蘸情汁之笔，回忆着"我们仨"，这就是我们时代坚强而伟大的风向标！

复出后的杨绛，用功更勤。他们一家三口，常常各在各的房间，或阅读、或研究、或奋笔疾书，满屋荡漾着书生的诗意。还有比这更纯美的浪漫吗？

杨绛是美丽的，她用她那纤细之笔，写了许多美丽的散文。1988年，年近八十岁的杨绛出版了长篇小说《洗澡》，它被人称为《围城》的姐妹篇。

只剩下一个人的杨绛，写作成了她的第二生命，年逾90，也焕发青春的活力。活到90岁的人，口齿清晰，能正常思维就相当不错了，还能写作，真是不可想象的事情。而我们的杨绛先生，偏偏就是这样的奇人。

《我们仨》之外，2004年，杨绛又翻译出版了著作《柏拉图对话录》的《斐多》篇。《斐多》是苏格拉底就义当天，在雅典监狱与门徒关于生死问题的谈话，杨绛选定翻译这篇，或许就是在考问生死。

从2005年开始，杨绛开始思辨生与死的哲学，96岁的时候终于完成《走到人生边上——自问自答》的书稿。她仿拟丈夫的书名，渴盼着与亲人重聚交流。

清华大学原党委书记方惠坚教授曾来我校讲学，我陪他到诗墙，借机问起清华的名人轶事，当然，也问起钱锺书夫妇。他说，钱锺书夫妇永远是他们学校的宝贝，是学校的一笔精神财富。学校领导每年都要看望杨绛先生的，前几年，杨绛先生为躲避世人的打扰，还专门回母校住了一段时间。我想，这或许也是杨绛来清华寻找曾经浪漫的足迹。回忆本身就是一种美好，杨绛的晚年就生活在回忆中，寻寻觅觅，念着一个个离她远去的亲人和朋友，难得的感伤中的幸福啊。

2010 年 7 月 17 日，是杨绛的 99 岁生日，按照杨绛祖籍江苏无锡的传统"做九不做十"，当算杨绛 100 岁大寿，杨绛非常低调，不喜欢过生日，拒绝一切活动和仪式，悄然度过。

2011 年，百岁杨绛写下"一百岁感言"，准备着"洗净这一百年沾染的污秽回家"。读读这段文字吧，百岁老人的胸怀和人生感悟，一定会让我们收获很多的：

> 我今年一百岁，已经走到了人生的边缘，我无法确知自己还能走多远，寿命是不由自主的，但我很清楚我快"回家"了。
>
> 我得洗净这一百年沾染的污秽回家。我没有"登泰山而小天下"之感，只在自己的小天地里过平静的生活。细想至此，我心静如水，我该平和地迎接每一天，准备回家。
>
> 在这物欲横流的人世间，人生一世实在是够苦。你存心做一个与世无争的老实人吧，人家就利用你欺侮你。你稍有才德品貌，人家就嫉妒你排挤你。你大度退让，人家就侵犯你损害你。你要不与人争，就得与世无求，同时还要维持实力准备斗争。你要和别人和平共处，就先得和他们周旋，还得准备随时吃亏。
>
> 少年贪玩，青年迷恋爱情，壮年汲汲于成名成家，暮年自安于自欺欺人。
>
> 人寿几何，顽铁能炼成的精金，能有多少？但不同程度的锻炼，必有不同程度的成绩；不同程度的纵欲放肆，必积下不同程度的顽劣。
>
> 上苍不会让所有幸福集中到某个人身上，得到爱情未必拥有金钱，拥有金钱未必得到快乐，得到快乐未必拥有健康，拥有健康未必一切都会如愿以偿。
>
> 保持知足常乐的心态才是淬炼心智、净化心灵的最佳途径。一切快乐的享受都属于精神，这种快乐把忍受变为享受，是精神对于物质的胜

利，这便是人生哲学。

一个人经过不同程度的锻炼，就获得不同程度的修养、不同程度的效益。好比香料，捣得愈碎，磨得愈细，香得愈浓烈。我们曾如此渴望命运的波澜，到最后才发现：人生最曼妙的风景，竟是内心的淡定与从容……我们曾如此期盼外界的认可，到最后才知道：世界是自己的，与他人毫无关系。

什么感觉？思悠悠，恨悠悠，恨到归时方始休！死亡可怕吗？功名重要吗？人与人之间如何才能和谐？杨绛先生历经的政治风雨和人世纷争太多太多了，心都在发凉，但她淡定，平和，自得其乐，安守自己心灵的世界。短短几百字，跨越了时空，穿透了生死，轻淡了苦乐。慢慢读吧，欣赏，体悟！

过了百年的杨绛，还被病态的人们逼进维权的官司，被媒体炒得沸沸扬扬，令人伤痛和不平，名人的悲苦应该比常人更甚。而我们的杨绛先生自有她的安静之所，能够赶走寂寞和伤痛，活出精彩。

杨绛临终时，曾遗言，等到自己尘埃落定，化为灰烬后，再对外发布讣告。但是，杨绛先生在病重之时，就有微信传出消息，引发普天下的大众为她祈福祈寿。等到她离我们远去，有人实在忍不住悲痛，悄然在朋友圈里传播，稍不慎，杨绛先生去世的消息，引爆了全国民众的眼泪。民国以来最后一个"最才的女，最贤的妻"走了，留给我们无尽的伤痛和遐思……

杨绛先生本身就是一本读不完的书，值得我们一辈子去阅读。中国小说学会副秘书长卢翎曾这样评价杨绛说："读她的散文更像是聆听一位哲人讲述些烟尘往事，在平静、平淡、平凡中有一种卓越的人生追求。""我常对学生们说，（杨）先生的作品有一种洞悉世事的深刻，有一种知识分子于乱世固持的良知与操守，还有一种悲天悯人的情怀。这对于当下在浮躁而喧嚣的世界中前行的知识分子独具意义，起码可以使他们理解自己、理解他人，面对宿命更具一种从容、旷达的姿态。"

曾几何时，杨绛一面静悄悄地整理钱锺书的手稿、文物，期待有识之士发现，终于有商务印书馆出于对两位老人的敬重，愿意投资 300 万立专项扫描手稿影印出版；一面遵从钱锺书生前遗愿，将钱锺书和她 2001 年上半年所获稿酬现金 72 万元及其后他们的所有作品版权，全部捐给他们的母校清华大学，不以他们的名字命名，建立"好读书奖学金"，鼓励爱好读书的清寒子弟。这奖学金累积到千万元，而我们的杨绛先生逝世前，却一直在素粉墙、水泥地、老家具的三里河过着清寒的生活。

面对这两位可亲可敬的老人，我说了很多，但又似乎什么也没说，要说的话好像还有很多很多，但才力有限，总觉得言不尽意。我在读写有关他们的文字时，常常不由自主地沉浸在他们的书生世界里，甚至魂梦牵系，难以割舍……

# 主要参考书目

## （按版本时间先后顺序排列）

［1］周建人口述，周晔整理：《鲁迅故家的败落》，湖南人民出版社 1984 年版。

［2］周作人：《雨天的书》，岳麓书社 1987 年版。

［3］曾智中：《三人行——鲁迅与许广平、朱安》，中国青年出版社 1990 年版。

［4］钱锺书：《围城》，人民文学出版社 1991 年版。

［5］周海婴：《我与鲁迅七十年》，南海出版公司 2001 年版。

［6］季羡林、季承：《那些不为人知的事情》，新星出版社 2001 年版。

［7］杨绛：《我们仨》，生活·读书·新知三联书店 2003 年版。

［8］李叔同：《李叔同说佛》，陕西师范大学出版社 2004 年版。

［9］钱理群：《周作人传》，北京十月文艺出版社 2005 年版。

［10］鲁迅：《鲁迅全集》人民文学出版社 2005 年版。

［11］汤晏：《一代才子钱锺书》，上海人民出版社 2005 年版。

［12］张清平：《林徽因传》，百花文艺出版社 2007 年版。

［13］窦忠如：《梁思成传》，百花文艺出版社 2007 年版。

［14］林语堂：《人生不过如此》，陕西师范大学出版社 2007 年版。

［15］岳南：《陈寅恪与傅斯年》，陕西师范大学出版社 2008 年版。

［16］黄乔生：《周氏三兄弟——周树人 周作人 周建人合传》，浙江人民出版社 2008 年版。

［17］吴学昭：《听杨绛谈往事》，生活·读书·新知三联书店，2008 年版。

［18］田涛：《弘一大师的前世今生》，东方出版社 2009 年版。

［19］叶细细：《此情可待成追忆——民国女子》，广西师范大学出版社2009年版。

［20］李洪涛：《精神的雕像——西南联大纪实》，云南人民出版社2009年版。

［21］崔志海：《蔡元培传》，红旗出版社2009年版。

［22］梁漱溟：《吾曹不出如苍生何》，外语教学与研究出版社、人民出版社2010年版。

［23］丰子恺：《缘缘堂随笔》，岳麓书社2010年版。

［24］夏丏尊：《平屋杂文》，岳麓书社2010年版。

［25］吴安生：《且把浮名抛——民国才子往事》，华中师范大学出版社2011年版。

［26］岳南：《南渡北归》（三部），湖南文艺出版社2011年版。

［27］刘正、黄鸣：《闲话陈寅恪》，百花文艺出版社2011年版。

［28］白落梅：《你若安好 便是晴天——林徽因传》，中国华侨出版社2011年版。

［29］易竹贤、陈国恩：《图本胡适传》，长春出版社2011年版。

［30］梁培恕：《中国最后一个大儒——记父亲梁漱溟》，江苏文艺出版社2011年版。

［31］张文江：《钱锺书传：营造巴比塔的智者》，复旦大学出版社2011年版。

［32］《先生》编写组：《先生》，中信出版社2012年版。

［33］金林祥：《蔡元培画传》，四川教育出版社、四川出版集团2012年版。

［34］弘一法师著，李汶娟、李莉娟编著：《转身遇见佛》，现代出版社2013年版。

［35］蔡元培：《我的人生观》，中国工人出版社2013年版。

［36］潘剑冰：《民国课堂 大先生也挺逗》，广西人民出版社2013年版。

［37］陈慧剑：《弘一大师传》，商务印书馆国际有限公司2013年版。

［38］聂晓阳：《红尘中最美的相逢——与仓央嘉措一起修行》，华夏出版社2013年版。

［39］陆键东：《陈寅恪的最后20年》，生活·读书·新知三联书店2013

年版。

［40］胡适：《四十自述》，华文出版社 2013 年版。

［41］胡适：《读书与做人》，国际文化出版公司 2013 年版。

［42］胡适：《容忍与自由》，中国画报出版社 2013 年版。

［43］胡适：《胡适自传》，华文出版社 2013 年版。

［44］民国文林编著：《细说民国大文人——那些思想大师们》，现代出版社 2014 年版。

［45］民国文林编著：《细说民国大文人——那些国学大师们》，现代出版社 2014 年版。

［46］民国文林编著：《细说民国大文人——那些文学大师们》，现代出版社 2014 年版。

［47］马相伯：《一日一谈》，漓江出版社 2014 年版。

# 跋

当年，我在湖南师范大学中文系求学的时候，曾对中国现当代文学情有独钟，常常整日泡在图书馆。毕业后，我跨越文学的界限，对中国近百年的文化名人产生了浓厚兴趣，课余饭后，静心阅读，不免陷入文化名人的世界里，感叹唏嘘不已，不由自主地写些读后感，在课堂上和我的师范生、高中生聊起这些名人轶事，天马行空，任意纵横，纯属有感而发，零零碎碎，算不上体系。

一个偶然的机缘，学校要我给高中生们开设一门校本选修课程，我决定挑战一下自己，把我这些年对文化名人的理解和感悟梳理一下，寻章摘句，列成提纲，制为课件，登上"文华堂"与学生交流。课程始名曰"中国现代文化名人赏读"，后随了"民国风"的大潮，更名为"我说民国大师"。

为了提高学生的人文素养，培养学生的品格精神，在课堂上，我大胆地引导学生海量阅读、深度思考和自主写作，努力融入自己对教育、人生、社会、宇宙的理解，让民国大师的爱国精神、学术精神、独立精神感染学生，把做人与做学问联系起来，把人文素养与语文教育联系起来，甚至把"民国大师"与"高考作文"联系起来。

随着选修课的不断拓展，我的文化名人系列涉及教育、文学、音乐、美术、宗教、历史、建筑等领域的巨匠大师，涉及的文化名人有数百之多，从而带给学生一顿顿文化大餐，有效地激发了学生高品位阅读、思考和写作的兴趣。我也在课堂实践的基础上，不断思考，不断修改，不断充实，便形成了这部挂一漏万的书稿。

这部书稿还没正式出版，即入选湖南省"双百工程"著作出版资助计划并获奖，是我始料未及的，我真诚感谢省、市领导和专家对我的鼓励与厚爱。省厅领导组织有关专家对候选作品进行了严格评审，专家们对我的这部书稿做了如此定位评价：

1. 选题不错，内容适合培育正能量。

2. 该著作观点明确，内容充实。对民国十多位文化名人进行赏读，走近名人生活，走近名人性情，走近名人成就，引导读者思考人生、社会、文化、宇宙等方面的问题。结构合理，层次清晰，有一定的理论和实践价值。

3. 价值大，可作为供中学生阅读的校本教材。

我深深地知道，我的这些文字无论如何是不能登大雅之堂的，每一行都离不开大量书刊的指引，离不开网络资源的启发，更离不开那些留名或未留名作者的匠心独运，在此，我对这些著作者表示衷心的谢意。如有不当之处，还望能够多多海涵。

就在这部书稿付梓之际，我要说的感谢话实在太多太多：学校领导和同仁们对我不断鼓励和鞭策，让我在课堂尽情演绎民国大师的故事；那些追随我的可爱学生们，在和我的互动交流中，让我获得了许多灵感和启示；几个以文会友的朋友，本着坦诚相待的态度，认真审阅我的初稿，给我提出许多宝贵意见；湖南教育报刊社的黄耀红博士邀请我在第五届湖湘教师读书论坛上发表题为"让青春遇见大师：我这样给学生上选修课"的演讲，并在百忙之中，抽出时间，审阅书稿，帮忙作序，满是溢美之词；湖南文艺出版社副社长陈新文，珍惜四年的同窗缘分，大笔一挥给我题写书名；母校湖南师范大学出版社谭南冬编辑，亦是我大学同学，帮我通过图书选题，给我当责任编辑，斫其枝蔓，留其枝干，字字见心；《常德日报》《常德晚报》《常德教育》等地方媒体对这门选修课给予了特别关注和报道；爱人主动担负家务，帮我审稿，促我奋进，给我良言，使我沉静；女儿曾跟着我读了三年高中，是我的嫡系学生，读大学后，依然认真阅读我的拙字，对我的书稿直言不讳……

在我的人生路上，给我最大支持和鼓励的，还是我的父母，他们虽处耄耋之年，步履蹒跚，但心底明亮，以我为傲。每有适合他们的文字，我必打印给他们看，或由兄弟们读给他们听，他们每次都满心欢喜，只是叮嘱我保重身体，多多关爱妻女。这本书的出版，算是我献给年迈父母的一份礼物，真诚祝福父母健康长寿！

由于我一向愚笨不化，才疏学浅，书中言不尽意、浅陋不堪的地方比比皆是，又无能为力，唯愿读者们一一谅解并批评指正。

杨智慧

2017 年 11 月 25 日